西部外研之声：理论与实践

主　编　罗选民　白佳芳

中国人民大学出版社
·北京·

前　言

　　《西部外研之声：理论与实践》为广西大学外国语学院2023年举办的全国首届西部与边疆地区外语研究生学术论坛中的获奖论文集汇编，共收录全国外语研究生的优秀论文20篇，是我国西部与边疆地区外语研究生的最新科研成果。全国首届西部与边疆地区外语研究生学术论坛由广西大学外国语学院时任院长罗选民教授发起，以"新文科与西部、边疆高质量外语人才的培养"为主题，旨在促进西部与边疆地区高校（含14所部省共建大学）外语学科研究生的学术交流，提升外语研究生的学术水平，为我国西部与边疆地区外语研究生培养贡献智慧和力量。首届论坛由广西大学、重庆大学、云南大学、南昌大学、新疆大学联合主办，得到来自四川大学、中国人民大学、山东大学、北京外国语大学、上海外国语大学等全国70余所高校、250多名研究生的积极响应和踊跃投稿。本论文集收录的论文经五所主办高校的专家评审，从250多篇投稿论文中脱颖而出，凝聚了广西大学、重庆大学、贵州大学、南昌大学、新疆大学、四川大学等高校研究生读研期间的研究心得和思想精华，同时也充分展现了外语研究生立足学科前沿、紧跟时代发展、勇于开拓创新的学术风貌和科研精神。

　　论文集的主题涵盖外国语言文学下设的五大主要研究方向，从外国语言学及应用语言学、外国文学、比较文学与跨文化研究、翻译学、国别与区域研究等领域展开理论探索和实证研究。在外国语言学及应用语言学主题的3篇论文中，既有生成语法与论元结构、认知语言学与语义学等语言学层面的理论探讨，也有关于不同地域学生的英语语言习得差异等应用语言学方面的实证分析。外国文学与比较文学主题的7篇论文则从空间叙事学、女性主义文学批评、环境批评、感官叙事学、创伤理论、跨文化与传播研究、后殖民主义、医学人文、比较文学、文学伦理学与医学叙事等视角对文学作品进行了多重解读和探讨。翻译学与对外传播主题的8篇论文不仅涵盖翻译学理论和翻译学文献研究，而且包括典籍外译、广西民歌翻译、网络与影视翻译等应用翻译研究，并针对翻译中的典型问题、应对策略和翻译技能进行探索与总结，体现了翻译学方向理论与实践并重的人才培养目标。语言文化的区域国别研究主题收录了2篇论文，包括越南阮朝北使李文馥诗文中的中国元素越南化研究和"东盟方式"在应对缅甸政变中的作用和局限。总体来看，上述论文在研究广度和深度上实现了拓展和深化，在研究内容和方法上则体现了丰富和创新。

　　本书适合国内高校外语和翻译相关专业的本科生、研究生、教师及研究人员使用，其收录的外国语言文学和翻译专业研究成果对相关领域的同行也有一定的参考和借鉴价值。由于编者水平有限，书中难免存在疏漏和不足之处，期望专家和读者不吝指正。

目　录

外国语言学及应用语言学

外国文学与比较文学

翻译学与对外传播

语言文化的区域国别研究

外国语言学及应用语言学

汉语叙事中的优先论元结构：
汉语单语者和汉英双语者比较

广西大学　王静怡

提　要： 先前大量有关优先论元结构（Preferred Argument Structure, PAS）产出的研究侧重于单语者话语的分析。而且，现有的跨语言迁移研究大多聚焦于母语对二语的影响（正向迁移），探讨第二语言对母语影响（反向迁移）的研究较少。本文以优先论元结构为理论框架，对12名汉语单语者和12名汉英双语者的口语产出进行了分析。通过卡方检验和残差分析，找出汉英双语者与汉语单语者之间产出的差异，以及验证反向迁移（二语对母语）的存在。研究发现：（1）汉英双语者及汉语单语者产出支持 Du Bois 提出的优先论元结构的四个限制条件。（2）在"非词汇 A 限制"和"非新信息 A 限制"上存在一定的组间差异，验证了反向迁移的存在。本文以句法 – 语用为切入点，基于双语对 PAS 的使用，对以后有关反向迁移的研究起到借鉴作用。

关键词： 优先论元结构；反向迁移；跨语言迁移

1. 引　言

由于教育的快速发展或家庭背景愈加多元化，会说两种或两种以上语言的人越来越多。语言之间的迁移影响也一直是研究的一个聚焦点。双语者和单语者的第二语言产出有本质差异。通常，双语者普遍被定义为在日常生活中能够灵活应用一种以上语言知识的个人或群体（Nagel et al., 2015），而本文中的"汉英双语者"指在日常生活和学习中，能够熟练使用汉语和英语两种语言的个体，且其第二语言的熟练程度应该与母语相当。由于不能熟练切换两种语言的双语者在发挥语言的功能上与单语者不存在明显的差异，故本研究的把不熟练的双语者剔除在实验对象选择的"汉英双语者"考量范围之外（Carlson et al., 2008；Poarch et al., 2015）。以往的研究大多关注第一语言对第二语言的影响，而且聚焦于负向迁移（母语对二语）带来的影响，比如对于第二语言初学者来说，跨语言迁移会引发他们在语言学习上的困惑；较少聚焦于二语对母语的影响。后来，Peal 和 Lambert 的研究探究了智力和语言之间关系，这一研究从根本上改变了之前的观点，之后的研究逐渐认为双语者有更强的"元语言意识"，这种意识可以用于处理在语言以外领域中遇到的困难，甚至会使我们在其他学科中受益（Peal et al., 1962）。此外，有关第二语言对第一语言的迁移影响，以往探究主要停留在认知层面。在本研究中，我们试图以句法－语用为切入点，探究汉英双语者的英语（二语）对汉语（母语）产出的影响，通过对汉英双语者组及汉语单语者组的汉语叙述中的优先论元结构（PAS）的使用进行比较分析，分析两组受试产出的差异以及导致差异性出现的原因，验证反向迁移（第二语言对第一语言的影响）是否存在。

2. 优先论元结构及其产出研究

2.1. PAS（优先论元结构）的由来

Du Bois（1987）发现动词必有论元位置的信息分布并非具有任意性，而是呈现出一定的统计倾向。他用 PAS 理论（Preferred Argument Structure）来描述动词的必有论元如何在口语语篇中得以实现和分布。其中，动词的必有论元包括及物动词的主语（A）、及物动词的直接宾语（O）或不及物动词的主语（S）。也就是说，虽然任何动词的必有论元都可以用不同形式的指称表达，如完整的名词短语 NP、代词或零指代，但句子中必有论元的数量以及哪些论元使用的倾向性与动词有一定的关联，即 Du Bois 发现了话语中论元分布的某些统计规律。Du Bois（1985, 1987）通过详细分析玛雅语口语叙述中不同类型论元的分布情况，发现以玛雅语为母语的人似乎在及物动词主语位置（A）上不倾向于使用词汇形式的论元或新指称，也不倾向于在一个句子中表达多个词汇论元或多个新信息。然后，他将这些采用语法维度和语用维度的倾向，归纳为 PAS 理论的四个限制（Du Bois, 1987；Du Bois et al., 2003）。

PAS 实现了语篇信息流与语法形式之间的对应，即语法规则（如及物动词的主语 [A]、及物动词的直接宾语 [O] 以及不及物动词的主语 [S]），指称表达形式（如名词短语的词汇形式、代词或零指代），信息结构（如新信息、旧信息、可及信息等）表达之间的对应关系。PAS 包括以下四个限制：单个词汇论元限制——避免出现一个以上的词汇论元；非词汇 A 限制——避免出现词汇形式的 A；单个新论元限制——避免出现一个以上的新的核心论元；旧信息 A 限制——避免出现表达新信息的 A。如表 1 所示，这四个限制定义了不同位置的论元在数量及位置方面的限制。

表 1　Du Bois 优先论元结构限制

	语法	语用
数量	避免出现一个以上的词汇论元	避免出现一个以上的新核心论元
位置	避免出现词汇形式的 A	避免出现新信息的 A

2.2. 关于 PAS（优先论元结构）的产出研究

许多对单一语言的研究证明了 PAS 理论中所采用的语法维度和语用维度的归纳具有其合理性，例如对普通话（Tao et al., 1994）、希伯来语（Sutherland-Smith, 1996）、韩语

（Clancy，1993；2003）、因纽特语（Allen et al.，2003）的研究等，而且在书面表达（Lin，2009）和口语叙述（O'Dowd，1990）层面的 PAS 研究也符合 Du Bois 提出的四个限制。

对于受试所属人群来说，一部分研究所选取的受试群体为儿童习得者和具有语言障碍的群体，例如因纽特语儿童习得者（Allen et al.，2003）、韩语儿童习得者（Clancy，1993；2003）、自闭症儿童（Weber，2003）、失语症儿童（Kohn et al.，2003）。综上，相当一部分对 PAS 的研究主要以单一语言为研究对象，忽略了双语者在所产出的语言上是如何实现语篇信息流与语法形式之间的对应的，即语法形式、指称表达形式和信息结构的对应关系。

目前，对于汉语 PAS 的探究发现汉语口语产出遵循 PAS 的限制，符合单个词汇论元限制以及单个新论元限制，但是不局限于 A，在 A 和 S 的位置上都呈现了这种避免出现词汇形式和新论元的倾向以及 A 与 S 的关联倾向（Chui，1992）。更有研究提出，对于 PAS 所提出的"非词汇 A"限制，结合汉语语篇的信息分布统计倾向，可以将其修改为"非词汇 A-S"（Lin，2009）。研究将英语和汉语中的信息在论元位置上的分布进行对比，发现在不同的语言中，新信息和旧信息对应 A、S 或 O 位置的比例有所不同；且其比例在同一种语言的不同的文体中也不同，但英语和汉语符合"旧信息 A 限制"（史成周，2013）。基于汉英双语者对于优先论元结构的使用，有研究探究了第一语言汉语对第二语言英语的正向迁移作用，其产出大致符合 Du Bois 提出的四个限制，但未验证反向迁移的存在（Jiang，2019）；对于优先论元结构使用的实验研究对象聚焦于特殊语言障碍青少年，而非正常的二语习得者（Jiang，2022）。

因此，本文的目的是基于对优先论元结构的使用，研究汉英双语者与汉语单语者口语产出之间的差异，并验证反向迁移（二语对母语）的存在。

3. 研究设计

3.1. 研究问题

本研究拟回答两个研究问题：1）基于对优先论元结构的使用，通过比较汉语单语者组和汉英双语者组的汉语产出，探究两组受试的产出是否存在差异。2）如果有，是否可以验证反向迁移（二语对母语）的存在？

3.2. 研究对象

本研究将实验对象分为两组，汉语单语者组和汉英双语者组。

1）汉语单语者组：12 名受试在数据收集时是北京一所大学的本科生（年龄：18~22 岁）。他们在中国出生和长大，直到语言习得关键期后才开始接触并在学校学习英语，其第二语言水平远不及其母语的水平，未通过大学英语四、六级考试（CET4/6），属从未直接接触过英语的汉语单语者。

2）汉英双语者组：由美国亚特兰大地区一所大学的 12 名大学生组成（平均年龄为19.6 岁）。他们在美国出生和长大，来自居住在美国的华人家庭，从一出生就接触汉语，中国语言和文化在受试家庭中受到重视，汉语被频繁使用。在日常生活中，他们的父母用汉语普通话与孩子交流，并让孩子用汉语进行读写学习。所有参与者在进入幼儿园之前，主要通过新闻媒体（例如电视节目）接触英语。进入幼儿园后，他们在学校和社区环境中使用英语进行输入和输出的频率有所增加。实验前，用李克特量表（Likert Scale）测试受试，并采用语言范畴流利度测试（category verbal fluency test）测量受试的英语水平（Marian et al., 2007; Bialystok et al., 2009）。

3.3. 实验材料

本研究的语料是受试对绘本《青蛙，你在哪里》的口头描述。该绘本共包含24张图片（不提供任何文字信息），图片上的指称满足具有生命特征的名词论元填充的句法位置的产出条件。绘本中的故事描述的是一个小男孩与他的小狗找寻他的宠物青蛙时所经历的一系列奇遇。在他们寻找青蛙的路上，小男孩与小狗遇到了一只花栗鼠、一只猫头鹰、一些蜜蜂和一只鹿。因为在讲述故事的过程中，描述者要不断地对上文提到的事物用指称来指代，以保证上下文信息流的完整，所以本实验采用的绘本为我们分析PAS提供了丰富的语境。

3.4. 实验过程

每一位受试的实验过程都会被单独记录，他们被告知要根据一些图片讲述一个故事。受试拿到绘本后，首先从头到尾翻看以熟悉故事情节，他们被告知可以在实验开始前反复浏览该绘本。当受试准备好后，他们被要求翻到该绘本的第一页从头开始讲故事。整个过程中，为了减少对受试的影响，研究者只会使用较少的语言提醒，如"然后？""之后发生什么了？"。整个任务持续10至15分钟。每个口头叙事都被录下来，然后根据CHILDES（MacWhinney）的转录规则转录成文本形式。

3.4.1. 通用编码方案

根据PAS的分析原则，句子为分析的基本单位，其汉语口语产出转录后的文本中的1365个句子为编码内容，我们将句子中的必有论元按指称形式、语法位置和信息结构所对应的类别进行逐一标注，采用的编码方案如下：

指称形式：主要区分为词汇论元或非词汇论元。词汇论元是完整的名词短语（例如：一个男生）。非词汇论元有两种形式：代词（例如：他喊了。）或零指代（例如：他喊了起来。Ø抓住了狗。）。

语法位置：根据动词的类型和它们所处的位置，有三种类型的语法位置。若论元是不及物动词的主语，则该论元被编码为S。若论元为及物动词的主语，则其被编码为A。若论元为及物动词的宾语，则其被编码为O。

信息结构：一共有三种信息地位，即新信息、旧信息和可及信息。如果一个指称对象在前文中从未被提过，那么它就是新信息。新指称对象通常以不定冠词的形式表达（比如：

a boy）。旧信息指在前文提到过的或是存在于说话者和听话者语境中的已知指称对象。如果一个指称对象是前文已经提到过的物体的一部分（Du Bois，1987）（例如：狗感觉它的头被打了），或者前文提到过但两者已经相隔了超过二十个语调单位，那么该指称对象便是可及信息。

3.4.2. 分析时被排除在外的信息

根据 Du Bois（1987）所提出的分析标准，本研究只分析了原则上可辨识且具体的论元，因此本次的语料只有 1365 个句子符合分析条件，即论元具有明确的指称（非语法成分或疑问词等）。Du Bois（1987）曾经提出一个标准，用于在编码时区别分析被排除在外的信息，结合本研究的语料，具体的例子如下所示：

（1）表达提及言语行为的说话人和听话人。

e.g. 今 天 **我** 要 讲 的 故 事 是

*jin tian **wo** yao jiang de gu shi shi*

Today **I** am going to tell a story

一 只 青 蛙 和 一 只 狗 和 小 男 孩 的 故 事。

yi zhi qing wa he yi zhi gou he xiao nan hai de gu shi.

among a frog, a dog and a little boy.

（2）否定和不定表达，包括名词和代词。

e.g. 洞 里 什 么 也 **没 有**。

*dong li shen me ye **mei you**.*

There is **nothing** in the hole.

（3）通常指名词短语。

e.g. 他们 来到 **一 个 地 方**。

*ta men lai dao **yi ge di fang**.*

They came to **a place**.

（4）合并表达意思的短语。

e.g. 结果 他 的 狗 想 从 那 瓶 子 里

jie guo ta de gou xiang cong na ping zi li

Finally, his dog wants to (find **something**) from that bottle.

找 到 **什 么 东 西**。

*zhao dao **shen me dong xi**.*

(find something)

（5）仅仅描述位置或事物特定性质的名词表达。

e.g. 小孩 看见 一块大石，**岩石**。

*xiao hai kan jian yi kuai da shi, **yan shi**.*

The child saw   a big stone, **a rock**.

（6）用来指示测试环境下事物的名词表达。

    e.g. 这是   一个 **很有趣的故事**。

*Zhe shi yi ge **hen you qu de gu shi**.*

This is   **an   interesting story**.

（7）用来指示地点和时间的名词表达。

    e.g. **一天晚上**，小青蛙 爬出了   瓶子。

yi tian wan shang, *xiao qing wa pa chu le   ping zi.*

One night,   the little frog climbed out of the bottle.

（8）直接引文作为句子的补语。

    e.g. 然后，他 打开 窗户。

ran hou, ta da kai chuang hu。

Then,   he opened the window.

    嗯，就叫 **"青蛙，你在哪儿？"**。

*En, jiu jiao **"qing wa, ni zai na er?"**.*

and shouted, **"Frog, where are you?"**

（9）指称为故事中的名字。

    e.g. 突然，**Tom** 发现 了 一个特别熟悉的 声音。

*tu ran, **Tom** fa xian le yi ge te bie shu xi de sheng yin.*

Suddenly, **Tom** found   a very familiar voice.

    有一个小男孩 叫 **亭亭**。

*you yi ge xiao nan hai jiao **ting ting**.*

There is a boy   called **Ting Ting**.

在第一个句子中，受试出现了语码混合的现象。语料中的一些句子的论元成分都处于同一个话题中，受试却未能使用相应的名词短语、指示词或指代词进行转换，以获得上下文的流畅表达。

除此之外，介词性短语同样不包含在语料分析的范围内。

例如，

小孩 (S)   从 山上   掉 下来。

xiao hai (S)   cong shan shang diao xia lai.

The child (S) fell from the mountain.

分析遵循一个句子中只有一个动词的原则。将"从山上（from the mountain）"这一部分看作指示受试口中所描述的主人公的状态和孩子摔倒的地点的短语，以实现具体的语义作用。

在汉语存在句中，位于宾语位置的名词短语被归为 S，该存在句以开头的位置词、不及物动词（"有；you；[have/has]"和"是；shi；[is/are]"）和宾语为特征，例如，

草 丛 里　　**有好多小青蛙**（S）。

*cao cong li　**you hao duo xiao qing wa (S)**.*

There are **many frogs** (S) in the grass.

4. 研究结果

本研究共对汉语单语者组所产出的 825 个句子和汉英双语者组产出的 540 个句子进行了编码和分析。根据 Du Bois 提出的 PAS 的四个限制，研究结果如下。

4.1. 一个词汇论元限制

"一个词汇论元限制"是指在每个句子中避免出现一个以上词汇论元。表 2 和图 1 描述了两组受试叙述的词汇论元（包含 0 个、1 个、2 个词汇论元）的分布情况。

表 2　句子中不同数量的词汇论元分布

词汇论元数量 / 个	汉英双语者组（CEB）		汉语单语者组（CM）	
	句子数量 / 个	占比 / %	句子数量 / 个	占比 / %
0	185	34.25	294	35.64
1	289	53.52	454	55.03
2	66	12.22	77	9.33
总计	540	100	825	100

注：因四舍五入，加总后与总和 100% 有些许出入。以下不一一注解。

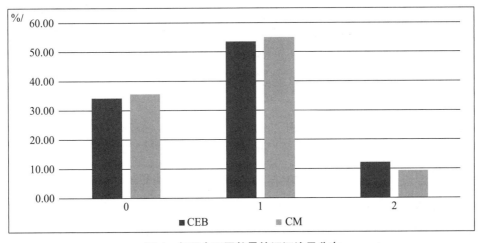

图 1　句子中不同数量的词汇论元分布

表2描述了汉语单语者组和汉英双语者组两组叙事中指称形式的分布情况：名词、代词和零指代。从表2和图1可以看出，在本研究语料中一个句子中出现零或一个词汇论元的频次较高，但出现两个词汇论元的情况较少，从图表中可见，在汉语单语者组的句子中两个词汇论元的比例占12.22%，在汉英双语者组中占9.33%。两组受试中，句子中不同词汇论元数量的分布具有很大的相似性。与一个词汇论元限制相一致的是，句子倾向于零或一个词汇论元，在汉语单语者中占87.77%，在汉英双语者中占90.67%。具体而言，所有受试都更倾向于产出零或一个词汇论元的句子（汉语单语者组，χ^2=309.267，p<0.0001；汉英双语者组，χ^2=545.747，p<0.0001）。

但是，从表2中所描述的分布也可以看出，两个测试组在选择不同数量的词汇论元方面存在比例上的差异，本文通过卡方检验对此进行验证，χ^2=2.913，df=2，p=0.23。卡方检验的标准化残差值表明，汉英双语者组和汉语单语者组具有相似的偏好，且都符合限制条件。

考虑到及物动词在及物句中有两个论元，本研究分析了带有零或一个词汇论元的句子出现的频率。如表3和图2所示，它们展示了词汇论元的及物性和频率的交叉分布。

表3 及物性与词汇论元频率的交叉分布

词汇论元数量 / 个	汉英双语者组（CEB）				汉语单语者组（CM）			
	及物		不及物		及物		不及物	
	数量 / 个	频率 / %	数量 / 个	频率 / %	数量 / 个	频率 / %	数量 / 个	频率 / %
0	11	10.89	174	39.64	23	11.76	271	42.48
1	24	23.76	265	60.36	87	59.36	367	57.52
2	66	65.35	0	0.00	77	28.34	0	0.00
总计	101	100	439	100	187	100	638	100

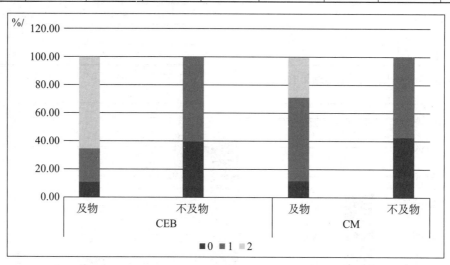

图2 及物性与词汇论元频率的交叉分布

汉语单语者组的不及物从句比例为77.33%，低于汉英双语者组的81.29%。汉语单语者组的及物从句中小于两个词汇论元的比例（58.82%）高于汉英双语者组（34.65%）。总的来说，以上两组受试产出的结果符合"一个词汇论元限制"。

4.2. 一个新论元限制

表 4 和图 3 描述了句子中存在零个、一个和两个新论元的出现频率,用于检验产出是否符合该限制,该限制要求每个句子中不存在超过一个新词汇的论元。

表 4　不同数量的新论元在每个子句中的分布

新论元 / 个	汉英双语者组(CEB)		汉语单语者组(CM)	
	子句中的数量 / 个	频率 / %	子句中的数量 / 个	频率 / %
0	452	81.88	667	80.65
1	88	15.94	151	18.26
2	6	1.87	9	1.09
总计	552	100	827	100

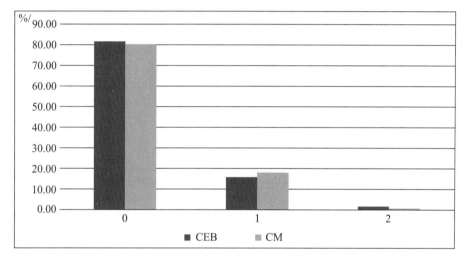

图 3　带有 0、1、2 个新论元的句子的分布

如表 4 所示,它符合"一个新论元限制",即产出的每个句子中,论元最多引入一个新的指称物。所有受试都表现出对零或一个新论元的相似偏好。对于受试来说,有两个新论元的句子都很罕见,在所有产出的句子中占了不到 1%。因此,带有零或一个新论元的句子是更具有偏好性的论元分布形式(汉语单语者组,χ^2=791.39,p<0.0001;汉英双语者组,χ^2=505.04,p<0.0001)。

然而,表 4 中的分布并没有显示两组在新论元数量上的差异。卡方检验证实了 Du Bois 提出的对偏好的观察结果,χ^2=3.65,df=2,p=0.16。因此,两组在新论元的选择上呈现出相似的分布。

如表 5 和图 4 所示,它们展示了新论元在及物句和不及物句中的分布和频率,表明了新论元的偏好。在表 5 中,两个受试组及物句的比例均大于 95%(汉英双语者组的及物动词比例:98.78%;汉英双语者组的不及物动词比例:99.99%;汉语单语者组的及物动词比例:95.49%;汉语单语者组的不及物动词比例:99.99%),这与"一个新论元限制"一致。

表 5 及物句和不及物句中新论元的分布

新论元数量 / 个	汉英双语者组（CEB）				汉语单语者组（CM）			
	及物		不及物		及物		不及物	
	数量 / 个	频率 / %	数量 / 个	频率 / %	数量 / 个	频率 / %	数量 / 个	频率 / %
0	165	67.22	795	87.65	160	65.57	439	91.45
1	77	31.56	112	12.34	73	29.92	41	8.54
2	2	0.01	0	0.00	11	4.50	0	0.00
总计	244	100	907	100	244	100	480	100

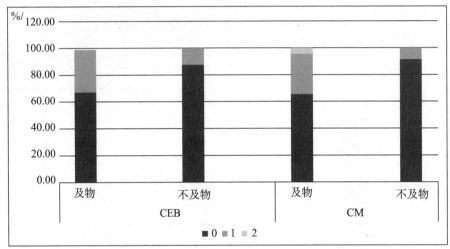

图 4 及物句和不及物句中新论元的分布

因此，呈现相似分布的两个组的产出分布大致支持 Du Bios 提出的"一个新论元限制"。

4.3. 非词汇 A 限制

"非词汇 A 限制"指的是避免 A 的位置有词汇论元出现，这展示了语篇中论元形式的一种统计倾向，即一个句子中的词汇论元的数量限制在最多一个，并且这个单一论元在语法层面上不是随机分布的，而是成系统地分布（Du Bois，1987）。表 6 和图 5 显示了两组受试产出在语法层面上词汇论元的分布情况。

表 6 语法层面上词汇论元的分布情况

	汉英双语者组（CEB）		汉语单语者组（CM）	
	词汇论元	非词汇论元	词汇论元	非词汇论元
及物句主语（A）	86	168	114	137
	33.86%	66.14 %	45.42%	54.58%
不及物句主语（S）	170	187	305	264
	47.62%	52.38%	53.60%	46.4%
宾语（O）	208	17	230	12
	92.45%	7.55%	95.04%	4.96%
总计	464	372	649	413

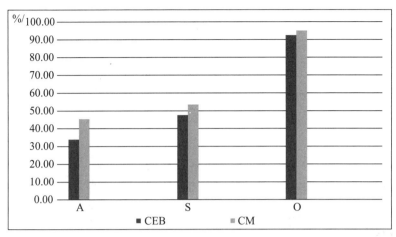

图 5　语法层面上词汇论元的分布情况

　　如表 6 所示，在两个受试组的产出中，词汇指称和非词汇指称的出现频率分布较为明显。在所有标记的论元中，及物动词的主语（A）主要以非词汇形式呈现，这与"非词汇 A 限制"一致。相比之下，对于不及物句的主语（S）形式，词汇论元和非词汇论元的数量几乎平均分布，而宾语位置上词汇论元（O）的分布特征十分显著。结果表明，两组的产出在叙事中都遵守"非词汇 A 限制"。

　　然而，表 6 中描述的分布似乎显示了两组之间的比例差异。皮尔逊卡方检验证实了这一初步观察结果，χ^2=13.002，df=2，p=0.0015。汉英双语者组在及物句主语（A）/宾语位置（O）中更偏好比预期更多的词汇论元（z=0.29，z=1.88），而汉语单语者组在不及物句主语的位置上更倾向于选择词汇论元（z=1.68）。

4.4.　非新信息 A 限制

　　"非新信息 A 限制"认为在语篇每个句子的论元中，最多只能有一个新指称物；这个单一的新论元通常出现在不及物句的主语（S）或宾语（O）位置上，而不是在及物句的主语（A）位置上。表 7 和图 6 显示了两组受试在语法位置上新、旧和可及信息的指称物的分布情况。

表 7　两组受试在语法位置上新、旧和可及信息的指称物的分布情况

	汉英双语者组（CEB）			汉语单语者组（CM）		
	新信息	可及信息	旧信息	新信息	可及信息	旧信息
及物句主语（A）	17	7	195	12	3	236
	7.76%	3.20%	89.04%	4.78%	1.19%	94.02%
不及物句主语（S）	20	6	334	46	18	505
	5.56%	1.67%	92.78%	8.08%	3.16%	88.75%
宾语（O）	87	28	111	110	15	114
	38.5%	12.39%	49.11%	46.03%	6.28%	67.70%
总计	124	41	640	168	36	855

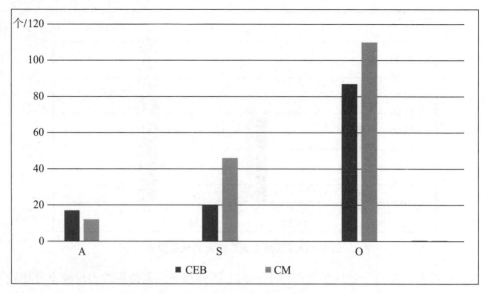

图6 两组受试产出的新信息在语法位置上的数量分布情况

表 7 显示了新信息、旧信息和可及信息在两组受试产出的语法位置分布情况，还显示了两组 A/S/O（及物句主语/不及物句主语/宾语）位置上新信息的占比。如表 7 和图 6 所示，A 的位置上很少出现关于新信息的论元，而 A 中的论元主要分布着旧信息和可及信息。统计结果显示了组间差异的存在，χ^2=14.488，df=2，p<0.05。具体而言，汉英双语者组倾向于在 A 和 O 位置上选择大量旧信息和可及信息（z=0.79，z=2.13），而在 S 位置选择较少（z=−1.75）；而汉语单语者的产出则相反。

5. 讨　论

两个受试组的产出支持 Du Bois 提出的四个限制条件。但是，两组受试在"非词汇 A 限制"和"非新信息 A 限制"上显示出明显的组间差异。

5.1.　在 PAS 的四个限制条件下的产出结果

本研究的结果与以往的一些研究一致，支持了口语语篇中 PAS 的限制。具体来说，两组的统计数据都支持"一个词汇论元限制"，即说话者更倾向于在每个句子中选择零或一个论元。研究还显示了"一个新论元限制"，即两个受试都避免在每个句子中选择超过一个新论元。虽然两组受试整体上符合"非词汇 A 限制"，但双语者组在 A 位置和 O 位置上选择的词汇论元比预期的要多，而汉语单语者更喜欢在 S 位置上使用词汇论元。在"非新信息 A 限制"中，新信息避免出现在 A 位置上，两组产出符合这一限制。汉英双语者组更倾向于在 A 和 O 位置上选择大量旧信息和可及信息，而在 S 位置上选择较少；汉语单语者组则相反。

5.2. 一个词汇论元限制

在"一个词汇论元限制"中，汉英双语者组和汉语单语者组呈现相似的分布，组间无显著差异。产生这个结果的原因可能是，指称作为一个比较敏感的指标，包括新的指称物、给定的实体和指称的维持，通常以不确定的形式（例如一个男孩，yi ge nan hai，[一个男孩]）引入新的指称物，或以确定的形式（例如那个男孩，na ge nan hai，[那个男孩]）再次指称前面提到过的一个对象。也可以用名词短语、代词、零指代的形式来维持指称。在这个故事《青蛙，你在哪里》中，代词将比名词更适合指代（Liu et al.，2021）。在汉语中，最常见的语法结构是零论元的零指代句。零回指和零指代形式是汉语中常见的语法结构，这一特点使产出及物句中的词汇论元减少到一个。这解释了为什么两个词汇论元的及物句数量比一个词汇论元的句子少得多。因此，汉语的零指代使得带有一个词汇论元的句子占主导地位，这意味着双语者的产出主要受到了汉语的影响。

而句子是 PAS 语篇分析的基本信息单位。在英语中，"句子"指的是动词及其动词必有论元。研究发现，零指代宾语在英语中通常并不频繁，即使是在最早期的发展阶段，因为这被认为是不符合语法的。之前的研究表明，双语者的英语模式的后期与单语者相似，且模式受习得年龄的影响（Jiang et al.，2019）。研究结果支持双语者的产出受到汉语的影响。更重要的是，它发现第二语言对母语的影响只存在于早期双语者中（Jiang et al.，2019）。因此，很难得出双语者的产出受到英语的影响的结论，相似性并不能直接证明反向迁移的存在。我们得出的结论是，能够同等流利地使用两种语言，并在学习第二语言后流利地切换两种语言的双语者，在词汇论元数量方面，其汉语产出受到母语习惯使用的影响。

5.3. 一个新论元限制

汉英双语者组和汉语单语者组都符合限制，并且表现出相似性。

研究发现成人言语在新指称物和词汇形式之间表现出很强的关联性（Huang 2016）。在自然情况下产出的普通话语篇中，其普通话会话的大多数及物句（61%）只包含一个名词论元，而只有 19% 的及物句有两个名词论元（Tao et al.，1994）。此外，虽然以汉语为母语的人不一定要使用汉语存在句来引入新的实体，但如果他们必须在 A 和 S 之间进行选择，以汉语为母语的人会倾向于用汉语存在句的 S 来引入它（Shi，2013）。汉语是一种零话题语言，语篇中的主语位置倾向于使用零回指作为话题链接。零回指和零指代是汉语常见的语法结构。这一特点使及物动词的词汇论元减少到一个。它解释了为什么句中两个词形比一个词形少得多的现象，这与单语者的产出是一致的。

之前的研究发现，无论使用何种名词论元，新的信息都会置后，将已知的主题放在句首。这也符合在研究英语产出中发现的趋势，即新信息更倾向于出现在话语的结尾，而已知信息更倾向于出现在开头。在一种特定的语言中，各种各样的句子结构类型都遵循这一原则，如存现句（例如：有一只狗）或倒置（例如：树下来了一只狗）。因此，双语者的表现并不能用英语的偏好来完全概括。

此外，之前的研究发现，英语单语者在每句中使用一个新论元的频率较低（Jiang et al.，

2019），这表明不能将双语者产出的表现直接归结为英语的影响。因此，很难得出本研究中双语者的倾向直接受到第二语言影响的结论。这一结果表明，受试产出的相似性是由于第一语言的习惯性使用造成的。

5.4. 非词汇 A 限制

在"非词汇 A 限制"中，汉英双语者组学习者在 A 位置和 O 位置中选择的词汇论元的数量多于预期，而汉语单语者则倾向于在 S 位置中使用更多的词汇论元。

汉英双语者组："所以　　他想要　　　去找　　　他的青蛙（O）。
"suo yi　　ta xiang yao　　qu zhao　　ta de qing wa (O).
"So　　　he wanted to　　find　　　his frog.
因为　　　　那个瓶子（S）　　还 在它头上。"
yin wei　　　na ge ping zi (S)　　hai zai ta tou shang."
Because　　　that bottle　　　　was still on his head."

汉语单语者组："他 的 青 蛙（S）从 瓶 子 里　　　逃走了。
"ta de qing wa (S)　　cong ping zi li　　tao zou le.
"His frog (S)　　　　ran away from the bottle.
小 青 蛙（S）　　　不 见 了。"
xiao qing wa (S)　　bu jian le."
The little frog (S)　　was gone."

可以看出，汉语单语者在描述同一情景时，大多是用词汇论元的形式引出主语。研究表明，在儿童的汉语产出中，A 和 S 位置上的论元比 O 位置的论元更可能是非词汇论元（Huang，2012）。而本研究中，汉语单语者更倾向于在 S 位置中使用更多的词汇论元，这与之前的发现是一致的。此外，共时性研究表明，在英语的各个阶段，A 都表现出对代词的强烈偏好，而不是对词汇论元形式，这意味着随着时间的推移，A 位置在英语中很少用到词汇论元。在所有词汇论元编码中，这种不具有偏好性的情况达到了 2.2%。这一发现支持了非词汇 A 限制，因为这种倾向是随着时间形成的。尽管双语者的产出符合限制，但他们的结果与单语者的产出有区别，他们在 A 位置使用的词汇论元比预期的多。与汉语和英语相比，英语使用者使用"他"、"她"和"它"，代表了第三人称的不同性别，而汉语中口头使用"ta"的发音就可以指代以上三种情况，因此无法在叙事产出的口头形式中识别对方的属性。因此，双语者在 A 位置中使用词汇论元多于预期的部分原因是他们在 A 位置选择使用更多的词汇论元来进行叙事，而不是代词，这在某种程度上能规避母语影响，不易造成指代不明。之前的一项研究表明，O 比 A 或 S 更容易以词汇论元的形式出现，这种在 O 位置上对词汇论元的统计偏好可能归因于英语宾格系统的形成（Huang，2012）。

因此，双语者在 O 位置中有更多的词汇论元，这与"非词汇 A 限制"并不冲突。尽管他们在 A 位置中使用了比预期更多的词汇论元，但他们的产出结果与单语者不同，这不能归结为母语的影响。

此外，在这个实验中，绘本《青蛙，你在哪里》中有大量的动作事件。此前的研究表明，双语学习者在叙事过程中比汉语单语学习者更注重运动方式或原因，这表明学习者的汉语运动事件表达偏离了汉语的表征（刘雪卉等，2021）。由此可见，英语学习者的概念模型可能在二语习得过程中被重构，从第一语言主导的概念模型到第一语言与第二语言之间的概念模型，并逐渐接近英语母语者的水平。

通过已有的研究和本研究的数据，我们发现跨语言的影响并不一定是母语对二语的单向迁移，也存在第二语言对母语的反向迁移。根据本研究的数据，双语者组受英语语法的影响更大，验证了反向迁移的存在。

5.5. 非新论元 A 限制

研究表明，汉英双语者组倾向于在 A 和 O 的位置上选择大量旧信息和可及信息，在 S 的位置上选择较少；而汉语单语者组的倾向则相反。

之前的研究发现，汉语母语者和英语母语者在旧信息的分布上没有表现出差异（Jiang et al.，2019），而本研究发现，在双语者的汉语产出中，他们更倾向于将旧信息放在 A 和 O 的位置上，而在 S 位置中较少使用旧信息，这显示出了双语者和单语者的差异。

之前的研究表明，汉语中新的信息倾向于出现在 O 的位置上，旧信息出现 A 和 S 的位置上（Huang，2016）。其中的原因是与 A 位置相比，S 位置在成人言语中与 O 位置的联系更紧密，这意味着在成人普通话中新信息和旧信息的分布存在 A/S 关系，证明了语篇产出的宾格对齐，但这种模式与黄提出的 S/O 模式不一致。因为 S 与 A 都倾向于包含旧信息，而 O 位置倾向于引入新信息。从本文单语者的统计数据来看，O 和 S 位置中的论元符合他们之前的发现。相反，双语者明显偏好在 A 和 O 位置中使用旧信息，在 S 位置上使用新信息。根据现有的研究，"非新论元 A 限制"可以在英语中得到验证，但 S 位置中的信息分布不支持限制（Karkkainen，1996；Kumagai，2006）。这意味着在英语产出 S 位置中有更多的信息。本论文的统计数据与先前研究中的 A 和 S 位置上新旧信息的发现具有一致性。此外，尽管单语者在 A 位置中的表现与之前的发现不同，但双语者在 A 位置中的表现符合汉英两种语言的发现，这表明双语者无法避免汉语的习惯，他们在一定程度上受到了英语的影响。此外，双语者在 S 位置的产出符合之前发现的英语特点，并且与单语者的产出不同，侧面证明了英语的影响和反向迁移的存在。而且，双语者在汉语中的产出不符合之前的发现，这说明双语者在 O 位置上没有受到汉语的影响。S 和 O 位置的产出验证了从英语到汉语的迁移，即反向迁移的存在。

6. 结 语

本研究在信息流和语法形式上与 Du Bois 提出的 PAS 的四个限制相一致。然而，在"非词汇 A"和"非新信息 A"的限制条件上存在着组间区别。

在"非词汇 A 限制"中，汉英双语者组在 A 和 O 位置中选择的词汇论元的数量比预期的要多，而汉语单语者组更喜欢在 S 的位置使用词汇论元。在"非新信息 A"中，汉英双语者组倾向于在 A 和 O 位置上选择大量旧的和可及的信息，而在 S 位置上选择较少的信息；而汉语单语者组的倾向则相反。

如表 8 所示，它阐述了汉英双语者组的产出与汉语单语者组相比四个限制的比较结果。

表 8　汉英双语者组的产出与汉语单语者组相比四个限制的比较结果

	语法		语用	
数量	一个词汇论元	与汉语单语者组一致	一个新论元	与汉语单语者组一致
角色	非词汇 A 论元	具有一致性，但没有汉语单语者组显著	非新信息论元	具有一致性，但比汉语单语者组显著

根据之前的讨论，我们将组间差异归因于反向迁移。"非词汇 A 限制"和"非新信息 A"的不同表现可以归因于第二语言对第一语言的影响。也就是说，这两个限制验证了反向迁移的存在。

本文的研究结果可以更支持优先论元结构的四个限制条件，并在定量研究的基础上对双语者进行描述，而非局限于单语背景的受试研究。以往的研究大多发现双语者二语的产出受到母语的影响，但很少有研究探讨是否存在反向迁移。在这篇文章中，反向迁移得到了验证。也就是说，第二语言对受试的第一语言也有影响。此外，它们大多集中在单语语篇，本文涉及英语和汉语两种语言的比较，并讨论了 PAS 的双语使用，这对跨语言迁移提供了深刻的见解。

参考文献

[1] 刘雪卉，陈亚平. 中国英语学习者运动事件的双向概念迁移研究 [J]. 外语教学与研究，2021，53（3）：387–399，479.

[2] 史成周. 英汉优先论元结构对比研究 [J]. 科教文汇（中旬刊），2013（23）：74–78.

[3] 吴一安，蒋素华. 汉英双语者汉语口语中的英语化特征研究 [J]. 外语教学与研究，2006（6）：411–417，479.

[4] 张秋杭. 从汉语关系从句看优先论元结构假设 [J]. 语言教学与研究，2016（6）：59–67.

[5] Allen S E, Schröder H. Preferred argument structure in early Inuktitut spontaneous speech data[C]// Du Bois J W, Kumpf L E, Ashby W J. Preferred argument structure: Grammar as architecture for function. Amsterdam, the Netherlands: John Benjamins, 2003: 301–338.

[6] Amara M, Azaiza F, Hertz-Lazarowitz R, et al. A new bilingual education in the conflict-ridden Israeli reality: Language practices[J]. Language and Education, 2009, 23: 15–35.

[7] Arcay-Hands E. Written academic texts: A multidimensional analysis of students' essays[C]// Proceedings of the 29th Annual Conference of the Canadian Association of Applied Linguistics. Ottawa: Trend in Second Language Teaching and Learning, Carleton University, 1998.

[8] Ashby W J, Bentivoglio P. Preferred argument structure in spoken French and Spanish[J]. Language Variation and Change, 1993, 5(1): 61–76.

[9] Barac R, Bialystok E, Castro D C, et al. The cognitive development of young dual language learners: A critical review[J]. Early Childhood Research Quarterly, 2014, 29: 699–714.

[10] Bialystok E. Acquisition of literacy in bilingual children: A framework for research[J]. Language Learning, 2002, 52: 159–199.

[11] Bialystok E, Craik F I M, Green D W, et al. Bilingual minds[J]. Psychological Science in the Public Interest, 2009, 10(3): 89–129.

[12] Carlson S M, Meltzoff A N. Bilingual experience and executive functioning in young children[J]. Developmental Science, 2008, 11(2): 282–298.

[13] Chen X, Xu F, Nguyen T-K, et al. Effects of cross-language transfer on first-language phonological awareness and literacy skills in Chinese children receiving English instruction[J]. Journal of Educational Psychology, 2010, 102: 712–728.

[14] Chui K W. Preferred argument structure for discourse understanding[C]// Proceedings of the Fourteenth Conference on Computational Linguistics. Stroudsburg, PA: Association for Computational Linguistics, 1992, 4: 1142–1146.

[15] Clancy P. Preferred argument structure in Korean acquisition[C]// Clark E. Proceedings of the 25th Annual Child Language Research Forum. Stanford, CA: Stanford University: Center for the Study of Language and Information, 1993: 307–316.

[16] Clancy P M. The Lexicon in interaction: Developmental origins of preferred argument structure in Korean[C]// Du Bois J W, Kumpf L E, Ashby W J. Preferred argument structure: Grammar as architecture for function. Amsterdam, the Netherlands: Benjamins, 2003: 81–108.

[17] Cummins J. Linguistic interdependence and the educational development of bilingual children[J]. Review of Educational Research, 1979, 49: 222–251.

[18] Cummins J. A theoretical framework of bilingual special education[J]. Exceptional Children, 1989, 56: 111–119.

[19] Du Bois J W. The discourse basis of ergativity[J]. Language, 1987, 63: 805–855.

[20] Du Bois J W, Kumpf L E, Ashby W J. Preferred argument structure: Grammar as architecture for function[M]. Amsterdam, the Netherlands: John Benjamins, 2003.

[21] Du Bois J W. Competing motivations[C]// Haiman J. Iconicity in Syntax. Amsterdam: John Benjamins Publishing Company, 1985: 343-365.

[22] Gonca A. Do L2 writing courses affect the improvement of L1 writing skills via skills transfer from L2 to L1?[J]. Educational Research and Reviews, 2016, 11: 987–997.

[23] Huang C C. Preferred argument structure in Mandarin child language[J]. Taiwan J. Linguist, 2012, 10(2): 119–168.

[24] Huang C C. Information management in Mandarin child speech, maternal speech, and adult speech[J]. Lingua, 2016, 64(2): 53–68.

[25] Hulk A, Müller N. Bilingual first language acquisition at the interface between syntax and pragmatics[J]. Bilingualism: Language and Cognition, 2000, 3: 227–244.

[26] Jiang X, Chen L. Preferred argument structure in the narratives of Chinese-English bilinguals and their monolingual peers[J]. International Journal of Bilingualism, 2019, 23(5): 873–887.

[27] Jiang X, Chen L. Preferred argument structure in the oral narratives of adolescents with and without SLI[J]. Clinical Linguistics & Phonetics, 2022, 36(1/2): 11–17.

[28] Karkkainen E. Preferred Argument Structure and Subject Role in American English Conversational Discourse[J]. Journal of Pragmatics, 1996, 25: 675–701.

[29] Kecskes I. The effect of the second language on the first language[J]. Babylonia, 2008, 2: 31–34.

[30] Kecskes I. Dual and multilanguage systems[J]. International Journal of Multilingualism, 2009, 7: 91–109.

[31] Kumagai Y. Ergativity in English Spontaneous Discourse[J]. Mulberry: Bulletin of the Department of English, Faculty of Letters, Aichi Prefectural University, 2000, 49: 35–60.

[32] Kumagai Y. Information management in intransitive subjects: Some implications for the preferred argument structure theory[J]. Journal of Pragmatics, 2006, 38(5): 670–694.

[33] Kumpf L E. Preferred argument in second language discourse: A preliminary study[J]. Studies in Language, 1992, 16(2): 369–403.

[34] Kumpf L E. Genre and preferred argument structure: Sources of argument structure in classroom discourse[C]// Du Bois J W, Kumpf L E, Ashby W J. Preferred argument structure: Grammar as architecture for function. Amsterdam, the Netherlands: John Benjamins, 2003: 81–108.

[35] Kohn S E, Cragnolino A. The role of preferred argument structure for understanding aphasic sentence planning[C]// Du Bois J W, Kumpf L E, Ashby W J. Preferred argument structure: Grammar as architecture for function. Amsterdam, the Netherlands: John Benjamins, 2003: 339–351.

[36] Loizou M, Stuart M. Phonological awareness in monolingual and bilingual English and Greek five-year-olds[J]. Journal of Research in Reading, 2003, 26: 3–18.

[37] Marian V, Blumenfeld H K, Kaushanskaya M. The language experience and proficiency questionnaire (LEAP-Q): Assessment language profiles in bilinguals and multilinguals[J]. Journal of Speech, Language, and Hearing Research, 2007, 50: 940–967.

[38] Montanari S, Simón-Cereijido G, Hartel A. The development of writing skills in an Italian-English two-way immersion program: Evidence from first through fifth grade[J]. International Multilingual Research Journal, 2016, 10: 44–58.

[39] Murphy V A, Macaro E, Alba S, et al. The influence of learning a second language in primary school on developing first language literacy skills[J]. Applied Psycholinguistics, 2015, 36: 1133–1153.

[40] Müller N, Hulk A. Crosslinguistic influence in bilingual language acquisition: Italian and French as recipient languages[J]. Bilingualism: Language and Cognition, 2001, 4: 1–21.

[41] Narasimhan B, Budwig N, Murty L. Argument realization in Hindi caregiver-child discourse[J]. Journal of Pragmatics, 2005, 37: 461–495.

[42] Nagel O V, Temnikova I G, Wylie J, et al. Functional Bilingualism: Definition and Ways of Assessment[C]// Procedia-Social and Behavioral Sciences, 2015, 215: 218–224.

[43] O'Dowd E. Discourse Pressure, Genre and Grammatical Alignment: After Du Bois[J]. Studies in Language, 1990, 14: 365–403.

[44] Pasquarella A, Chen X, Gottardo A, et al. Cross-language transfer of word reading accuracy and word reading fluency in Spanish–English and Chinese–English bilinguals: Script universal and script-specific processes[J]. Journal of Educational Psychology, 2015, 107: 96–110.

[45] Peal E, Lambert W. The Relation of Bilingualism to Intelligence[J]. Psychological Monographs, 1962, 76: 1–23.

[46] Poarch G J, Bialystok E. Bilingualism as a model for multitasking[J]. Developmental Review, 2015, 35(1): 113–124.

[47] Rothman J. Pragmatic deficits with syntactic consequences: L2 pronominal subjects and the syntax-pragmatics interface[J]. Journal of Pragmatics, 2009, 41: 951–973.

[48] Serratrice L. The role of discourse and perceptual cues in the choice of referential expressions in English preschoolers, school-age children, and adults[J]. Language Learning and Development, 2008, 4(4): 309–332.

[49] Sutherland-Smith W. Spoken narrative and preferred clause structure: Evidence from Modern Hebrew Discourse[J]. Studies in Language, 1996, 20(1): 163–189.

[50] Tao H, Thompson S A. The Discourse and grammar interface: Preferred clause structure in Mandarin conversation[J]. Journal of Chinese Language Teachers Association, 1994, 29(3): 1–34.

[51] Teimourtash M, Shakouri N. On the mutual effect of L1 and L2 in SLA: A brief look at Cook's multi-competence[J]. Journal of Language Teaching and Research, 2016, 7: 398–402.

[52] Van der Leij A, Bekebrede J, Kotterink M. Acquiring reading and vocabulary in Dutch and English: the effect of concurrent instruction[J]. Reading and Writing: An Interdisciplinary Journal, 2010, 23:415–434.

[53] Weber E G. Nominal information flow in the talk of two boys with autism[C]// Du Bois J W, Kumpf L E, Ashby W J. Preferred argument structure: Grammar as architecture for function. Amsterdam, the Netherlands: John Benjamins, 2003: 353–383.

[54] Yeong S H M, Fletcher J, Bayliss D M. Importance of phonological and orthographic skills for English reading and spelling: A comparison of English monolingual and Mandarin-English bilingual children[J]. Journal of Educational Psychology, 2014, 106: 1107–1121.

[55] Yeong S H M, Fletcher J, Bayliss D M. Impact of early home language exposure on

phonological and orthographic skills and their contributions to English literacy abilities in English monolingual and Chinese-English bilingual adults[J]. Applied Psycholinguistics, 2017, 38: 1–30.

Preferred Argument Structure in the Chinese Narratives: Comparison between Chinese Monolinguals and Chinese-English Bilinguals

Abstract: Most of the previous studies on PAS focus on the analysis of monolingual discourse. And language transfer mostly focused on the transfer of L1 on L2 (forward transfer), paid less attention to the transfer of L2 on L1 (reverse transfer). The paper uses the Preferred Argument Structure as the theoretical structure to analyze the oral output of 12 Chinese monolinguals and 12 Chinese-English bilinguals. By the means of Chi-square Test and residual analysis, the distinctions between Chinese-English bilinguals and their monolingual peers and the reverse transfer were found. The paper finds that the study output supports four constraints proposed by Du Bois, but there are inter-group differences on the Non-Lexical A Constraint and Given A Constraint, which prove the existence of reverse transfer. From the perspective of syntax-pragmatics, the paper is based on bilingual use of PAS, which gives references for future studies on reverse transfer.

Keywords: Preferred Argument Structure; reverse transfer; cross-language transfer

附 录

汉语单语者组和汉英双语者组的产出

汉语单语者组第一位受试

@UTF8
@Begin
@Languages: zh
@Participants: CHI Target_Child
@ID: ming&chen.heritagezh01=Target_Child
@Age of CHI: 20;
*CHI: 好青蛙你在哪？
*CHI: 有一个小孩他有一只青蛙 [^c] .
*CHI: 他很喜欢它 [^c] .
*CHI: 每天晚上跟他玩一直到 xxx [^c] .
*CHI: 有一个晚上呢小孩睡觉的时候 [^c] .
*CHI: 青蛙就偷偷地跑出去了 [^c] .

%co2: NOM:SM:RMUK:ANI:PREV: 青蛙 frog^switch-noun

*CHI: 早上起来小孩一看诶 [^c] .

%co2: ZERO:SM:RMUK:HUM:PREV:0; NOUN:SM:RMUK:HUM:PREV: 小孩 boy^switch-noun

*CHI: 青蛙去哪儿啦 [^c] .

%co2: NOM:SM:RMUK:ANI:PREV: 青蛙 frog^maintain-noun

*CHI: 他到处找 [^c] .

%co2: PRO3:SM:RMUK:HUM:PREV: 他 boy^maintain-pronoun

*CHI: 在鞋子里找 [^c] .

%co2: ZERO:SM:RMUK:HUM:PREV:0 boy^maintain-ellipsis

*CHI: 外面打开窗子也叫它的名字 [^c] .

%co2: ZERO:SM:RMUK:HUM:PREV:0 boy^maintain-ellipsis

*CHI: 青蛙你在哪 [^c] .

%co2: NOM:SM:RMUK:ANI:PREV: 青蛙 frog^maintain-noun

*CHI: 他狗也帮他找 [^c] .

%co2: POSNOM:FM:RNEW:ANI:PREV: 他狗 dog^switch-noun

*CHI: 但是他的狗摔倒了 [^c] .

%co2: POSNOM:SM:RMUK:ANI:PREV: 他的狗 dog^maintain-noun

*CHI: 所以他去拿他的狗 [^c].

%co2: PRO3:SM:RMUK:HUM:PREV: 他 boy^switch-pronoun;
　　　POSNOM:SM:RMUk:ANI:PREV: 他的狗 dog^maintain-noun

*CHI: 他到外面去 [^c] .

%co2: PRO3:SM:RMUK:HUM:PREV: 他 boy^maintain-pronoun

*CHI: 然后叫 [^c] .

%co2: ZERO:SM:RMUK:HUM:PREV:0 boy^maintain-ellipsis

*CHI: 青蛙你在哪 [^c] ？

*CHI: 赶快回来吧 [^c] .

*CHI: 他的狗也还在帮他找 [^c] .

%co2: POSNOM:SM:RMUK:ANI:PREV: 他的狗 dog^switch-noun

*CHI: 他到洞里面也去找 [^c] .

%co2: PRO3:SM:RMUK:HUM:PREV: 他 boy^switch-pronoun

*CHI: 但是只找到一个獐鼠 [^c] .

%co2: ZERO:SM:RMUK:HUM:PREV:0 boy^maintain-ellipsis ;
　　　NUMCLNOM:FM:RNEW:ANI:PSTV: 一个獐鼠 mole^introduction-noun

*CHI: 他的狗也帮他找 [^c] .

%co2: POSNOM:SM:RMUK:ANI:PREV: 他的狗 dog^switch-noun

*CHI: 到树上爬看有没有青蛙 [^c] .

%co2: ZERO:SM:RMUK:ANI:PREV:0 dog^maintain-ellipsis;
　　　NOM:SM:RMUK:ANI:PSTV: 青蛙 frog^maintain-noun

*CHI: 他也在树上爬看有没有青蛙 [^c] .

%co2: PRO3:SM:RMUK:HUM:PREV: 他 boy^switch-pronoun;
NOM:SM:RMUK:ANI:PSTV: 青蛙 frog^maintain-noun

*CHI: 但是他们只找到蜜蜂 [^c] .

%co2: PRO3:SM:RMUK:HUM:PREV: 他们 boy^maintain-pronoun;
NOM:FM:RNEW:ANI:PSTV: 蜜蜂 bees^introduction-noun

*CHI: 没有找到青蛙 [^c] .

%co2: ZERO:SM:RMUK:HUM:PREV:0 boy^maintain-ellipsis;
NOM:SM:RMUK:ANI:PSTV: 青蛙 frog^maintain-noun

*CHI: 他又爬到山上 [^c] .

*CHI: 去看后面有没有青蛙 [^c] .

%co2: ZERO:SM:RMUK:HUM:PREV:0 boy^maintain-ellipsis

*CHI: 他叫它的名字 [^c] .

%co2: PRO3:SM:RMUK:HUM:PREV: 他们 boy^maintain-pronoun

*CHI: 青蛙你在哪 [^c]

*CHI: 然后鸟也听到他啦 [^c] .

*CHI: 但是还没找到青蛙 [^c] .

%co2: ZERO:SM:RMUK:HUM:PREV:0 boy^maintain-ellipsis;
NOM:SM:RMUK:ANI:PSTV: 青蛙 frog^maintain-noun

*CHI: 但是他碰到一只鹿 [^c] .

%co2: PRO3:SM:RMUK:HUM:PREV: 他们 boy^maintain-pronoun;
NUMCLNOM:FM:RNEW:ANI:PSTV: 一只鹿 deer^introduction-noun

*CHI: 然后鹿把他丢到水里边去了 [^c] .

%co2: NOM:SM:RMUK:ANI:PREV: 鹿 deer^promote-noun;
PRO3:SM:RMUK:HUM:PREV: 他 <baconstruction> boy^maintain-pronoun

*CHI: 他跟他的狗一起掉到水里边去了 [^c] .

%co2: PRO3:SM:RMUK:HUM:PREV: 他 boy^switch-pronoun

*CHI: 然后呢诶他们就听到一个声音 [^c] .

%co2: PRO3:SM:RMUK:HUM:PREV: 他 boy^maintain-pronoun

*CHI: 是青蛙吗 [^c] ？

*CHI: 我不知道 [^c] .

*CHI: 他叫他的狗别说话 [^c] .

%co2: PRO3:SM:RMUK:HUM:PREV: 他 boy^maintain-pronoun

*CHI: 我要听是不是青蛙 [^c] .

*CHI: 所以他和他的狗一起看 [^c] 树 # 死的树后面是不是青蛙 [^c] .

%co2: PRO3:SM:RMUK:HUM:PREV: 他 boy^maintain-pronoun

*CHI: 诶果真是两只青蛙 [^c] .

%co2: NUMCLNOM:SM:RMUK:ANI:PSTV: 两只青蛙 frog^switch-noun

*CHI: 一个女的一个男的 [^c] .

*CHI: 然后他们有他们自己的小孩好可爱啊 [^c] .

%co2: PRO3:SM:RMUK:ANI:PREV: 他们 frog^promote-pronoun

*CHI: 所以呢他把一只小青蛙带回家 [^c] .

%co2: PRO3:SM:RMUK:HUM:PREV: 他 boy^switch-pronoun

*CHI: 然后和他们说再见了 [^c] .

%co2: ZERO:SM:RMUK:HUM:PREV:0 boy^maintain-ellipsis

*CHI: 他终于找到他的青蛙了 [^c] .

%co2: PRO3:SM:RMUK:HUM:PREV: 他 boy^maintain-pronoun;
POSNOM:SM:RMUK:ANI:PSTV: 青蛙 frog^maintain-noun

@End

汉英双语者组第一位受试

@UTF8

@Begin

@Languages: zh

@Participants: CHI 郑绪军 Target_Child

@ID: zh.guo&chen.adult01=Target_Child

@Age of CHI: 20;

@Comment: 外院成人 (1)

@Date:

@Tape Location:

@Coder:

@G:　　1

*CHI: ＜有＞[/] 有 一 天，一 个 小孩 坐 在 家 里边 玩儿 [^c].

*CHI: 嗯 嗯，一 个 大 瓶子 瓶子 里边 有 个 青蛙 [^c].

*CHI: 狗 也 和 他 在 一块儿 看 着 青蛙 [^c].

@G:　　2

*CHI: 嗯 过 了 一会儿 呢，嗯 小孩 有 有点 困 了 [^c].

*CHI: 就 上 床 [^c].

*CHI: 躺 到 床 上 [^c].

*CHI: 嗯，青蛙 趁机 从 瓶子 里边 跳 了 出 来 [^c].

@G:　　3

*CHI: 等 到 小孩，醒来 以后 [^c]，发现，瓶子 里边 已经 空 了 [^c].

@G:　　4

*CHI: 完后，他 就，到处 找 青蛙 [^c].

*CHI: 嗯，把 靴子 也 给 翻 了 个 个儿 [^c]，还是 没 找 到 [^c].

@G:　　5

*CHI: 小孩，打 开 窗户 [^c]，嗯，喊 着 青蛙 [^c].

@G:　　6

*CHI: 突然 呢，狗 从 窗户 上 跳 了 下 来 [^c].

@G:　　7

*CHI: 嗯，小孩，也 立刻 跳 了 下 去 [^c].

*CHI: ＜抓 住 了，＞[/] 抓 住 了 狗 [^c].

@G:　　8

*CHI: 他们 一块儿 去，找 青蛙 [^c].

*CHI: 嗯，他们 来 到 了 一 小 树 旁 [^c].

@G:　　9

*CHI: 那 个 小孩 看见 一 个 小 洞 [^c].

*CHI: 他 就, 往 洞 里边 喊 青蛙 [^c].

*CHI: 然后, 狗 看见, 吊 在 树 上 一 个, 嗯, 东西 [^c].

@G: 10

*CHI: 狗 就 想, 把 它 给, 弄 下 来 [^c].

*CHI: 嗯, 等 下 来 以后 [^c].

*CHI: 那 里边 跑 出 来 一 群, 蜜蜂 [^c].

@G: 11

*CHI: 嗯, 青蛙, 小孩 爬 到 一 个, 树 上 [^c].

*CHI: 往 < 树 > [////] 一 个 大 洞 里边, 喊 着 青蛙 [^c].

@G: 12

*CHI: 嗯, 突然 从 洞 里, 跑 出 一 猫头鹰 来 [^c].

*CHI: 然后, 那 个, 把 小孩 吓, 吓 了 一 跳 [^c].

*CHI: 同时, 一 大, 群 蜜蜂 追 着 狗 [^c].

@G: 13

*CHI: 小孩, 嗯, 拼命 地, 跑 着 [^c].

*CHI: 跑 到 一 大 岩石 上 [^c].

@G: 14

*CHI: 他, 手 扶 着 一 个, < 像 树, > [/] 像 树枝 一样 的 东西 [^c].

*CHI: 嗯, 在 喊 救命 [^c].

@G: 15

*CHI: 突然, 他 被 举 了 起 来 [^c].

*CHI: 因为 刚才 像 树桩 一样 的 东西 是 一 个 鹿 的, 鹿角 [^c].

@G: 16

*CHI: 嗯, 鹿 好像 是 被 触怒 了 [^c].

*CHI: 顶 着 小孩 猛 跑 [^c].

@G: 17

*CHI: 嗯, 到 < 河, > [/] 小河 边 上 [^c].

*CHI: 它 把 这 小孩 给 扔 到 河 里边 了 [^c].

*CHI: 嗯, < 狗, 狗 也 > [//] 那 小孩 的 狗 也 立刻 跟, < 跳 > [/], 跳 进 了 河 里边 [^c].

@G: 20

*CHI: 嗯, 他们 抱 到 了 一 个, 大 木头 [^c].

@G: 21

*CHI: 嗯, 此时 [?] 小孩 已经, 筋疲力尽 了 [^c].

*CHI: 他 趴 在 木头 上 [^c].

@G: 22

*CHI: 突然 小孩 看见 了 两 个 青蛙 [^c].

@G: 23

*CHI: 然后, 又 来 了 一 群 [^c].

*CHI: 小孩 感到, 异常 地 高兴 [^c]. @End

现代汉语"V出"结构的语义体系探究

广西大学 张 丹

摘 要：本文以 Tyler & Evans（2003）提出的原则性多义模式为理论框架，借助语料库对"V出"结构进行考查，分析"V出"的句法语义结构特征，描述各语义类型表达的意象图式，并尝试构建"V出"结构的语义系统，我们发现："V出"的原型义为"由里面到外面"，可延伸出3类空间义项，5类非空间义项，呈现出由实到虚的变化，各语义之间彼此联系、相互关联。各语义突显了意象图式的不同视角，空间义项和非空间义项都由原型义引申拓展而来，与隐喻、突显及意象图式的转换有关。本文旨在拓宽汉语动趋式"V出"的研究范围，深化对其的认知研究。

关键词：意象图式；"V出"；语义；隐喻；突显

1. 引 言

在现代汉语中，动趋式"V出"结构的使用频率非常高，在日常口头和文字交流中起着不可替代的作用。"V出"的语义非常丰富。吕叔湘（1980）认为，"出"可概括为三类意义："表示人或事物随动作从里向外"、"表示动作完成"和"表示超过"。刘月华（1998）延续吕叔湘的分类，将"出"整体概括为"趋向意义"和"结果意义"。孟琮（1999）将趋向补语"出"归纳为"向外""显露、完成""达到成功"，并描写了与动词搭配的情形。由此可见"出"的语法意义研究或精细或粗略。在语义拓展研究方面，周红（2019）基于驱动—路径图式对"V+进/出"语义结构的对称性和不对称性进行研究，认为该结构的语义从空间义到状态义不断泛化。费立玮（2021）参照顾龙飞（2018）对"V开"进行语义拓展的研究思路，构建了"V出"的丰富语义，但未解释语义拓展背后的认知动因。

现有研究大多集中于动趋结构的"动词+趋向补语"本身。实际上，"动词+补语"所处的句法环境复杂多样。严辰松、陈冬兰（2021）提出，研究动补结构应包括其前后的名词短语，动补结构所在的句式分为两种：a. NP V-C；b. NP_1 V-C NP_2[①]（C代表趋向补语，V-C构成复合谓语）。根据句法环境的不同，趋向补语具有不同的功能，被陈述的对象NP/NP_1/NP_2的性质也不尽相同，由此形成不同的概念结构。因此，我们将"V出"及其携带

[①] "把"字句、"被"字句含3个名词论元，属特殊情况，本研究语料也将其包含在内。

的论元（a、b 句式）纳入考查范围，基于原则性多义模式，借助语料库 [①] 对"V 出"句式进行搜索，分析句法语义特征，确定"V 出"结构的原型意义、各语义义项派生过程和关联程度，尝试构建"V 出"结构的语义系统，厘清各意象图式间的转化，解释其语义拓展路径。

2. 原则性多义模式

为解释英语介词语义结构的形成模式，Tyler & Evans（2003）在《英语介词的语义学：空间场景、体验哲学与认知》一书中提出原则性多义模式，旨在为复杂的英语介词语义系统研究提供动态、系统的分析模式（张辉等，2005；张琳，2010）。Tyler & Evans（2001，2003）首先区分了意义（meaning）和义项（sense）两个概念：意义指在各种特定语境中产生的在线意义，义项指储存在长期记忆中的独立意义。该分析模式基于独立义项进行分析，核心理念是根据类典型理论以及对空间场景概念化的过程提出"原始场景"（proto-sense），以区分介词原型意义和独立义项。界定英语介词的原型意义有五个标准：第一，它是否是最早被证明的意义；第二，它在语义网络中是否占主导地位；第三，它是否组合出现；第四，它与其他介词的关系；第五，它的语法可预测性。判断独立义项有两个标准：第一，它在原始场景之外有非空间意义，或者与原始场景的射体/界标关系结构不同；第二，有例子证明意义不随语境的改变而改变（鄢春艳，2006；张琳，2010）。

原则性多义模式在认知框架下对英语介词的原型义、空间义项和非空间义项做出了合理分析及解释，为空间概念的研究提供了理论依据。汉语的趋向补语表示人或物体空间位移的语义，其多义性反映出人类空间思维和认知的复杂性。人们的概念结构化过程和心理可及性过程具有相似性，因此原则性多义模式不仅可以应用在英语空间介词上，也可应用到汉语趋向补语的语义分析，本文的分析也可证实原则性多义模式具有极强的可操作性。

3. "V 出"结构的语义类型

为构建"V 出"的语义系统以及其在句法上的特征，我们同时考查"V 出"和它携带的论元。在英汉可比/平行语料库中输入检索词"出"，初步得出语料，然后剔除非趋向补语用法的例子，如"出汗少了""脱口而出"，再提取有效用例共 1000 条进行语义分类。

趋向补语的语义可用意象图式表示，由射体（TR）、界标（LM）和两者间的功能关系组成。意象图式存在于人的脑海里，是对相似事件进行心理抽象化的结果，构成了特殊的概念层，抽象程度比"猫"或"书桌"等具体概念高。更重要的是，它们促进了具体概

---

① 本研究采用的英汉可比/平行语料库由宁波大学张立飞博士自建。该语料库达千万词级别，选取通俗小说、科幻小说、散文、儿童文学、政治文本以及纪实等 6 种英汉互译文本。本研究采用的语料取自汉语源语子库。

念的语义扩展，使抽象概念的发展成为可能（Langacker，1987；杨唐峰，2012）。下面通过意象图式来详细分析"V 出"的语义类型。

3.1. 原型意义

根据原则性多义模式的 5 条标准，我们首先确定"V 出"的原型意义。第一，最早被证明的意义可能是原型意义。《新华字典》中"出"的首个语义是方位语义"从里面到外面"。第二，该意义在语义网络中占据主导地位。Tyler & Evans（2001）直接将语义范畴中占主导地位的义项解释为介词语义范畴中大多数成员可以体现的空间关系，也就是说，语义网络中的大部分义项都与原型意义所代表的空间场景相关（张琳，2010）。"V 出"结构的语义中 9 个义项中有 7 个义项都涉及原型义"从里面到外面"。第三，以组合形式出现。"出"通常和动词组合成动趋式，如"走出、爬出、奉献出"等。第四，和其他趋向补语的关系。各个趋向补语可以与动词等结合形成自己的集合，从属于各个集合的趋向补语之间相互排斥并呈现出互补的关系。"V＋进／出"表达由外部到内部、由内部到外部的空间位移，二者存在"聚焦终点"与"聚焦起点"的对立（周红，2019）。第五，它具有语法预测性，也就是说，原型义具有派生出其他义项的功能。语义网络的所有义项都由原型义直接或间接延伸（鄢春艳，2006）。例如，"V 出"表示非空间域的"完成"义时，与空间的原型义有关。射体从界标内部运动到外部时，到达终点表示运动的结束；当空间运动隐喻性地投射到抽象空间时，用于表达事件的完成或终结。

根据以上 5 条标准，可推断出趋向词"出"的原型意义为人或事物从里面移动至外面。进入"V 出"句式并表达位移意义的动词主要有两类，第一类为自移动词，表示人或物体自身或自身某一部分的移动，具有［＋移动］［－被移］的特点，如"踏、跑、探、走、跨、爬"。射体是动词的施事论元，由句子的 NP_1 表示，趋向补语"出"表示位移的起点或终点。第二类为使移动词，作用于射体，使其改变位置，具有［＋移动］［＋被移］的特点，如"赶、送、扶、掏、挑、搬"。射体是动词的受事论元，由句中的 NP_2 表示，动词的施事论元（发出者）或体现在句中，由 NP_1 表示，或不体现出来。例如：

（1）万宝山跟随卫生学校的同事们下车走出站台。（《1956 年的债务》）

（2）然后他把旧自行车咣咣啷啷地推出天井，走到外面的香椿树街上。（《一个礼拜天的早晨》）

例（1）的射体为"万宝山"，是施事，通过动作"走"，发生由内向外的平移，产生位移。例（2）的射体为"旧自行车"，界标为"天井"。"旧自行车"从"天井内"移动到"天井外"，产生位移。"他"是动作"推"的发出者，"旧自行车"是"推"的受事论元。

"V 出"与前后的名词短语可表达完整的位移事件，射体通过自移或使移的方式进行从内到外的运动，从而产生位移。表示位移义时，"V 出"句式在很大程度上依赖补语"出"的位移义，动词 V 仅提供运动的方式和使因，对"出"位移义的制约性很弱，两者共同作用才能表达完整的路径事件。一个位移事件包含事件起点、路径和终点三要素（常娜，2016）。意象图式如图 1 所示。

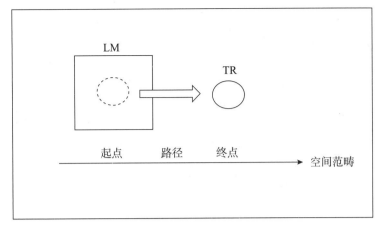

图 1　原型图式

3.2.　空间义项

　　根据原则性多义模式，独立的空间义项必须具备两个条件：一是它与原始场景的射体 /
界标关系结构不同；二是有例子证明意义不随语境的改变而改变。"V 出"原型义的意象
图式是"射体从界标内部移动到外部的运动"。在具体的语言使用中，若对同一趋向补语
的意象图式进行不同侧面的突显，会发现它们之间存在非常紧密的联系，这些关系自然促
成了多义现象。事实证明，趋向词不同的空间意义来自人们基于原型意象图式的推衍。以
下是"V 出"结构基于原型场景的意象模式转化后形成的空间义项。

3.2.1.　射体朝远离界标方向运动

　　（3）每次四毛弓着腰快步蹿出派出所，张磊都想冲上去踹他一脚。（《临界》）
　　（4）最后，有一个人逃出了洞穴，来到阳光之下。（《一堂法学课》）
　　人或物体从容器内部到外部的过程会产生位移，注意力焦点也放在移动的人或物体
上。射体产生的位移越多，人或物体离容器就会越远，因此产生了"离开"的位移义。例
（3）—（4）中"蹿出派出所""逃出了洞穴"突显了路径和位移的起点，通过与"出"结
合，激活了位移方向。可用"从……出来 / 出去"代替。射体分别是"四毛"和"有一个人"，
由主语（NP$_1$）担任，界标是位移起点，分别为"派出所"和"洞穴"，由宾语（NP$_2$）担任。
位移义"V 出"表现为方向图式，此时注意力的焦点聚焦在起点与路径上，如图 2 所示。

3.2.2.　射体运动间距的变化

　　（5）丹桂应过，道了别刚走出一步，就被晓红摇下窗叫住。（《下楼》）
　　（6）当爸爸意识到他就是四毛时，赶忙飞奔追去，追出二里地。（《临界》）
　　例（5）的"一步"表示运动的路径，表明射体"丹桂"离开原来的位置，并"走出
一步"，注意焦点落在刚走的"一步"中。同样，例（6）的射体"爸爸"发生了移动，离
开原来的地方，最终离起点有"二里地"的位置，注意焦点落在"二里地"。界标为空间
上的起点，未体现在句子中。意象图式如图 3 所示。

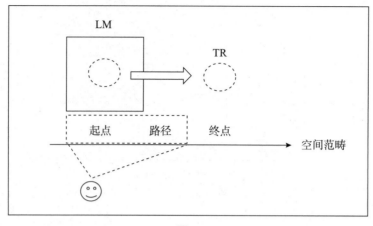

图 2

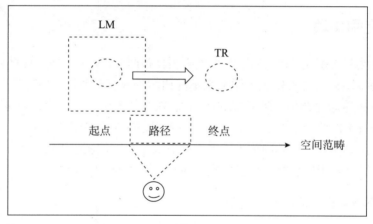

图 3

3.2.3. 射体为界标的一部分

前两个义项的特点是射体和界标分属两个不同事物。当射体和界标原本属于同一事物或射体从属于界标时，可衍生出第三个空间义项。射体和界标原本是一个整体，不可轻易分开，但发生运动时，射体附着于界标的现象就会得到突显，并使人感到只需稍稍用力，射体便可从界标中分离出来。例如：

（7）062号这个人还真不错，感情比要人张嘴硬生生拔出血淋淋牙齿的065号来得丰富。(《外岛书》)

（8）老万揪出一把鼻涕，蹲下去，哀哀地哭起来。(《末日》)

例（7）—（8）中的射体"牙齿"和"鼻涕"原本都从属于人体，与界标不会轻易分离。当发生运动时，这些与人或物体有关的成分便从人体分离，到达人体外部。意象图式如图4所示。

以上3个意象图式为趋向补语"出"的空间义项形成提供了基础，根据原则性多义模式，上述3个空间义项均由原型义图式经过转换引申而来。

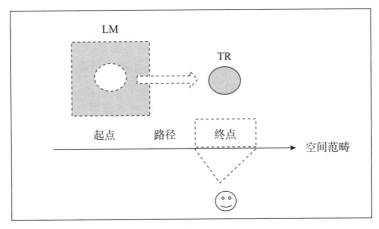

图 4

3.3. 拓展义项

除了构建空间语义，"V 出"结构也可构建非空间抽象意义。人们把从空间域中获得的经验与其他的经验域联系起来，投射到其他经验域，使抽象经验具体化。下面详细说明由"V 出"原型义及独立义项衍生出的非空间义项。

3.3.1. 人或事物从隐藏到显露

（9）当我笑时，犬齿开始尖利，溢出了唇。（《一月：桥》）

（10）山上的人们一点点清晰起来，就像是一个个鱼浮出水面。（《吉祥如意》）

例（9）—（10）的"犬齿"和"一个个鱼"通过"显露"的方式发生了从隐藏到显露的变化，从隐藏在"唇"和"水面"的内部显现出来。动词通常表现为"显露"类语义，如"显露、溢、浮、现、探、袒露"等。趋向补语"出"开始受控于动词，但保留着趋向性，位移性受到实质性削弱。意象图式如图 5 所示。

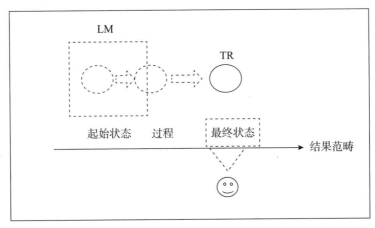

图 5

3.3.2. 人或事物从无到有

（11）当然，哪只松鼠长<u>出</u>这样的尾巴，也实属可恨。（《2015》）

（12）也许是那些家具的颜色和风格吧，塞在那么陈旧的狭小空间里，让整个房子生<u>出</u>一种令人压抑的陈旧的暗。（《下楼》）

例（11）—（12）的"尾巴"和"陈旧的暗"通过"生长"的方式发生了从无到有的变化，从依附体"松鼠"和"房子"内出来。表从无到有义时，动词通常表现为"生长"类语义，如"生长、长、制造、制作"等。趋向补语"出"还保留着方向性，但位移性已经减弱。意象图式如图 6 所示。

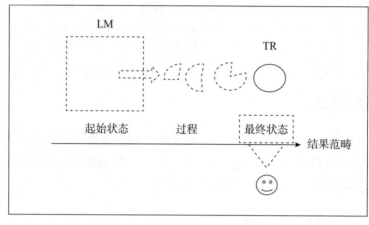

图 6

3.3.3. 容器状态变化

若注意力焦点放在容器上，会产生另一种结果。人或事物从内部移到外部后，容纳物体的容器会发生从充实到空闲的状态变化，由此拓展出"使……空置"的语义，例如：

（13）除了略施小计腾<u>出</u>这方天地，对此后的过程他并不费心去构思。（《吐字表演》）

（14）与此同时，军区抓紧动员临近离、退休年龄的同志离职，以便空<u>出</u>位置。（《百万大裁军》）

一般情况下，射体为运动的物体，以静态事物为参照物展开运动。而例（13）—（14）突显的则是容纳的容器，一般表现为具体的某个人或物体，或者抽象的空间、时间等，在句中常作"V 出"的宾语，如"天地""位置"。因此在该结果义中，射体由容器表示。容器内的东西通过运动移向容器外，容器内部便形成空置的状态。该类动词主要有"空、闲、腾、挪、隔、匀、清、留、闲置、空余"。

容器变为空闲状态后，或开展新的动作，构成新的事件结果，或结束动作。例（13）的"这方天地"空闲后，"他"继续构思；例（14）则着重于把"位置/职位"空出来。容器变化的意象图式如图 7 所示。

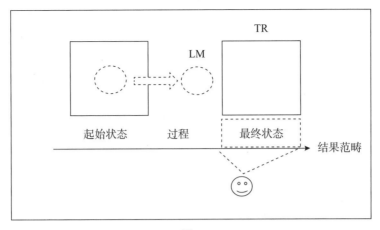

图7

3.3.4. 人或事物与容器关系转移

容器和容器内的人或事物之间存在着隶属关系。在移动前，二者为统一的整体，容器内的东西隶属于容器。当容器内的人或事物通过动作移动到容器外时，与原容器的附属关系就会消失，并与容器外部的事物重新结合形成新的附属关系。例如：

（15）他死了好几年，我突然在某一年春节想到他，现在我开始把一张张一百块发出去，我没有勇气给出两张十块。（《小城》）

（16）十年前，刘良阈的母亲患上尿毒症，他和哥哥想为母亲捐肾，可惜配型都不符，而与婆婆没有血缘关系的齐向荣，却意外地配型成功，她毅然决然献出一个肾。（《鬼魅丹青》）

（17）街上的鬼怪们都为我让出道路，齐声高喊着："快跑，宁哥儿，快跑！"（《百鬼夜行街》）

上述例子中，"十块"、"肾"和"道路"原本都从属于"我"、"她"和"街上的鬼怪们"，通过"V出"的动作，它们的隶属关系由此发生变化，新的所有者在例（15）中是"给"的对象，例（16）是"齐向荣的婆婆"，例（17）是"我"。这些人或事物获得了所有权、责任权或使用权。这里的动词为含有"转让、交换"意义的动词，包括"让、献、贡献、给、取"。NP₁为事物原来的所有者，"V出"后的宾语为所属关系发生转移的事物。所属关系变化的意象图式如图8所示。

3.3.5. 目标实现

"V出"进一步抽象后，射体脱离空间层面的位移，表示事件的状态由从未实现转变为实现。Talmy（2000）认为，现代汉语中大多数动词都是未尽完成义动词（Moot-fulfillment verb）或蕴含完成义动词（Implied-fulfillment verb），需要添加"实现"义的补语才能表达完全的"实现"。在抽象的结果范畴中，"出"的位移性特征进一步被削弱，可补足动词的完成义或确认事件完成，与动词共同表达事件的完成。例如：

（18）他停足细看，才认出了这就是原先离村子两三里外的那座桥，只是桥下的河没有了，潺潺流水没有了，桥头桥下长满了荒草，河道的地方都盖上了楼房。（《何处安放》）

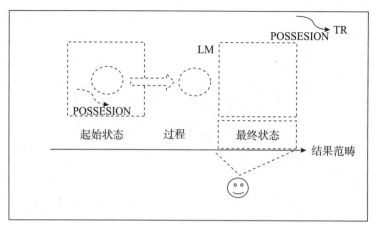

图 8

（19）他们为军队、为人民做出最后一次奉献之后，立即遵从整编命令，坚决、利落地完成了最后一个军事动作——撤编。（《百万大裁军》）

在例（18）—（19）中，"认那座桥"和"做最后一次奉献"仅表达事件的进程，尚未明确事件是否完成，"出"为"认"和"做"补充了完成义，使得整个事件由无终（atelic）状态变为有终（telic）。在此类意义中，人或事物通过某种方式来达到某个目标或某种心理预期。此时射体是某种目标，表现为句子的宾语，界标是承载目标的某个载体（人或事物）。如图 9 所示。

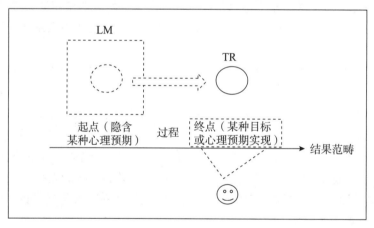

图 9

4. "V 出"结构的语义拓展路径

4.1. 语义拓展的认知动因——隐喻和突显

人类的认知遵循由简单到复杂、由具体到抽象的原则，英语的空间介词首先对物理空间进行建构，通过意象图式的转换形成不同的空间意义，再通过隐喻的作用，从空间域投射到抽象的概念域，从而形成介词的隐喻义（Lakoff et al.，1989；张琳，2010）。汉语的趋向补语亦是如此。英汉虽属不同的语言结构，但表达的概念结构是一致的。因此，趋向补语的非空间抽象意义的形成过程也是一个空间概念的隐喻过程。意象图式是隐喻认知的基础。隐喻通过意象图式将一个认知域系统地投射到另一个认知域，以对另一个认知域进行概念理解。Lakoff（1987）指出，意象图式与人类的经验直接相关，它的转化促成了词的多义现象，使得放射性的语义网络构建成为可能。Langacker（1987）认为，突显的事物容易引起人的注意，也最容易进行记忆提取和心理化处理。突显属于注意的焦点问题，如果注意焦点改变，突显的位置也会随之变动。无论是空间域的位移事件，还是非空间域的事件，都会发生突显现象。因此，语义拓展路径与隐喻和突显存在密切关系。

4.1.1. 空间义的延伸

"V 出"的原型义表示射体由内向外的运动和离开界标的运动，可突显位移起点、位移路径和位移终点。当我们把注意焦点放在不同的位置上时，会产生不同的空间义。例如：

（20）它伸出舌头舔了舔檀色的画框，它不敢舔老婆子，怕引起老头的嫉妒。（《一匹马两个人》）

（21）哭声尖利，把苏槐吓坏了，她捂住刺痛的耳朵，逃出了房间。（《怪阿姨》）

（22）"臭痞子！"秀姑娘满脸涨红，跳出一丈多远，整顿衣装。（《末日》）

（23）妇人非常痴呆地想着，眼看着桌上的钱，竟想得又流出眼泪。（《二月》）

例（21）—（23）的射体都发生了从里到外的位移。在运动过程中，路径的终点成为注意的焦点是非常自然的。在观察一个运动的物体时，人们总是习惯追随它的运动轨迹直至到达终点，然后再把注意力集中在物体所处的位置上，因此"从里到外"的位移义是最典型的语义，如例（20）。例（21）的注意力焦点不仅放在射体的运动上，还关注了其与起点的距离。当"苏槐"从房间出来时，她与房间的距离就越来越远，拓展出"离开"的语义。例（22）关注的则是"秀姑娘"运动的路径。在例（23）中，射体"眼泪"是界标"妇人"的一部分，注意力焦点集中在两者的关系上。

4.1.2. 拓展义的延伸

"V 出"表示射体从界标内部运动到界标外部的方位关系，当运动的人或事物抵达界标外部时，会发生状态变化，此时意象图式的侧重点也发生转变，形成不同的意象图式，从而拓展出不同的语义。人或事物到达终点后，根据人或事物、容器和两者关系的状态变化，表现为三种不同的结果：人或事物从隐藏到显露、容器状态变化、人或事物与容器关系的状态变化。这是由于在不同的环境中突显对象的不同，意象图式的组成成分或其关系在不同语境中的地位也不同。看下面例子：

（24）印花说那人戴着黑色面罩，只露出眼睛、鼻子和嘴，她根本辨不清楚他的真实面貌。（《一匹马两个人》）

（25）我用手掌抚摸长出短短灰色发茬的头皮，知道自己早已做出选择。（《以太》）

（26）铁柱儿腾出一只手来看荔子花篮的双蜡有没有烧着旁边的慈姑叶，并关切地问道："荔子，一只手提累不累？"（《俘虏》）

（27）又等了一会儿，窗口递出一张纸条，上面用漂亮的隶书写着："下午三点，荷花市场门口广场。纸条自行处理。"（《失踪》）

（28）从这只短靴看，他判断出它的主人是女人，而且，不是这班车沿线任何地方的人。（《云低处》）

在我们的经验世界里，运动的人或物体是最容易被我们感知的，因此它们常常为突显的对象，如例（24）—（28）的"眼睛、鼻子和嘴""短短灰色发茬"，它们发生了"从隐藏到显露"或"从无到有"的变化，被编码到"V 出"结构中。而例（25）中射体发生从无到有的变化可以理解为空间义项"射体为界标一部分"的语义延伸。在具体结果义中，运动的人或物体发生变化属于较典型的范畴。但并非只有运动的物体这一事件成分，静态的物体以及两者的关系也是存在的，因此将注意力焦点放到这些事件的成分上时，会产生不同的语义。例（26）中，"手"成为突显的主体，通过"腾"的动作，"手"上的东西挪出来了，使手变成空闲的状态。"手上的东西"是动态的，但不是射体，而是变为参照物，衬托"手"的状态，拓展出"空闲"的语义。例（27）亦是如此，通常我们会将注意力放在运动的"纸条"上，但该例突显的并非"纸条"，而是"与纸条的隶属关系"这一抽象关系。关系是抽象的，只能通过"纸条"的传递看出抽象的"隶属关系"。"纸条"递出去后就不再属于"写纸条的人"，拥有者变成了"接收者"。

例（28）表示目标的实现。实现义强调目标的完成，在达成目标前一定会有某种目标或心理期待，因此把实现事件分成实现前期、实现中期和实现后期三段来看，这种心理期待就隐含在目标实现前期。从心理层面上分析，目标隐藏在人的内心深处，如同物理空间内部的物体，实现目标的过程可以看作物体由内向外的移动，通过把目标从人的内心移"出"来实现目标的达成。人通过努力达成某种目标或心理标准，而在努力实现目标初期阶段，人一直隐含着某种心理预期。因此"由内向外"的空间义便通过隐喻转化为目标的实现义。

4.2. "V 出"结构的语义体系

结合上文分析，"V 出"结构的原型义为"由里面到外面"，通过意象图式的转换和隐喻延伸出 8 类拓展义项，形成以原型语义为中心、多点连接向外扩展的辐射性语义网络。"V 出"结构的语义类型及语义拓展路径图式如图 10 所示。

5. 结 语

本文基于认知视角，简要分析了动趋式"V 出"的语法和语义性质，绘制并描述了各语义类型表达的意象图式，尝试构建动趋式"V 出"的语义系统。通过分析，得出"V 出"的原型义为"由里面到外面"，延伸出 3 类空间义项，5 类非空间义项，呈现出由实到虚的变化。各语义之间彼此联系，形成原则性多义系统。

"V 出"表空间义项时，射体通过自移或使移的方式进行从内到外的运动，从而产生位移，可分为射体朝远离界标方向运动、射体运动间距的变化以及射体是界标的一部分三

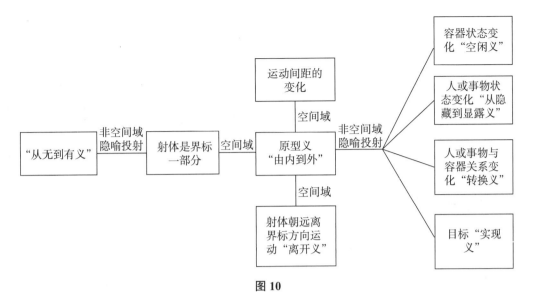

图 10

种情况。当拓展到非空间域时，会发生三类变化，一是人或事物自身状态发生改变，呈现出从无到有、从隐藏到显露的状态；二是容器自身状态发生变化；三是人或事物与容器的关系发生变化。表抽象的结果义（目标实现）时，"出"尽管残留着些许空间义，但已经成为虚化的语法成分（董秀芳，2017），表完结的体相意义。

各语义范畴间彼此联系，共同形成了一个呈家族相似关系的语义辐射网络（常娜，2016）。"V 出"结构的原始场景（proto-sense）"由内向外"是范畴的中心，结果范畴是空间范畴的拓展延伸，是去范畴化（de-categorization）的结果。去范畴化现象是隐喻机制作用的结果。此外，通过突显不同的注意力焦点，语义内部之间也呈现出差别。

无论是实义还是虚义，趋向补语"出"都表示物体空间变化或状态幻化的临界点，使得事件继续进行，继续保持某一状态或者得出某种结果。表面形式相同的句法形式表征了语法、语义性质迥异的概念结构。

参考文献

[1] 常娜 . "V 上"结构的语义体系及认知机制 [J]. 汉语学习，2016（5）：30–38.

[2] 董秀芳 . 动词后虚化完结成分的使用特点及性质 [J]. 中国语文，2017（3）：290–298，382–383.

[3] 费立玮 . 从"出"的意象图式看"V+ 出"结构的语义 [J]. 广州广播电视大学学报，2021，21（6）：75–79，111.

[4] 顾龙飞，唐厚广 . 现代汉语"V + 开"结构语义扩展路径新探：基于"开"本义的意象图式 [J]. 语文研究，2018（2）：32–37.

[5] 刘月华 . 趋向补语通释 [M]. 北京：北京语言文化大学出版社，1998.

[6] 吕叔湘 . 现代汉语八百词 [M]. 北京：商务印书馆，1980.

[7] 孟琮，郑怀德，孟庆海，等 . 汉语动词用法词典 [M]. 北京：商务印书馆，1999.

[8] 鄢春艳. 介词的认知语义结构: On 的个案分析 [J]. 北京第二外国语学院学报，2006（6）: 24–28.

[9] 严辰松，陈冬兰. 汉语趋向补语表征 Talmy 五类宏事件研究 [J]. 浙江外国语学院学报，2021（5）: 20–28.

[10] 杨唐峰. "动词—小品词"构式中的意象图式: 理论假设及实验证据 [D]. 上海: 上海外国语大学，2013.

[11] 张辉，尹星.《英语介词的语义学: 空间场景、体验哲学与认知》评介 [J]. 现代外语，2005（1）: 91–94.

[12] 张琳. 原则性多义模式视域下的空间介词语义结构研究: 以介词 In 为例 [J]. 西安外国语大学学报，2010，18（4）: 23–26.

[13] 周红. 从意象图式看 "V+进/出" 的对称与不对称 [J]. 湖州师范学院学报，2019，41（1）: 96–104.

[14] Lakoff G. Women, fire, and dangerous things[M]. Chicago: University of Chicago Press, 1987.

[15] Lakoff G, Turner M. More than cool reason: a field of guide to poetic metaphor[M]. Chicago: University of Chicago Press, 1989.

[16] Langacker R. Foundations of cognitive grammar: theoretical prerequisites: vol. 1[M]. Stanford, CA.: University of Stanford Press, 1987.

[17] Talmy L. Toward a cognitive semantics: vol. II: typology and process in concept structuring[M]. Cambridge, MA.: MIT Press, 2000.

[18] Tyler A, Evans V. Reconsidering prepositional polysemy networks: the case of over[J]. Language, 2001, 4: 725–765.

[19] Tyler A, Evans V. The semantics of English prepositions: spatial scenes, embodied meaning and cognition[M]. Cambridge: Cambridge University Press, 2003.

An Exploration on Polysemic System of "V *Chu*" Construction in Modern Chinese

Abstract: Based on Tyler & Evans (2003)'s model of principled polysemy, the paper analyzes the lexical-semantic features of "V *Chu*" with the help of the English-Chinese comparable/parallel corpus, describes the image schema expressed by each semantic type, as well as tries to conduct a semantic system of the polysemic "V *Chu*". The paper reveals that: The prototypical sense of "V *Chu*" is "from inside to outside", which can be extended to 3 types of spatial senses and 5 types of non-spatial senses, showing a change from concrete to abstract. Each semantic meaning highlights a different prominence of image schema. Spatial and non-spatial senses are extended from the prototypical sense through metaphor, prominence and image schema transformation. The purpose of this paper is to broaden the scope of "V *Chu*" study and deepen its cognitive study.

Keywords: image schema; "V *Chu*"; semantic meaning; metaphor; prominence

东亚英语学习者写作中的动词配价特征研究

广西大学　袁月明

摘　要： 配价理论已被应用于研究多种语言的配价特征，但大部分研究只侧重于动词配价的一两个方面，如动词配价的计量研究、动词配价偏误、某一动词的配价结构。本研究以 ICNALE 的主要动词为例，分析总结东亚英语学习者的动词配价特征及其与母语者的异同点。研究发现：(1) 东亚英语学习者二价和三价动词的使用频数与其英语水平呈正相关关系；其二价和三价动词配价结构的多样性都随着其英语水平的提高而提高。(2) 学习者的动词配价偏误与其英语水平呈负相关关系。(3) 学习者倾向于使用观点动词，母语者倾向于使用交流动词。(4) 两者使用比率最高的三价动词补语形式都是 NP + PP，但母语者的比率高于学习者的比率。研究证明配价理论可以为二语教学提供有效参考信息。

关键词： 动词配价；一价动词；二价动词；三价动词

1. 引　言

配价理论来源于 Tesnière（1959）所著的 *Éléments de Syntaxe Structurale* 一书中的依存语法（Faulhaber，2011）。依存语法关注句子内部各部分的句法结构和依存关系，依存关系把句子中的各部分用不同等级的结构联系起来（Osborne，2014）。在配价理论框架中，动词是句子的核心要素（Faulhaber，2011）。一个配价结构可以理解为一个或多个补语和一个充当配价载体的动词共同选择的结果（Faulhaber，2011）。

与配价理论相关的研究可分为配价理论视角和实证研究视角。配价理论视角的研究有很多（Fillmore，2007；Götz-Votteler，2007；Habermann，2007；Herbst，2007；Klotz，2007；Liu et al.，2007；Matthews，2007；Mindt，2007；Noël，2007；Schøsler，2007；Vernerová et al.，2014）。例如，关于配价型式，Liu 和 Feng（2007）提出了一种新的自然语言处理理论——基于概率的配价型式理论（valency pattern theory），其理论有助于解释语言的理解和生成过程，也有助于寻找更好的基于统计方法的句法和语义解析算法。Čech 等（2010）提出了一种新的动词配价分析方法——全价（full valency），其观察的是语言在实际应用中的属性。全价意为将所有论元都考虑在内，不区分补语（受动词支配的强制性论元）和附加语（依赖于谓语动词的可选择的论元）。Vernerová 等（2014）关注二元结构，即动词的不同表层句法之间的关系，认为配价词典只描述动词的无标记用法，且动词语态的变化与表层句法中的一些价位转移有关。

配价理论的实证研究大致从三个视角展开。第一个视角是研究单个或几个动词的配价特征。例如，Liu 和 Du（2019）基于 COCA 语料库，以动词 appoint 的句法配价为例，研究总结了动词 appoint 的配价结构及具体的补语形式。刘国兵和张孝莲（2021）以动词 suggest 为例，研究发现配价结构和意义之间可以是一对多或多对一的关系，且动词的语义取决于具体语境。Liu 和 Du（2019）以及刘国兵和张孝莲（2021）只分析了学习者使用某一个动词的配价结构，未能较为全面地描述学习者的动词配价特征。虽然 Horbačauskienė 和 Petronienė（2013）从整体上描述了学术文章的动词配价特征，发现二价结构和系动词配价结构占比最大；同一动词根据动词本身的语义可用于不同的配价结构；并总结出最常见的动词补语类型是名词短语、不定式和从句等，但他们只是整体描述英语母语者的动词配价特征，缺乏与学习者动词配价的对比研究。第二个视角是动词配价偏误的相关研究。Roe（2007）研究德国英语学习者和英国德语学习者的配价偏误，并按照动词、名词、形容词和搭配对配价偏误进行分类和分析。Öztürk 和 Çiçek（2021）以中学生为研究对象，关注形态学上的动词配价偏误，研究发现中学生使用 145 个不同动词时产生了 393 次动词配价偏误，总结了存在相同配价偏误的动词。这一视角的相关研究显示已有学者关注英语学习者的动词配价特征并对其进行了详细的分类，但似乎较少有学者研究东亚英语学习者的动词配价偏误。第三个视角是动词配价的对比分析。孙海燕和齐建晓（2020）以动词 prevent 为例，对比了中国英语学习者和母语者配价结构的类型、分布及准确性，并指出影响学习者使用配价结构的因素有语言输入、英汉语言差异等。郝瑜鑫等（2021）分析了以英语为母语的汉语学习者的动词配价，发现学习者和汉语母语者的动词配价习得具有相似性，但学习者的状语、宾语等使用不足，主语、连带关系使用过度。这一视角的相关研究反映了学习者和母语者动词配价对比的可行性，但是大部分研究都停留在对比两者动词配价的结构类型、分布等，较少研究和对比两者的语义配价。

综上，大部分研究只侧重于研究某一个/几个动词的配价结构、对配价特征进行分类研究以及对比学习者和母语者的句法配价异同点，较少研究对英语学习者的动词配价特征进行整体性描述并对比学习者和母语者之间的动词配价异同点。因此，本研究基于 ICNALE（International Corpus Network of Asian Learners of English）语料库，从整体上分析总结东亚英语学习者的动词配价特征及其与英语母语者动词配价的异同点。本文主要回答以下两个研究问题：（1）东亚英语学习者在使用一价、二价和三价动词时有什么特点？（2）东亚英语学习者和母语者在动词语义分组和动词补语句法形式方面有什么异同点？

2. 研究方法

2.1. 语料库

ICNALE 语料库收集了亚洲十个国家或地区学习者的英语作文，其中包括 ESL（English as a Second Language）国家或地区（中国香港、巴基斯坦、菲律宾和新加坡）和 EFL（English as a Foreign Language）国家或地区（中国大陆、中国台湾、印度尼西亚、日本、韩国和泰国）。该语料库还将学习者按照其英语水平测试（如托福和托业）的成绩，划分为 A2、B1_1、B1_2 和 B2 四个水平（四个水平从低到高排列）。以托业成绩为例，分数低于或等于 545 分的学习者为 A2 水平，分数介于 550~670 分的属于 B1_1 水平，分数超过 670 分但低于 785 分的属于 B1_2 水平，而分数等于或超过 785 分的被划分为 B2 水平。[①]此外，语料库内的英语作文都与两个主题有关：

（1）大学生是否有必要从事兼职工作；（2）禁烟是否应在全国餐馆内推行。

本研究将选取 ICNALE 语料库中的子语料库 Edited Essay v3.0，因其他 EFL 国家或地区中四个水平的语料不完整，为保证研究数据的完整性和系统性，将选择日本、韩国、中国大陆和中国台湾这四个国家或地区的学习者的英语作文作为本研究的语料。每个国家或地区的英语学习者都被划分为四个水平，每个水平有 20 篇作文，每个国家或地区的作文篇数为 80 篇，每篇作文字数为 200~300 词，故本研究选取的东亚英语学习者的语料共有320 篇。

ICNALE 子语料库 Written Essays v2.4 一共包含 400 篇英语母语者的同题英语作文，其中 200 篇是由大学生撰写的，88 篇的作者是教师，剩余 112 篇的作者则是其他职业的英语母语者。由于每个英语国家或地区的英语学习者作文篇数为 80 篇，加之本项研究的主要对象是以英语为外语的大学生英语作文，故本项研究将从 200 篇以英语为母语的学生作文中随机抽取 80 篇作文（两个作文主题各 40 篇）作为本项研究的英语母语者语料。

2.2. 研究过程

本项研究将选择 Stanford Parser 4.2.0（斯坦福大学开发的一款句法标记软件，可标记出每个单词的词性、句子的主句及句子内各部分之间的依存关系）作为辅助研究工具。首先，在 Stanford Parser 4.2.0 的辅助下，逐篇分析两个语料库中主句主要动词的配价结构。

在分析主要动词配价的过程中，本项研究遵循以下四点准则：

（A）只分析主句主要动词的配价结构，并列句和从句主要动词的配价结构不在本文的研究范围内。

（B）研究范围包括主动句和被动句主要动词的配价结构。

（C）零价动词（语料中几乎不存在）的配价结构不在研究范围内。

（D）不管句子中的偏误是否与动词配价有关，都不分析偏误句主要动词的配价结构。

由于部分相关研究（Zhao et al.，2020；孙海燕等，2020）包含了偏误句主要动词的配价结构，因此有必要解释遵循（D）准则的原因，例句（1）是一个很好的例证。在偏误的影响下，例句（1）的动词 *learn* 配价结构为 Sub + V + V-ing，但如该句不是偏误句，例句（1）中动词 *learn* 的配价结构应为 Sub + V + to-INF。由此可见，如分析并统计偏误句主要动词的配价结构，可能会造成某一配价结构数量的不准确，从而影响总体配价结构的频数统计，故本研究不分析偏误句中主要动词的配价结构。

(1) Also, students can **learn** respecting other people. (W_KOR_PTJ0_296_A2_0_ORIG.txt)

偏误是外语学习者在不经意间造成的，且学习者不能自我改正偏误，除非有新的相关语言输入（James，2013）。Roe（2007）认为配价偏误是与配价有关的偏误。因此，动词配价偏误是与动词配价有关的偏误。按照词性对动词配价偏误进行分类，部分例子如表 1 所示。

---

① 分值介于 545~550（前后均不包含）的，TOEIC（托业）未给出界定。

表1 动词配价偏误举例

例句	动词配价偏误种类
In conclusion, students' duty **is** studying.	带 to 的不定式的错误形式
In that case, you should not **put** up with.	代词补语的缺失
Therefore, **pay** much attention on your study now.	介词补语的误用
I completely **agree** this statement.	介词补语的缺失

在分析动词配价结构时，除了遵循这四条准则，本文还参考了 *Valency Dictionary of English*（VDE, Herbst et al., 2004）一书。该书简洁明了地阐述了英语动词、名词和形容词的配价型式。根据 VDE（Herbst et al., 2004），动词是句子的核心，其决定了一个正确的句子至少应出现的补足语数量，这也是配价理论的核心。表2选用了东亚英语学习者所写的一个例句来说明这一点。

表2 *I have two reasons to support my opinion.* 一句的配价型式、句法功能和词性

例句	*I*	*have*	*two reasons*	*to support my opinion.*
配价型式	补语	动词	补语	补语
句法功能	主语	动词	宾语	宾语补足语
词性	代词	动词	名词短语	带 to 的不定式

表2清楚地展示了动词 *have* 有三个补语（*I, two reasons, to support my opinion*），所以它是一个三价动词。从句法功能角度来看，这一例句包括一个主语、一个动词、一个宾语和一个宾语补足语。从词性来看，主语是代词，宾语是名词短语，宾语补足语是带 to 的不定式。

本文根据句法功能和词性来确定动词的配价结构，如表2例句中动词 *have* 的配价结构为 Sub + V + NP + to-INF。在分析完语料中主要动词的配价结构后，所有的动词按照其配价归为一价、二价和三价动词。一价动词必须至少有一个补语，二价动词和三价动词以此类推，如例句（2）~（7）所示。语料中不存在四价动词，因此 VDE（Herbst et al., 2004）中的四价动词不包括在本研究中。

(2) Gradually, their imaginations would be **damaged**. (Monovalent, from W_CHN_PTJ0_316_B2_0_ORIG.txt)

(3) In addition, clerks should also be **considered**. (Monovalent, from W_TWN_PTJ0_027_B1_1_ORIG.txt)

(4) I **think** that smoking should be completely banned at all the restaurants in the country. (Divalent, from W_KOR_SMK0_299_B1_2_ORIG.txt)

(5) In some magazines, some scientists **say** that second-hand smoke is more dangerous sometimes. (Divalent, from W_CHN_SMK0_041_A2_0_ORIG.txt)

(6) And next, I'll **tell** you why it's bad for restaurants. (Trivalent, from W_JPN_SMK0_011_B2_0_ORIG.txt)

(7) In addition, the bad smell of the smoke **makes** non-smoking customers feel uncomfortable. (Trivalent, from W_JPN_SMK0_009_B2_0_ORIG.txt)

我们将动词归为一价、二价和三价动词后，首先，统计四种英语水平的东亚英语学习者使用一价、二价和三价动词的频数，并用 SPSS 22.0 软件（Statistical Product and Service Solutions，一种统计分析软件）计算东亚英语学习者和其使用一价、二价和三价动词频数之间的相关性。其次，分析统计每个英语水平中动词配价偏误句的数量，并用 SPSS 22.0 软件计算动词配价偏误频数和学习者英语水平之间的相关关系。最后，把频数最高的 30 个动词根据其配价结构中的具体语义归为不同的语义组，并比较前 30 个动词中相同动词的补语句法形式的异同点，以便分析东亚英语学习者与英语母语者在使用动词配价结构时的异同点。

3. 研究结果与讨论

3.1. 东亚英语学习者的动词配价特征

3.1.1. 动词配价与英语水平的关系

在一个正确的句子中，该句的主要动词最少需要多少个补语，该主要动词就为几价动词。分析完所有动词的配价结构后，我们分别统计了一价、二价和三价动词的使用频数。为了更直观地表现一价动词、二价动词和三价动词的使用频数与学习者英语水平的关系，我们还计算了东亚英语学习者使用这三类动词在四种英语水平中所占的比率，结果如图1、图2和图3所示。

图1、图2和图3直观地展示出东亚英语学习者对一价、二价和三价动词的使用频数与东亚英语学习者英语水平之间的关系。从总体趋势上看，图1、图2和图3都显示一价、二价和三价动词的使用比率随着东亚英语学习者的英语水平提高而增长。但三类动词在不同英语水平学习者中的分布仍存在一些差异之处。在图1中，A2水平和B1_1水平的东亚英语学习者使用一价动词的比率相差不大。此外，B1_2水平到B2水平的东亚英语学习者使用一价动词的比率增长幅度最大，约为15%。

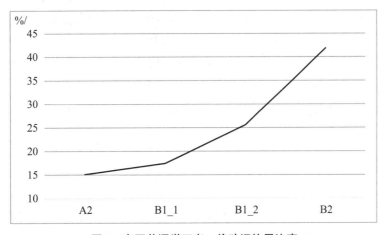

图1 东亚英语学习者一价动词使用比率

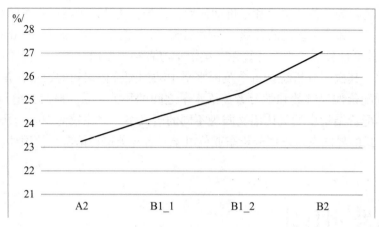

图 2　东亚英语学习者二价动词使用比率

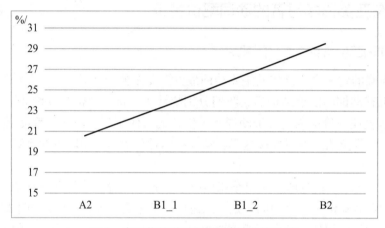

图 3　东亚英语学习者三价动词使用比率

图 2 表明，东亚英语学习者使用二价动词的比率仍然随着其英语水平的提高而增长。四个英语水平中二价动词的比率增幅较小，即使是最低的 A2 水平与最高的 B2 水平，两者相差的增幅也仅约为 4%。仍然是 B1_2 水平和 B2 水平的东亚英语学习者使用二价动词的比率增长幅度最大，约为 2.3%。而图 3 中，四个水平之间的增幅基本相近。

为验证学习者一价、二价和三价动词的使用频数与其英语水平之间的相关关系，我们用 SPSS 22.0 分别计算了英语水平和一价动词、二价动词和三价动词使用频数之间的相关关系。皮尔逊相关系数和 Sig. 值如表 3 所示。

表 3　学习者英语水平和一价、二价和三价动词使用频数之间的相关性分析

		一价动词频数	二价动词频数	三价动词频数
英语水平	皮尔逊相关系数	0.943	0.983*	0.998*
	Sig. 值	0.057	0.017	0.02

从表 3 中可以看出，一价动词使用频数和东亚英语学习者英语水平的相关性似乎不太显著（Sig.>0.05，皮尔逊相关系数未带有 *），而二价动词使用频数、三价动词使用频数和

东亚英语学习者英语水平的相关性比较显著（Sig.<0.05，皮尔逊相关系数带有＊），且呈正相关关系。

3.1.2. 二价及三价动词配价结构的多样性

我们已经讨论了东亚英语学习者的英语水平与其动词配价使用频数之间的关系，即学习者二价和三价动词的使用频数与其英语水平呈正相关关系。既然两者之间存在相关关系，那么学习者的动词配价结构多样性与其英语水平是否存在关系呢？如存在关系，是什么关系呢？ Zhao 和 Jiang（2020）证明了中国学习者的英语水平和其配价结构多样性存在正相关关系。尽管已有学者做过了类似的研究，但他们在分析动词配价结构时并没有剔除偏误句。与之前的研究有所不同，本研究不分析偏误句主要动词的配价结构。图4和图5展示了东亚英语学习者二价动词和三价动词的配价结构种类数量在不同英语水平中所占的比率。

图4表明，随着学习者英语水平的提高，其使用的二价动词配价结构就会更多样化。值得注意的是，B1_2 水平的二价结构多样性所占比率略低于 B1_1 水平的。这一现象的原因可能是 B1_2 水平的二价结构种类分布较为集中。B1_2 水平共有 670 条二价动词配价结构，而占比最大的补语 NP 的频数为 235，所占比率为 35.07%。而 B1_1 水平共有 643 条二价动词配价结构，占比最大的补语 NP 的频数为 213，所占比率为 33.13%。这可能就是造成 B1_2 水平的二价动词配价结构多样性比率低于 B1_1 水平和所占比率略低的原因。

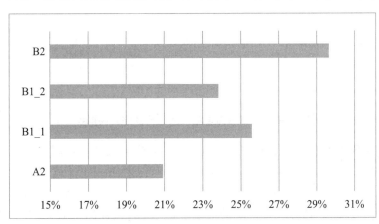

图 4　东亚英语学习者二价动词的配价结构多样性

图5同样显示，东亚英语学习者的三价动词配价结构随着其英语水平的提高更为多样化。与二价结构多样性不同的是，B1_2 水平的三价动词配价结构多样性略高于 B1_1 水平的，且 B1_2 水平与 B2 水平之间相差的比率是四种水平之中最大的，约为 8%。

我们统计了四种不同英语水平的东亚英语学习者使用相同二价和三价的补语形式的频数，结果如图6和图7所示。为了解同一二价补语形式在四种英语水平中的次序排列变化趋势，我们还将这些相同的补语形式按照其频数高低进行排列（数字越小，该补语形式频数的次序就越靠前，如数字1表示该英语水平中频数最高的补语形式），结果如表4和表5所示。

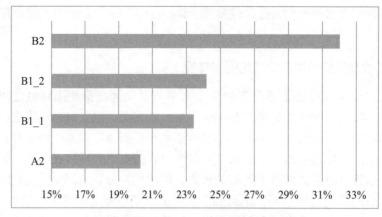

图 5　东亚英语学习者三价动词的配价结构多样性

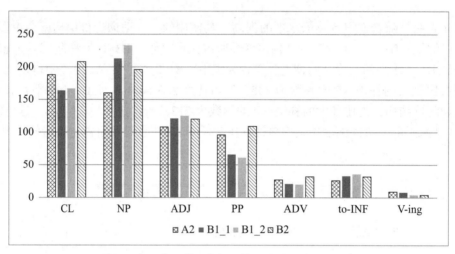

图 6　东亚英语学习者相同的二价动词补语形式 [1]

图 6 详细地列出了 A2、B1_1、B1_2 和 B2 四种英语水平中相同的二价动词补语形式（占所有二价补语形式总数的 98.68%）。从图 6 中可以看出，四种英语水平的东亚英语学习者共使用了六种相同的二价补语形式，它们分别是 CL、NP、ADJ、PP、ADV、to-INF 和 V-ing。此外，A2 和 B2 水平使用频数最高的二价动词补语形式是 CL，B1_1 和 B1_2 水平使用频数最高的是 NP。V-ing 这一二价补语形式是四种英语水平的东亚英语学习者使用频数最少的。

表 4　东亚英语学习者相同的二价补语形式次序排列 [2]

	A2	B1_1	B1_2	B2
CL	1	2	2	1
NP	2	1	1	2
ADJ	3	3	3	3
PP	4	4	4	4
ADV	5	6	6	5
to-INF	6	5	5	6
V-ing	7	7	7	7

从表 4 中,我们可以看出二价补语形式 CL 和 ADV 的次序排列变化趋势都是先下降后上升。NP 和 to-INF 的次序排列变化趋势是先上升后下降。此外,二价补语形式 ADJ、PP 和 V-ing 的次序排列在四种英语水平中基本保持不变。

图 7 同样详细地列出了 A2、B1_1、B1_2 和 B2 四种英语水平中相同的三价动词补语形式(占所有三价补语形式总数的 80.04%)。图 7 表明 A2、B1_1、B1_2 和 B2 四种水平共有十种相同的三价动词补语形式,其中频数最高的两种三价动词补语形式是 NP + PP 和 NP + to-INF,且这两种三价补语形式的使用频数都是随着东亚英语学习者英语水平的提高而增长的。A2 水平使用频数最少的三价动词补语形式是 PP + CL,B1_1 水平的是 NP + CL,B1_2 水平的是 ADV + PP,而 B2 水平的是 V-ing + ADV。

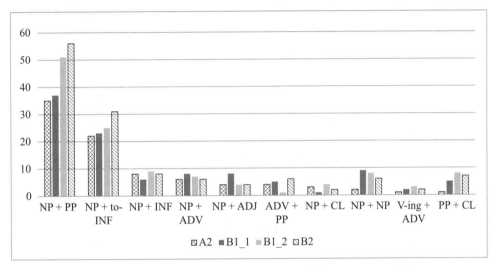

图 7　东亚英语学习者四种英语水平相同的三价动词补语形式 [3]

表 5　东亚英语学习者相同的三价补语形式次序排列 [4]

	A2	B1_1	B1_2	B2
NP + PP	1	1	1	1
NP + to-INF	2	2	2	2
NP + INF	3	6	3	3
NP + ADV	4	4	6	5
NP + ADJ	5	5	7	8
ADV + PP	6	7	10	7
NP + CL	7	10	8	9
NP + NP	8	3	4	6
V-ing + ADV	9	9	9	10
PP + CL	10	8	5	4

表 5 显示,NP + PP 和 NP + to-INF 这两种三价动词补语形式在四种英语水平中的次序排列基本保持不变。而 NP + INF、NP + ADV、ADV + PP 和 NP + CL 次序排列的总体趋势是先下降后上升。NP + ADJ、NP + CL、V-ing + ADV 的总体趋势是波动下降。其余的三价动词补语形式 NP + NP 则是先上升后下降。总体而言,东亚英语学习者的英语水平越高,越倾向于使用从句、名词短语、不定式或介词短语,使用单个词汇的倾向越来越不

明显，这也符合学习者习得语言的一般规律。

本节主要分析和讨论了东亚英语学习者二价和三价动词的配价结构多样性与其英语水平之间的关系：随着学习者英语水平的提高，其二价和三价动词的配价结构会更为多样化。

3.1.3. 动词配价偏误

之前已有部分学者对动词配价偏误进行了详细的研究，如方绪军（2001）、顾英华（2003；2004）、Roe（2007）和仲晶瑶（2010）等。方绪军（2001）研究汉语中介语中的动词偏误和补足语偏误，并尝试提出减少配价偏误产生的措施。顾英华（2003；2004）研究新疆少数民族习得汉语过程中产生的动词配价偏误。他们都关注汉语中的动词配价偏误。Roe（2007）研究德国学习者习得英语过程中产生的配价偏误，但 Roe 没有对德国学习者的英语水平加以区分。虽然仲晶瑶（2010）意识到了中国学习者英语水平存在差异，但其研究只关注中国学习者的英语及物动词配价错误。那么英语学习者的英语水平与动词配价的偏误率之间是否存在相关关系？如存在相关关系，两者的相关关系是什么？

东亚英语学习者语料中共有 1515 句偏误句，其中有 354 句的偏误与动词配价有关，即被归类为动词配价偏误句，占比为 23.37%。首先，我们把这些动词配价偏误句按照学习者的英语水平进行了分类，统计出每个英语水平中动词配价偏误句的频数。为了更直观地表现动词配价偏误频数与学习者英语水平的关系，我们还计算了每个英语水平动词偏误句所占的比率，结果如图 8 所示。

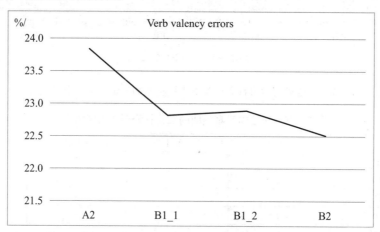

图 8　东亚英语学习者的动词配价偏误

从图 8 可以看到，总体趋势是学习者的英语水平越高，其使用动词配价产生偏误的比率就越低。此外，A2 水平和 B1_1 水平之间的偏误率相差最大，偏误率相差最小的是 B1_1 水平和 B1_2 水平之间。

为验证学习者动词配价偏误与其英语水平之间的相关关系，我们用 SPSS 22.0 计算了英语水平和动词配价偏误频数之间的相关关系。皮尔逊相关系数和 Sig. 值如表 6 所示。

表 6　学习者英语水平和动词配价偏误之间的相关性分析

		动词配价偏误频数
英语水平	皮尔逊相关系数	−0.992**
	Sig. 值	0.008

从表6中可以看出，动词配价偏误频数与学习者英语水平之间的皮尔逊相关性为–0.992**（该数值中的"**"表示皮尔逊相关系数较为显著），且两者之间的负相关关系较为显著（Sig.<0.01）。因此，东亚英语学习者动词配价偏误与其英语水平之间呈负相关关系。

根据词性，这354条偏误句被归为12种不同的动词配价偏误类型，结果如表7所示（加粗的部分为该句的主要动词，下划线部分为动词配价偏误部分）。

表7 东亚英语学习者的动词配价偏误类型

类型	频数	比率 / %	例句
介词补语赘余或缺失	98	27.68	I **think** the university during the period.
介词补语的误用	93	26.27	Smoking **is** really bad to people.
名词短语补语的错误形式	33	9.32	The law may **make** smokes give up smoking so it is also benefit for them.
带 to 的不定式补语的错误形式	30	8.47	Also, students can **learn** respecting other people.
状语的错误形式	22	6.21	But my father has **smoked** for over 20 years.
从句的错误形式	17	4.80	Restaurants **are** public places that everyone can come in and go out.
代词补语的缺失	15	4.24	In that case, you should not **put** up with.
形容词补语的错误形式	13	3.67	If smoking is completely banned at all the restaurants, it **is** harm for the interests of the restaurants.
不定式的错误形式	12	3.39	Therefore, I really **recommend** people to stop smoking.
动词 -ing 形式补语的错误形式	10	2.82	But they can't **spend** time to rest, study, or doing something good!
介词或介词短语补语的错误形式	9	2.54	If you spend proper time on it, you can **benefit** a lot form it.
名词补语的误用	2	0.56	And it can also relief the pressure of parents.

表7显示，首先，东亚英语学习者最容易犯的三种动词配价偏误类型是介词补语赘余或缺失、介词补语的误用和名词短语补语的错误形式（从高到低排列）。其次，偏误率最高的两种动词配价偏误类型都与介词有关。最后，在12种动词配价偏误中，共有8种类型的偏误与使用了错误的形式有关。

造成这些动词配价偏误可能有以下两个原因：其一，可能受到英语与学习者母语的语言差异的影响。其二，英语语法知识不扎实。如名词补语的误用一类，学习者使用了名词"*relief*"充当句子的动词，这反映出学习者可能不知道"*relief*"是名词，又或者是混淆了"*relief*"和"*relieve*"两者的词性。又如使用了补语的错误形式一类，这也是由于学习者英语语言能力有所欠缺，他们才会在实际英语写作中使用错误的动词补语形式。总的来说，造成这些动词配价偏误的主要原因可能是东亚英语学习者的英语语言能力不足。

在本小节中，我们已经分析了东亚英语学习者动词配价的三个特征：东亚英语学习者二价和三价动词的使用频数与其英语水平呈正相关关系；东亚英语学习者使用二价及三价动词配价结构随着学习者英语水平的提高更为多样化；动词配价偏误与东亚英语学习者呈负相关关系，且共有 12 种动词配价偏误类型。

3.2. 东亚英语学习者与母语者动词配价的异同

3.2.1. 动词语义对比

Helbig 认为语义配价是通过论元的语义特征用其语义属性来实现的（转引自 Faulhaber，2011）。按照动词在具体配价结构中的语义，我们把东亚英语学习者和英语母语者使用频数最高的 30 个动词分别分为不同的语义组，以对比东亚英语学习者和英语母语者动词语义配价之间的异同点。

Klotz（2007）提出了一个假说：动词语义的不同会造成补语的不同。Klotz（2007）通过对从 VDE 和 BNC（British National Corpus）中抽取的英语动词进行语义分类，其研究发现，交流动词（communication verbs）是使用频数最高的一类动词。那么，东亚英语学习者在使用动词配价时是否也会遵循相同的规律呢？因此，基于 Klotz（2007）的语义分组，我们把东亚英语学习者和英语母语者使用频数最高的前 30 个动词也进行了相应的语义分类，结果如图 9 所示。

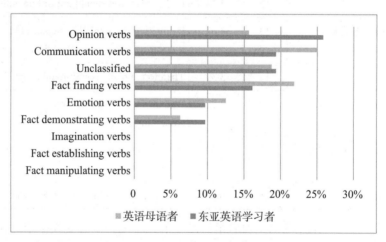

图 9 东亚英语学习者和英语母语者使用频数最高的前 30 个动词的语义分组

在分析东亚英语学习者和英语母语者的前 30 个动词的语义分类的异同点之前，需要对 Klotz（2007）的语义分类进行三点补充说明。第一，根据 Klotz（2007）的观点，动词语义类型可能并不完整，因为动词语义类型的数量可能会随着动词数量的增加而增加。第二，因为一些多义动词在不同的配价结构中可能有不一样的语义，因此一个动词可能不仅仅归属于一种动词语义类型（Klotz，2007）。例如，动词 help 在例句（8）中是事实证明动词（fact demonstrating verbs），在例句（9）中是情感动词（emotion verbs）。

(8) Secondly, banning smoking at restaurants **helps** smokers to try to stop smoking. (W_JPN_SMK0_023_B2_0_ORIG.txt)

(9) Take myself as an example, I can't **help** sneezing even by a slight smell of the burning cigarette. (W_CHN_SMK0_228_B2_0_ORIG.txt)

Klotz（2007）认为事实证明动词可以表示命题观点的正确性，但句子的施事并不是观点的持有者。在例句（8）中，主要动词"*help*"意为在餐厅禁烟可以让吸烟者戒烟，但这一观点是文章作者持有的，并不是施事"*banning smoking at restaurants*"。例句（8）中的动词 help 属于事实证明动词。情感动词则暗含施事的情感态度（Klotz，2007）。在例句（9）中，短语"*can't help sneezing*"意为施事"*I*"忍不住想打喷嚏，暗含着施事不喜欢吸烟者在餐厅内吸烟的情绪。因此，动词 *help* 在例句（9）中是情感动词。第三，事实发现动词（fact finding verbs）、事实证明动词、事实影响动词（fact manipulating verbs）和事实确立动词（fact establishing verbs）四类动词语义类型存在一些细微差别。Klotz（2007）认为事实发现动词表达了施事的立场，但这类动词隐含动作自动开始的语义，如例句（10）和（11）所示。事实证明动词强调句子观点的正确性，但句子中的施事并不是该观点的持有者（Klotz，2007），如例句（12）所示。事实影响动词含有施事对真实命题的反应的语义，如 conceal、hide、ignore 等，如例句（13）所示；事实确立动词则侧重于施事让命题成为事实的语义，如 check、guarantee、ensure 等（Klotz，2007）。

(10) We should **learn** to allocate our time and know what we really need. (Fact finding verb, from W_CHN_PTJ0_006_B1_2_ORIG.txt)

(11) I **became** more patient with people, welcoming any criticism. (Fact finding verb, from W_TWN_PTJ0_086_B2_0_ORIG.txt)

(12) So smoking should be completely **banned** at all the restaurants in the country. (Fact demonstrating verbs, from W_JPN_SMK0_011_B2_0_ORIG.txt)

(13) If you smoke, you will negatively **affect** the quality of your life especially in your older years. (Fact demonstrating verbs, from W_ENS_SMK0_026_XX_1)

图 9 清楚地展示了东亚英语学习者和英语母语者使用频数最高的前 30 个动词在语义方面的异同点。两者前 30 个动词的共同点是，它们都没有想象动词（imagination verbs）、事实确立动词和事实影响动词。两个语料库前 30 个动词的不同点主要有以下三点：第一，东亚英语学习者最常使用的是观点动词（opinion verbs），而英语母语者最常用的是交流动词。第二，两者都使用了情感动词，且英语母语者的使用比率较高。第三，英语母语者使用事实发现动词的比率比东亚英语学习者要高。

造成这些差异可能有以下几个原因。第一，在写作的过程中，东亚英语学习者较之英语母语者更为主观，所以东亚英语学习者更倾向于使用观点动词来表达自己的主观立场，而英语母语者更倾向于与读者交流自己的观点，故更倾向于使用交流动词。第二，英语母语者可能在交流过程中代入自身的情感，故英语母语者使用情感动词的比率比东亚英语学习者略高。第三，与东亚英语学习者相比，英语母语者可能更倾向于使用客观事实来证明自己的观点，故英语母语者使用事实发现动词的比率更高。

3.2.2. 补语的句法形式对比

Faulhaber（2011）认为动词句法配价相当于由配价载体决定的正确的价位填充形式。因此，我们找出了东亚英语学习者和英语母语者使用频数最高的 30 个动词中相同的动词，并对其补语的句法形式进行了统计分析，结果如图 10、图 11 和图 12 所示。

东亚英语学习者和英语母语者在使用相同的动词时，动词补语的句法形式也存在一些差异。图 10 表明东亚英语学习者在一价动词中使用了两种补语形式，它们是名词短语（NP）和从句（that-cl）。但是，英语母语者在一价动词中只使用了名词短语这一补语形式，且东亚英语学习者名词短语的使用比率略低于英语母语者。

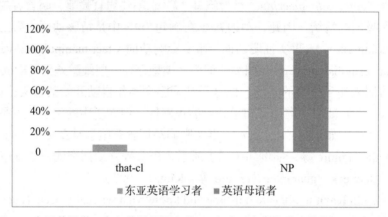

图 10　东亚英语学习者和英语母语者前 30 个动词中一价动词的补语句法形式[5]

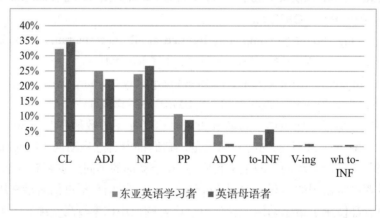

图 11　东亚英语学习者和英语母语者前 30 个动词中二价动词的补语句法形式[6]

从图 11 中，我们可以看出东亚英语学习者和母语者在使用二价动词时都使用了 8 种相同的补语句法形式，分别是从句（CL）、形容词（ADJ）、名词短语（NP）、介词短语（PP）、副词（ADV）、带 to 的不定式（to-INF）、动词 -ing 形式（V-ing）和由特殊疑问词引导的不定式（wh to-INF）。这些二价动词补语形式所占的比率却不尽相同。东亚英语学习者和英语母语者都比较倾向于把从句、形容词和名词短语作为动的补语，但母语者使用从句和名词短语作为二价动词补语的比率较高。此外，两者使用 V-ing 形式和由特殊疑问词引导的不定式作为二价动词补语的比率相差不大。

图 12 表明了东亚英语学习者和英语母语者使用三价动词的补语句法形式在数量上有所不同。东亚英语学习者使用了 18 种三价动词的补语形式，而英语母语者使用了 13 种三价动词的补语形式。其中 to-INF + PP、ADV + PP、PP + ADV、V-ing + ADV、V-ing + to-INF、ADV + to-INF 是东亚英语学习者特有的，而 ADJ + to-INF 是英语母语者特有的。此外，NP + PP 这一三价动词补语形式是东亚英语学习者和英语母语者使用比率最高的补语形式，但英语母语者使用这一补语形式的比率高于东亚英语学习者的比率。

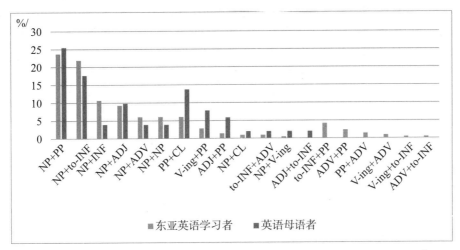

图 12   东亚英语学习者和英语母语者前 30 个动词三价动词的补语句法形式[7]

4. 结　论

本研究以 ICNALE 中的同题英语作文为语料，主要关注东亚英语学习者的动词配价特征及其与英语母语者在使用动词配价方面的异同点。不仅分析了东亚英语学习者使用一价、二价和三价动词的比率与其英语水平之间的关系，二价和三价结构多样性与其英语水平的关系，还分析了动词配价偏误与东亚英语学习者英语水平之间的关系，并总结了 12 种动词配价偏误类型。通过对比东亚英语学习者和英语母语者使用频数最高的 30 个动词，我们发现了两者在动词语义配价和动词句法配价方面的异同点。

通过分析东亚英语学习者的动词配价结构，我们发现东亚英语学习者的动词配价具有以下三个特征：第一，学习者使用一价的比率会随其英语水平的提高而上升，且学习者二价和三价动词的使用频数与其英语水平存在正相关关系；第二，学习者使用二价及三价动词配价结构随着其英语水平的提高更为多样化；第三，动词配价偏误与学习者的英语水平存在负相关关系，且共有 12 种动词配价偏误类型。通过对比两者使用频数最高的 30 个动词的语义配价，我们发现学习者更倾向于使用观点动词，母语者更倾向于使用交流动词；两者都使用了情感动词，且英语母语者的使用比率较高；母语者使用事实发现动词的频数比东亚英语学习者要高；两者至少在前 30 个动词中都没有使用想象动词、事实确立动词和事实影响动词。在两者使用频数最高的 30 个动词的补语形式方面，东亚英语学习者使用名词短语和从句作为一价补语，而母语者只使用了名词短语作为一价动词的补语；学习者和母语者都使用了相同的二价动词补语形式，但每一种动词补语形式的比率不尽相同；在使用三价动词时，学习者使用的补语形式数量略多于母语者，且两者使用比率最高的三价动词补语形式都是 NP + PP，但母语者的比率高于学习者的比率。

总之，本研究证实了动词配价与二语习得相结合的可行性。我们不仅分析并总结了东亚英语学习者的动词配价特征及其与英语母语者使用动词配价时的异同点，还总结了 12 种动词配价偏误类型，以帮助教师找到动词配价偏误产生的可能原因，降低偏误率。本研究还提供了一种可行的研究方法，即通过对比动词的语义类型和补语句法形式，分析和总结东亚英语学习者和英语母语者使用动词配价结构时的异同点。然而，英语学习者和英语母语者动词配价的相似和差异之处可能不仅仅存在语义配价和句法配价中，未来还需要进行更多相关的研究来继续探寻。此外，配价理论在二语习得领域的应用研究仍有较大的发展空间，如动词补语形式的语义与动词语义之间的搭配关系、动词配价和逻辑配价之间的关系等等。

注　释

1、2、3、4、5、6、7: NP 包括名词、名词短语、代词和反身代词；PP 代表介词和介词短语；CL 涵盖了 that 引导的从句、特殊疑问词引导的从句和小句；ADJ 表示形容词；ADV 指副词；to-INF 是带 to 的不定式；INF 是不带 to 的不定式；V-ing 表示动词的 -ing 形式。

参考文献

[1] 方绪军. 中介语中动词句的配价偏误分析 [J]. 语言教学与研究，2001（4）: 39–47.

[2] 顾英华. 新疆民族学生汉语习得中的动词句配价偏误分析 [J]. 中南民族大学学报（人文社会科学版），2003（S2）: 266–268.

[3] 顾英华. 新疆汉语学习者二价动词配价偏误分析 [J]. 汉语学习，2004（4）: 68–72.

[4] 郝瑜鑫，王雪琳，刘海涛. 基于句法标注语料库的汉语中介语动词配价发展计量研究 [J]. 语言文字应用，2021（1）: 29–41.

[5] 刘国兵，张孝莲. 语料库驱动视角下学术英语动词搭配配价研究 [J]. 外语电化教学，2021（1）: 105–111, 17.

[6] 孙海燕，齐建晓. 学习者英语动词配价结构使用特征探究 [J]. 外语与外语教学，2020（3）: 72–81, 148.

[7] 仲晶瑶. 中国学习者英语动词错误：配价和语义角色：一项基于 CLEC 语料库的研究 [J]. 外语学刊，2010（1）: 100–103.

[8] Čech R, Pajas P, Mačutek J. Full Valency. Verb valency without distinguishing complements and adjuncts[J]. Journal of Quantitative Linguistics, 2010, 17(4): 291–302.

[9] Faulhaber S. Verb valency patterns: A challenge for semantics-based accounts[M]. Berlin/New York: De Gruyter Mouton, 2011.

[10] Fillmore C J. Valency issues in FrameNet[M]// Herbst T, Götz-Votteler K. Valency: Theoretical, Descriptive and Cognitive Issues. Berlin/New York: Mouton de Gruyter, 2007: 129–162.

[11] Götz-Votteler K. Describing semantic valency[M]// Herbst T, Götz-Votteler K. Valency: Theoretical, Descriptive and Cognitive Issues. Berlin/New York: Mouton de Gruyter, 2007: 37–50.

[12] Habermann M. Aspects of a diachronic valency syntax of German[M]// Herbst T, Götz-Votteler K. Valency: Theoretical, Descriptive and Cognitive Issues. Berlin/New York: Mouton de Gruyter, 2007: 85–100.

[13] Herbst T. Valency complements or valency patterns?[M]// Herbst T, Götz-Votteler K. Valency: Theoretical, Descriptive and Cognitive Issues. Berlin/New York: Mouton de Gruyter, 2007: 15–36.

[14] Herbst T, Heath D, Roe I. A valency dictionary of English: A corpus-based analysis of the complementation patterns of English verbs, nouns and adjectives[M]. London: Walter de Gruyter, 2004.

[15] Horbačauskienė J, Petronienė S. Verb valency patterns in academic register: Syntactic approach[J]. Studies about Languages, 2013 (22): 11–16.

[16] James C. Errors in language learning and use: exploring error analysis [M]. 2nd ed. London/New York: Routledge, 2013.

[17] Klotz M. Valency rules? The case of verbs with propositional complements[M]// Herbst T, Götz-Votteler K. Valency: Theoretical, Descriptive and Cognitive Issues. Berlin/New York: Mouton de Gruyter, 2007: 117–128.

[18] Liu G, Du Y. A corpus-based study of valency sentence patterns of English verbs[J]. Theory and Practice in Language Studies, 2019, 9(6): 655–665.

[19] Liu H T, Feng Z W. Probabilistic valency pattern theory for natural language processing[J]. Language Science, 2007, 3: 32–41.

[20] Matthews P. The scope of valency in grammar[M]// Herbst T, Götz-Votteler K. Valency: Theoretical, Descriptive and Cognitive Issues. Berlin/New York: Mouton de Gruyter, 2007: 3–14.

[21] Mindt I. The valency of experiential and evaluative adjectives[M]// Herbst T, Götz-Votteler K. Valency: Theoretical, Descriptive and Cognitive Issues. Berlin/New York: Mouton de Gruyter, 2007: 101–116.

[22] Noël D. Verb valency patterns, constructions and grammaticalization[M]// Herbst T, Götz-Votteler K. Valency: Theoretical, Descriptive and Cognitive Issues. Berlin/New York: Mouton de Gruyter, 2007: 67–84.

[23] Osborne T. Dependency grammar[M]// The Routledge handbook of syntax. London: Routledge, 2014: 604–626.

[24] Öztürk B, Çiçek S. Morphological verb valency driven errors of secondary school

students[J]. International Journal of Education and Literacy Studies, 2021, 9(4): 217–227.

[25] Roe I. Valency and the errors of learners of English and German[M]// Herbst T, Götz-Votteler K. Valency: Theoretical, Descriptive and Cognitive Issues. New York/Berlin: Mouton de Gruyter, 2007: 217–228.

[26] Schøsler L. The status of valency patterns[M]// Herbst T, Götz-Votteler K. Valency: Theoretical, Descriptive and Cognitive Issues. Berlin/New York: Mouton de Gruyter, 2007: 51–66.

[27] Tesnière L. Éléments de syntaxe structural[M]. Paris: Klincksieck, 1959.

[28] Vernerová A, Kettnerová V, Lopatková M. To pay or to get paid: Enriching a valency lexicon with diatheses[C]// Proceedings of the Ninth International Conference on Language Resources and Evaluation (LREC'14), 2014: 2452–2459.

[29] Zhao Q, Jiang J. Verb valency in interlanguage: An extension to valency theory and new perspective on L2 learning[J]. Poznan Studies in Contemporary Linguistics, 2020, 56(2): 339–363.

Verb Valency Features in East Asian English Learners' Writings

Abstract: Valency theory has been applied to investigate verb valency characteristics of multiple languages, but most studies have focused on only one or two aspects of verb valency, such as verb quantitative valency, verb valency errors or the valency patterns of a particular verb. This research takes the main verbs in ICNALE as examples, and tries to analyze and summarize the characteristics of verb valency of East Asian English learners and their similarities and differences with native English speakers. This study manifests that (1) The use of divalent and trivalent verbs by East Asian English learners positively correlates with their English language competence, and the divalent and trivalent verb valency structures diversify with the improvement of learners' English levels; (2) The verb valency error rates of East Asian English learners have negative correlation with their English language competence; (3) East Asian English learners tend to use opinion verbs, while native speakers prefer to use communication verbs; (4) As for the most frequent trivalent complement form, they both prefer NP + PP, but the rate for native English speakers is higher than that for East Asian English learners. This study indicates that valency theory can provide valid reference information for second language teaching.

Keywords: verb valency; monovalent verbs; divalent verbs; trivalent verbs

外国文学与比较文学

处所意识:《曼斯菲尔德庄园》中的三维空间书写

西安外国语大学　郑雅方

摘　要：相较于简·奥斯汀最为擅长刻画的关于女主人公本身的成长与爱恋情节,《曼斯菲尔德庄园》的故事情节则自始至终都围绕曼斯菲尔德庄园这一空间化情境展开叙述。庄园这一地理中心似乎比庄园里的角色本身都更重要与迷人。本文将以罗伯特·塔利的"处所意识"为线索,循着空间的位移与地方的并置,重新观照《曼斯菲尔德庄园》中的性别、阶级与种族问题,以期结合19世纪英国社会的历史景深与文学空间研究的新理论,为奥斯汀作品批评提供新的阐释场域。

关键词：处所意识；焦虑；曼斯菲尔德庄园；空间

1. 引　言

"空间转向"是近年来人文社会科学领域兴起的一种新现象,与之相对的是文学界展开的"文学空间研究"。美国学者罗伯特·塔利(Robert T. Tally Jr.)作为这一领域的领军人物,曾提出"文学绘图"(literary cartography)和"处所意识"(topophrenia)等文学空间研究关键词(朱立元等,2020: 145)。方英(2020)指出,文学绘图是文学空间研究中的一个核心概念,它十分关注绘图与叙事之间的天然联系,始终将文学作品和叙事话语放在最重要的位置,这是对叙事研究的一次重大探索,也是叙事学和文学空间研究的交汇点。在罗伯特·塔利看来,其"文学绘图"在詹姆森(Fredric Jameson)"认知绘图"(cognitive cartography)的基础上,将绘制的范围从个别文本扩展到了各种叙事文本之中,所有的文本都在绘制着各种形式的世界和存在的可能性。

2019年,塔利的自选集《处所意识:地方、叙事与空间想象》(*Topophrenia: Place, Narrative, and the Spatial Imagination*)出版,在本书中塔利于第一章专门介绍了自己的这一首创概念。前缀"topo-"源自希腊语"topos",在哲学领域为"处所"的意思,后一部分"phrenia"容易让人联想到精神分裂症(schizophrenia)这一词语,但塔利声称他想表达的是一种人们对处所的焦虑与恐慌,用英语可称其为"place-mindness"。正是在这样的存在焦虑中,文学绘图才得以进行,叙事作品中的情节和人物才运动起来。因此相较段义孚（Yi-Fu Tuan）积极向的"恋地情结"（topophilia）与特里格（Dylan Trigg）消极向的"地方恐惧"（topophobia），塔利对于空间对人的存在和社会关系乃至作品本身所带来的影响的分析是更辩证与客观的。因此以"处所意识"这一文学空间研究的路径进入《曼斯菲尔德庄园》，我们会发现空间与地方的无处不在。处所意识占据了曼斯菲尔德庄园，也早已潜移默化在小说各式各样的角色与社会关系中。性别、阶级和种族问题都奇异地统摄在简·奥斯汀对《曼斯菲尔德庄园》的文学绘图中，并在地方与空间的场域下无所遁形。

2. 依附与改造：性别差异下的空间占领

人文地理学认为，场域（place）指代的是"一种可以在个人与集体文化活动中获得意义的空间。其受到情感、认知与身份等各种因素的影响，涵盖了一系列的社会关系与社会角色"（Bourdieu，1992：73）。美国地理学家克雷斯韦尔（Cresswell，2004）提出"场域"和"景观"是两个不同的概念，景观是指以地球表面的一个固定的点为坐标所看到的物质形态（material topology），土地是这种物质形态的基础，因此景观是一种视觉上的概念。景观为观察者在"固定的点"向外探求，而场域则是身处其中来进行观察，两者的视角是完全不同的。当这种视角被内化于 19 世纪以男性为中心的父权制英国社会时，两种对立的性别在空间的处所意识上便处于截然相反的态度的两端。囿于女性在家庭与社会中对男性的依附地位，女性的社交距离与社交圈是被严格地控制在一定范围之内的，这就导致了女性对个人场域构建中天然的依恋感。而男性在性别桎梏下的可控权更大，因此在面对空间或土地这样的实体资产时就更灵活，更具有大刀阔斧改造与占领地方景观的权利。

2.1.　女性角色的场域依恋

故事开端，便交代了亨廷顿的玛丽亚三姐妹的婚姻状况，不同的婚后归宿以及空间上的距离就限制了普莱斯太太与伯特伦夫人及诺里斯太太的往来，她们在十一年间始终固守在各自的寓所与活动圈子周围，从未相见，唯一的联系方式就是写信。正因如此，伯特伦夫人的丈夫托马斯爵士对诺里斯太太竟能知晓妹妹普莱斯太太的生活境况而大为震惊。伯特伦夫人尽管是庄园的女主人，却对庄园内外事物不管不问，她唯一的活动场所便是庄园客厅内的沙发上，实际的管家权由伯特伦夫人转移到了她刻薄且世俗的妹妹诺里斯太太那里。诺里斯太太总是假意关心庄园内的每一个人并为此忙前忙后，但实际上却总是最先考虑自身的利益。她虽说是庄园中管事的人，但却最终没有得到任何人的尊敬，唯一使唤得动的就是家里的仆人。小说中也提到诺里斯太太对"庄园的餐厅"的依恋之情，因为担心托马斯爵士在外的安危，文中写道"秋天的黄昏越来越长，在她那寂寞凄凉的小屋里，这些可怕的念头搅得她胆战心惊，只得每天跑到庄园的餐厅里来避难。"（奥斯汀，2017：34）显然，庄园的餐厅这一舒适区给足了诺里斯太太安全感，在餐厅内诺里斯太太获得了一种鲜明的"处所意识"（奥斯汀，2017：34）。在涉及接管自己的外甥女范妮时，诺里斯太太则是想尽办法找借口来捍卫自己的"一亩三分地"，从中映射出的领地意识可见一斑。由此我们也可窥见 19 世纪英国女性其生活环境的范围之有限。

随后，范妮这一女主人公的出现让作者将大量的笔触都投注在范妮适应曼斯菲尔德庄园这个新家园的过程中。在小说中，范妮十岁之后的成长路径基本就局限于曼斯菲尔德庄园及其周边区域。范妮对庄园的感受是不论在任何地方见到任何人都感到孤单与害怕，哪怕在房间内也感到一种类似于无所适从与悲伤的"惧地感"。范妮对庄园的适应是缓慢的，直到表哥埃德蒙的出现才扭转了这一局面。当感情被倾注在空间内的居住者身上时，我们往往会不经意地流露出对其居住地的"爱屋及乌"之感，这是非常典型的移情效应（Kaufmann，2018）。范妮最终在表哥时常的陪伴下和与其的交谈中放下了防备。小说中埃德蒙时常携范妮一同散步谈心。考夫曼（Kaufmann，2018）指出，奥斯汀笔下的散步是一种生理与心理兼备的社交行为，可以触碰到人物的深层情感认知。从环境心理学的观点来看，步行法有两大优势：一是通过对庄园的认知绘图，范妮了解到庄园的地理情况，以便为创造场域（place-making）做准备；二是，范妮也可以通过谈话来加深对他们家庭背景的了解，特别是了解曼斯菲尔德庄园里不同人的性格和习惯。自此以后，范妮就在曼斯菲尔德庄园住了下来，也开始把自己对朴次茅斯的依恋之情转移到了这里。范妮的场域依恋对象也伴随个人的成长需求而变化，在听到要随姨妈诺里斯太太搬离庄园时，范妮表示"我喜欢这座房子，喜欢这里的每样东西"（奥斯汀，2017：23）。范妮的安全屋也从旧时的小阁楼转移到了"东屋"，在小说中奥斯汀对东屋有过详细的描写，范妮"不断地添加花草和书籍，在里面度过了更多美好的时光"（奥斯汀，2017：145）。她占用了这间无人问津的屋子，并把它当成自己的所属物，正是这样一个虽简陋但不被他人占领的空间"给了她莫大的安慰"（奥斯汀，2017：146）。

温尼尔在《空间诗学》中指出，巢穴使我们回到了童年，并提出了最初的想象（primal images）。人类愿意回到自己的地盘，因为在这里人们会感到愉快。温尼尔对小空间和大空间的相互作用进行了探讨。他说："私人和外在的相互激励，可以说是在一起同时发展。"（Wenner，2006：68）范妮的私人空间即东屋与曼斯菲尔德庄园之间建立了一种相互影响的场域结构。小说中这种女性在权利张力之下对让自身感到安全的地方的依附感便是女性在空间构建中更倾向于场域依恋而非景观改造的有力反映。

2.2. 男性角色的景观改造

小说中，相较于女性角色对空间依恋的隐性书写，男性角色改造空间的野心则更为鲜明与频繁。比如文中的克劳福德兄妹。克劳福德小姐最先担忧的便是姐姐格兰特太太的"生活派头与社交格调"（奥斯汀，2017：37），在看到姐姐与姐夫生活的地方"住宅宽敞，设施齐全"（奥斯汀，2017：37）后才放下心来。而文中专门交代亨利·克劳福德是非常讨厌长时间生活在同一个地方和同一个社交圈子的。这样的出场也为下文亨利与拉什沃思先生的庄园改造计划埋下了伏笔。亨利虽然不喜欢久住在一个地方，但却对改造庄园抱有十足的兴趣。文中亨利对自己的改造兴趣这样说道："我的计划是在威斯敏斯特制订的——或许是在剑桥读书时做了点修改，动工是在我二十一岁的时候。我真羡慕拉什沃思先生还有那么多的乐趣，我可把自己的乐趣一口吞光了。"（奥斯汀，2017：60）正是因为这一原因，才有了拉什沃思先生邀请大家一同前往索瑟顿庄园来参观并请克劳福德先生提出改造建议的故事情节。除此之外，克劳福德先生还在小说中对埃德蒙即将就任牧师的桑顿莱西教区提出了自己的改造意见。克劳福德先生认为那个地方至少得改造五个夏天才能住人，并且用了极大的篇幅为埃德蒙改造教区房间做出了详细的指导。相较于克劳福德先生大刀阔斧式的"两三个想法"的改造计划，埃德蒙则计划花费尽可能少的钱就把整个住所整治得宜人与高级。尽管如此，埃德蒙与克劳福德先生在改造桑顿莱西的牧师住宅的期待上却是一致的。在这种占领与改造的行为下其实掩盖的是男性对权力与名望地位的热衷。克劳福德先生为此专门给埃德蒙强调："如果改造得好，那就不仅仅是一座上等人的住宅，而是一座有学识、有情趣、举止高雅、结交不凡的人家的住宅。"而这样被改造过的住宅才"对于保持特权和独立自主大有好处"。父权中心主义与帝国主义的阴影笼罩着小说中每位虚荣且自大的男性角色的内心。

这种改造与占领的冲动也不只体现在年轻有志向的男性角色身上。托马斯爵士作为曼斯菲尔德庄园的男主人，在从安提瓜种植园返回家后对家中排练戏剧的事件表示愤怒，并用最短的时间恢复了房间的原有布置，将庄园的秩序恢复如初。在人文地理学中，"家"被看作一个具有代表性的领域，它可以帮助人们建立和完善个体的身份（Cresswell，2004）。在场域的研究中，"家"是一个真实的结构的基本参照，因为它关系到身份、秩序、根性、依恋、私密和安全，所以它不仅仅是居住在这里的人的生命支持，更是一个确定自己成长的地方。这个想法被神经科学、发展心理学和进化论所证实（Cresswell，2004）。小说中，托马斯爵士一回到家里，就把他的管家和代理人叫了过来，让他们检查一下他的账单与财产，然后又将马厩、花园和附近的种植园都检查了一遍。托马斯爵士俨然成了曼斯菲尔德庄园唯一的捍卫者，这里庄园的在场地位被强调，道德属性得以凸显，庄园不仅是一个生活空间，也是传统道德与父权统治的象征。同托马斯爵士一致，拉什沃思先生是一个外貌平平无奇且看起来胸无大志的英国贵族子弟。为夺得玛丽亚的芳心，拉什沃思在庄园的家庭饭桌上屡屡提到自己的庄园以及自己的改造计划。从自然辩证法的观点看，人类通过对自然的改造，得以生存与再思考，但同时也导致了人类自身的异化。而资本主义的现代性所蕴含的发展思想，是人类本性的丧失。比如，当范妮听到拉什沃思打算把林荫道两旁的树木都砍掉时，范妮怀着一种悲痛和哀悼的心情，引用了一句诗人考珀（William Cowper）的诗："你倒下的林荫道大树啊，我又一次为你们无辜的命运悲伤。"这首诗出自考珀的《工作》，讲述了约翰·斯罗克摩顿爵士在他的土地上进行绘制和改进，因此范妮引用了这首诗。这与她的个人文化修养无关，而是一种维护传统的价值观（周丹丹，2015：86）。这里奥斯汀巧妙地将性别之间的矛盾冲突与空间的变化联系在了一起，让读者得以体味文本背后隐含的道德立场与权力话语场。

3. 中心与边缘：阶级对立中的空间并置

在《曼斯菲尔德庄园》的"文学绘图"中，读者往往会发现尽管曼斯菲尔德庄园是故事的绝对中心，但其他的场域却始终在生产新的人物与情节，以曼斯菲尔德庄园为圆心向外延伸。伦敦与城市生活始终是庄园里的年轻人向往的地方，而更加偏远的海港城市朴次茅斯则与曼斯菲尔德的环境形成了鲜明的对比：一面是不断崛起的中产阶级，另一面则是自视甚高的土地贵族，两相角逐在不同的区域展开并持续对峙着。

3.1. 乡村与城市群像

毛姆（2008：63）这样叙述简·奥斯汀的家庭："出身古老，像英国许多名门望族一样，其家庭主要是靠羊毛业致富，而羊毛业在相当长的一段时间里，是英国的主要工业。发迹后买进土地，成为士绅阶层的一员。"简·奥斯汀的父亲作为一个小地主，家里相对拮据，奥斯汀的母亲是一个落魄的贵族，在一个财富高于爵位的时代里，这个身份早已无足轻重，这也就意味着她的父母无法给她一笔巨额的嫁妆，来招揽更多的人。从简·奥斯汀与她朋友的信件往来中，我们可以看出她经常在上流社会的名利场中露面，并因此与英国上流社会的人物有所联系。简·奥斯汀父亲的家庭收入很低，靠着寄宿生维持生计，但他的学生们都很富有，他们对简·奥斯汀一家的生活起到了很大的作用。因此奥斯汀不仅对传统的土地乡绅贵族有着深入的了解，对城市中富有的新兴资产阶级也不陌生。

著名作家毛尖（2008：63）认为："英国文学史上，使得乡村风景具有最大抒情功能的，奥斯汀是当之无愧的第一人。"乡村的自然风景与生产生活在奥斯汀的笔下一直都是美丽且令人向往的，正如克劳福德小姐在介绍这座庄园时所言，"一座庄园，一座方圆五英里的名副其实的庄园，一座宽敞的现代修建的房子，位置相宜，林木深掩，完全可以选入王国乡绅宅邸的画集"（奥斯汀，2017：44）。再加上庄园内井然有序的秩序与彬彬有礼的处事方式，整个庄园俨然是一处坐落于乡村的世外桃源。显然，乡村中的自然环境与文化环境都是奥斯汀所推崇的。但除了奥斯汀最擅长描绘的乡村景象，作为城市景观——伦敦的身影也在文中时隐时现。首先在小说第一卷中，克劳福德兄妹作为大城市伦敦的代言人最先闯入了宁静的曼斯菲尔德庄园，他们不仅带来了新鲜与丰富的见闻，也同时向传统的乡村道德观发起了挑战。克劳福德兄妹深信的是伦敦那一套人人都信奉的格言——"有钱没有办不成的事"（奥斯汀，2017：56）。伦敦作为率先进行工业革命的城市，除了原材料，人力、土地和金钱都是重要的资本，因此克劳福德小姐在选择未来的结婚对象以及评价他人婚姻时都往往以土地为重要的衡量标准。克劳福德小姐在写给范妮的信中这样描述玛丽亚的婚姻："不过，拉什沃思太太满面春风的日子就要到来了……到时候她会美不可言，因为她要展示的是温普尔街最气派的一栋大宅。"（奥斯汀，2017：374）由此可见，乡村与城市在小说中看似没有正面的交锋，但人物身份往往通过不同的地方和处所排列得以彰显。不同身份阶级的人物弥漫于小说中的焦虑感变得有形和可感，小说情节在空间的位移中不断推进，从曼斯菲尔德庄园开始，由截然不同的大城市伦敦来做点缀，最后又回到了曼斯菲尔德庄园。

3.2. 中产阶级的海港与乡绅贵族的庄园

位于波特西岛上的朴次茅斯，是英国东南海岸防御的重要军事据点，也是英国仅有的一个海岛城市。在朴次茅斯的西部，朴次茅斯军港是英国三个最大的海军要塞之一，朴次茅斯皇家海军作战学校则是英国最有名的皇家海军学校之一，奥斯汀的两个哥哥查尔斯和弗朗西斯都就读于该所军事院校，这也让奥斯汀对朴次茅斯"了如指掌"（师琪，2017：11）。朴次茅斯与伦敦之间的路程只有 103 千米，与南安普顿也仅仅相隔 24 千米，它的西面是南安普顿港口，南面是英吉利海峡，对面是怀特岛，位置得天独厚。除此之外，最重要的是朴次茅斯也是英国中产阶级崛起的重要位置，范妮的原生家庭普莱斯一家便是小说中中产阶级的代表。尽管朴次茅斯不能同伦敦这样的大城市相比，但作为当时英国北安普顿重要的海港城市之一，其与北安普顿的乡村田园风光形成了鲜明的对比，这一点在范妮因拒绝亨利的求婚而被托马斯爵士遣返回家后的六个章节里体现得尤其显著。

托马斯爵士在范妮屡次拒绝亨利的求爱后，决定采取让范妮随哥哥回家探亲这一转移空间的方法企图让范妮在离开曼斯菲尔德庄园一段时间之后，在环境的比较中明白优渥的生活条件对一个女人的重要性。同时范妮也希冀能在这次空间位移中重拾童年的欢乐并治愈少时被迫离家的创伤。然而，范妮的处所意识在想象中的朴次茅斯非但没有被强化，反而出现了"虽然在曼斯菲尔德会有一些痛苦，但在朴次茅斯却没有任何快乐"的情况（奥斯汀，2017：373）。这样的不快乐从表面看是空间的吵闹与逼仄带来的烦闷，但深层原因则是在空间表征下范妮作为土地贵族浸淫下的代表而与中产阶级普莱斯一家生活方式与道德观的格格不入。范妮初到朴次茅斯的家中，其视角便是以空间为中心进行的，范妮的视野从"房子狭窄的门廊"到像"小过厅"一样的起居室，再向上延伸到吵闹的二楼，"房里的每道门都敞开着，楼上的喧闹声在起居室听得清清楚楚"（奥斯汀，2017：363）。而对于早已习惯了如曼斯菲尔德庄园那般凡事都讲究分寸、人人审时度势的生活环境的范妮来说，这令她倍感烦躁与不安。对于一家人每日都挂在嘴边的港口与"画眉"号，范妮也感到厌倦，她将自己关在房间里，整日沉浸在书海中，并思念着那个让她感到自由自在的大庄园。中产阶级急于在社会中攀升以及满心满眼扩张的野心与乡绅贵族们以土地为傲并极其注重礼仪与阶级等不同的特质通过范妮的心理刻画缓缓地展露在了读者的眼前。但小说中的范妮作为奥斯汀的代言人，并非对两个阶层持完全中立的态度。最早系统评论奥斯汀作品的沃尔特·斯科特（1985：18）曾说："《爱玛》的作者只限于描写社会上的中产阶级；她笔下最高贵的人物也并不比有良好教养的乡村绅士和太太小姐们高出多少。"尽管奥斯汀在这部作品中对普莱斯一家的价值观持一定的否定态度，但她仍想美化曼斯菲尔德庄园。奥斯汀从不否认社会阶级对立的合理性，正如毛姆（1987：76）所言："她毫不怀疑，社会等级是重要的，她觉得有穷富之分也是很自然的。绅士的小儿子去当牧师或以继承一大笔遗产为生；年轻人靠有权势的亲戚的影响在为国王的服务中得到提拔。"

4. 在场与缺失：帝国话语下的空间建构

爱德华·W. 萨义德（Edward W. Said）是后殖民主义的代表，他特别注重对小说的研究。萨义德（2003：146）认为，小说具有一种兼容并蓄、近乎百科全书式的结构。这本书有一套完整的社会参考系统，它是建立在现有的资产阶级社会的基础上的。萨义德在这些作品中指出，英国小说在 19 世纪 40 年代可以说是英国社会唯一的审美形态，并且在其主要表现方式上占有突出的位置，我们可以把它看作英国的一个海外王国。萨义德（2003：

146）也强调，"小说和帝国主义都是资产阶级文化中的一种文化表现形式，缺少其中一种，都是无法想象的"，即"没有帝国，就没有我们所知道的欧洲小说"。

在萨义德（2003）看来，《曼斯菲尔德庄园》就像其他很多故事一样，这本书讲述的是一系列迁徙和定居……但奥斯汀却将曼斯菲尔德庄园的故事描述成了一个贯穿两个半球、两个海洋、四个大陆的故事。因此，从后殖民主义角度来看，缺席的安提瓜种植园以及很少被人重视的、以小说中"画眉"号为代表的海洋元素是极具启发意义的。

4.1. 缺场的安提瓜种植园

英国左翼评论家雷蒙德·威廉姆斯（Raymond Williams）在他的《乡村与城市》一书中提到了 19 世纪的英国小说中出现了一种"海外的关系"。位于加勒比海的安提瓜，1632 年被英国攻占，1667 年，英国正式将安提瓜变为殖民地。安提瓜不仅为宗主国提供了大量的物质财富，也承载了曼斯菲尔德庄园源源不断的日常开销中的一大部分。但文本中却只有九次提到安提瓜，而且往往都是一笔带过的。因此，我们可以看出，安提瓜并不被重视，它只是伦敦—曼斯菲尔德庄园—朴次茅斯这条故事线上隐晦的他者，但安提瓜却是我们唯一的参考。

在小说第一卷中，托马斯爵士因为遥远的种植园出现了一些危机所以赶赴海外，远在西印度群岛的安提瓜种植园的危机看似经济上的问题，实则暗喻了曼斯菲尔德庄园内部的道德与生存危机。再者，托马斯爵士短暂的离开，也为庄园内部的"排练风波"提供了条件。范妮在这场空间的角逐中始终站在旁观者的位置，这也为接下来范妮夺得托马斯爵士的好感为自己在庄园谋得一席之地提供了条件。文中提到，范妮喜欢听她的姨夫讲西印度群岛的事。"我可以一连听他讲上一个小时。"（奥斯汀，2017：188）倾听遥远的种植园的故事让范妮感到愉悦快活，在笔者看来，这种快活首先是由讲述对象的缺席所带来的空白引起的，范妮有限的生活场所与不同的文化和地域风貌给予了她更为广阔的想象空间；同时，这里的西印度群岛与范妮一样是作为"他者"的存在，范妮是庄园内的附属者与失语者，而安提瓜也是英国帝国话语下的失语者与缺席的一方，两者在小说中形成了极具张力的互文效果。这或许是作者的无心之举，但其中潜藏的作为宗主国的傲慢与书写者的上帝视角却暴露无遗。托马斯是英国殖民者的代表，他既是故事的叙述者，又负责为殖民地土著人"代言"。殖民者从扩展的视野中，看见了由种植园带来的财富，而忽略了这个单一的经济模式给殖民地带来的畸形发展。

在《文化与帝国主义》一书中，爱德华·W. 萨义德（2003）对安提瓜种植园的角色进行了描写：比如托马斯·伯特伦爵士在国外获得的土地，使他拥有了大量的财产，并解释了他为什么要去遥远的地方，以及他在国内和国际上的地位。奥斯汀（2017）同样认为，拥有和管理曼斯菲尔德庄园，就等于拥有和管理着一块和它紧密相连，甚至不可避免地会连接在一起的帝国庄园。如果能确保一个内在的和平与希望的和谐，那就是另一个具有活力和规范的保证。因此，尽管奥斯汀并没有亲自去过西印度群岛，她还是凭借家人的描述在小说中大胆地借用与幻想了这一遥远的异邦，范妮与奥斯汀在此处奇异地重合了。

4.2. 以"画眉"号为代表的海洋元素

有学者认为，帝国主义一词指的是统治遥远土地的宗主中心的实践、理论和态度（赵一帆，2009）。大多数读者会注意到安提瓜种植园作为英国的附属殖民地所体现的西方中心主义倾向，但往往会忽略与范妮的哥哥威廉这一人物联系密切的海洋与军舰元素。在小说开端，普莱斯太太在写给她的姐姐伯特伦夫人的信中就说道"老大是个十岁的男孩，既漂亮又活泼，一心想到海上去"（奥斯汀，2017：5）。果不其然，成年后的威廉不负众望成为皇家海军的一员，范妮也为哥哥的这一职业而感到自豪，但大多数人往往会忽视威廉的海军职业背后的意识形态。海军看似只是一个军种，却是英国开疆拓土的重要支撑，海军与军舰都可以看成是 19 世纪英国海外殖民扩张的有力象征。在小说中部，威廉的拜访更是开启了一条新的叙事之路，他充满欲望地去描述海外世界，把自己的故事告诉了伯特伦一家，"他到过地中海，到过西印度群岛，再回到地中海……七年当中，他经历了大海和战争给他带来的种种危险"（奥斯汀，2017：225）。这一点和托马斯的叙述相辅相成，使曼斯菲尔德庄园和英国以外的其他地方产生了联系。

众所周知，在英国进行殖民扩张和开拓海外市场时，作为跨洋贸易的桥梁，港口的重要性不可估量。朴次茅斯是一座港口城市，也是海军战舰停靠的地方。范妮在回家后，相较于对她的关心，家人们更关注的是威风凛凛的"画眉"号的每日新闻。在小说第三卷的第七章中，"画眉"号足足被提及了 13 次之多，文中写道"父亲只和儿子说话，只谈'画眉'号"（奥斯汀，2017：362）。"画眉"号在这里已经不仅仅是一艘军舰的代号，它指代的还是英国人对开拓海外市场与领地的野心，而普莱斯一家人更是以威廉·普莱斯的职业为傲。

航海家约翰·坎佩尔（John Campell）说，广泛的海洋与殖民活动"是我们这个国家的真实、实在的力量所在，它最终将让每一个人的心热起来"（库克，2013：533）。萨义德也声称，国家作为一个广义上的叙事，其叙事模式的生成逻辑与阻碍他人进行叙事的方式，是帝国主义的一个重要表征。简·奥斯汀通过托马斯爵士和威廉的航海经验，意在突出其他与他们一样为英国的海洋扩张事业做出努力的军人与政治官员。在两个空间的交织中，作者所彰显出的西方中心主义立场清晰可见（Hubback，1906）。

5. 结 语

《曼斯菲尔德庄园》立足于庄园内部的个人成长与道德教化，但其场域却扩展到了整个英国以及遥远的海外世界。空间的生产力在简·奥斯汀的这一作品中以男性与女性不同的处所意识、乡村贵族与城市中产阶级对立的空间感以及不同种族在空间中的在场与缺席这三个维度的文化视角中展现得更加全面。罗伯特·塔利所强调的这种人们对自己所处地方的关切意识与象征含义在《曼斯菲尔德庄园》一书中得到了清晰的体现，同时，它与人的生存状态有着密切的联系，是人们生存的一般状态与普遍表征。换句话说，处所意识是一种主体与空间的关联。我们将文本作为存在的主题并用"处所意识"这一理论线索去重新观照与诠释文本，一方面得以在 19 世纪的英国这个时代背景下循着空间的位移与并置，来分析作品中蕴含的性别、阶级与种族这三个相辅相成的文化要素与空间研究视域互相映照所体现的戏剧感；另一方面也为进一步挖掘类似于奥斯汀这样的经典女性作家的作品提供了新的阐释空间与路径。

参考文献

[1] 奥斯汀 . 曼斯菲尔德庄园 [M]. 孙致礼，译 . 北京：人民文学出版社，2017.

[2] 库克 . 库克船长日记 [M]. 刘秉任，译 . 北京：商务印书馆，2013.

[3] 方英 . 文学绘图：文学空间研究与叙事学的重叠地带 [J]. 外国文学研究，2020，42（2）：39–51.

[4] 毛尖 . 生是你的人，死是你的鬼：读《曼斯菲尔德庄园》[J]. 书城，2008（3）：61–64.

[5] 毛姆 . 巨匠与杰作 [M]. 孔海立，王晓明，译 . 上海：华东师范大学出版社，1987.

[6] 萨义德 . 文化与帝国主义 [M]. 李琨，译 . 北京：生活·读书·新知三联书店，2003.

[7] 师琪 . 英国辉煌时代的见证者：论 18—20 世纪初朴茨茅斯港与英国海军的发展 [D]. 南京：南京大学，2017.

[8] 司各特 . 一篇未署名的评论《爱玛》的文章 [M]// 朱虹 . 奥斯丁研究 . 北京：中国文联出版公司，1985.

[9] 文永超 . 从疏离到依恋：论《曼斯菲尔德庄园》中范妮的场域构建 [J]. 宜春学院学报，2020，42（10）：89–93.

[10] 周丹丹 . 风景、道德与叙事：《曼斯菲尔德庄园》中的风景意象解读 [J]. 商丘师范学院学报，2015，31（10）：78–81.

[11] 朱立元，陆扬，塔利，等 . 关于空间理论和地理批评三人谈：朱立元、陆扬与罗伯特·塔利教授的对话 [J]. 学术研究，2020（1）：143–148.

[12] 赵一凡 . 西方文论讲稿续编：从卢卡奇到萨义德 [M]. 北京：三联书店，2009.

[13] Bourdieu P L, Wacquant L D. An invitation to reflexive sociology[M]. Chicago: University of Chicago Press, 1992.

[14] Cresswell T. Place: a short introduction[M]. Malden: Blackwell Publishing, 2004.

[15] Easterlin N. Ecocriticism, place studies, and Colm Toibin's 'A Long Winter': a biocultural perspective[M]// Zapf H. Handbook of Eco-criticism and Cultural Ecology. Berlin: De Gruyter, 2016.

[16] Hubback J H, Hubback E C. Jane Austen's sailor brothers: being the adventures of Sir Francis Austen, G.C.B., admiral of the fleet and Rear-Admiral Charles Austen[M]. London: John Lane, 1906.

[17] Kaufmann R. The architecture of space-time in the novels of Jane Austen[M]. Cham: Palgrave Macmillan, 2018.

[18] Wenner B B. Prospect and refuge in the landscape of Jane Austen[M]. Aldershot: Ashgate Publishing Company, 2006.

Place Consciousness: The Sense of Place in *Mansfield Park*

Abstract: In contrast to Jane Austen's masterful depiction of the heroine's personal evolution and romantic pursuits, *Mansfield Park*'s narrative is centered on the spatial dynamics of the Mansfield estate. The geographical center of the estate assumes a greater significance and intrigue compared to the protagonist. This study draws upon Robert T. Tally Jr.'s concept of "place consciousness" to explore the interplay between gender, class, and race in *Mansfield Park*. By examining the juxtaposition of space displacement and place, this paper aims to offer a novel interpretation of Austen's works, integrating the historical depth of space with the contemporary theory of literary space research on 19th-century English society.

Keywords: place consciousness; anxiety; Mansfield Park; space

论《带家具出租的房间》中的嗅觉叙事

南昌大学　江文薇

摘　要：《带家具出租的房间》是欧·亨利（O. Henry，1862—1910）创作的短篇小说，讲述了一个男人追寻爱人无果、最终自尽的故事。以往的学者们多从比喻、象征和悲剧色彩的角度进行分析，只关注到文本的写作特色，而忽视了对文本中气味的研究。事实上，气味牵引着故事的起承转合，赋予了文本更大的戏剧性和可读性，其作用不容忽视。本文将从嗅觉叙事的角度对小说进行研究，主要分析嗅觉在推动叙事进程、建构人物形象和阐释生命美学中起到的作用，分析气味在小说文本中的重要地位。

关键词：《带家具出租的房间》；嗅觉叙事；气味

1. 引　言

人们对于嗅觉的感知由来已久，可以追溯至柏拉图时期，"气味……的构成没有确定的原始图形之数。唯一能作区分的只有这两方面：惬意的和不惬意的"（柏拉图，2003：48）。盲人作家海伦·凯勒（2010）曾赋予嗅觉极高的地位——嗅觉，失落的天使；在所有感官中，嗅觉是最多姿多彩的。尼采也声称"我的全部天才就在鼻孔里"（勒盖莱，2001：283）。劳伦斯（2018：151）更是赞美道"所有玫瑰的藤蔓小花，朵朵飘着香气。裸着身子亲密交融沟通，不像我们仿佛穿了衣服的。视觉，永远都不能沟通"。但纵观整个西方历史，嗅觉的地位总是不容乐观，比如亚里士多德曾将五种知觉感官进行排序：视—听—嗅—味—触；而康德也将非视听之外的感官排除在审美范畴之外。此外，"生理学家将嗅觉视为进化的简单残余。弗洛伊德则将其归为'肛门性欲'"（Corbin，1986：229）。而嗅觉为何无法取得视听的主导性地位，主要是基于以下两个原因：一方面，"嗅觉是短暂的，所以它永远不能提供持久的思维刺激。嗅觉的发展似乎与智力的发展成反比"（Corbin，1986：6）；另一方面，"嗅觉是欲望和冲动的感觉，嗅觉与动物性有关"（Corbin，1986：6），这种非精神的感官自然难以进入西方哲学的中心。但正如阿兰·科尔宾（Corbin，1986：8）所言，"仅仅因为迷恋视觉和听觉的威望，就将嗅觉从感官感知的历史中排除，这是一种过于草率的做法"。于是更多的学者开始为嗅觉正名，关注到气味的文化和社会语境层面，"气味虽然通常被认为是一种纯粹的'生物'感觉，但它却几乎巧妙地涉及文化的每一个方面，从个人身份的构建、社会地位的界定到群体归属的确认和传统的传承"（Drobnick，2006：1）。丹尼尔·巴比在《美国文学中的气味力量：气味、影响和社会不平等》一书中聚焦文学范畴，将嗅觉与创伤、性别、种族主义等文学理论相结合，具体分析了美国作家作品中的气味主题。可以说，嗅觉与叙事的结合，也给文学带来了全新的视角，赋予了文学阐释更大的空间。嗅觉不仅是纯粹的感官方式，同时也与阶级、两性、种族等有着密切的关系。《带家具出租的房间》中对于气味的独特关注，更是突出了气味在小说叙事中的重要作用，而嗅觉叙事作为一种补充的叙事角度，使文学作品变得更加立体可感。

2. 嗅觉推动叙事进程

杨佳凝（2022：136）认为"气味所产生的叙事效果同样不容小觑，不仅对应、呼应、提示情节，同时与记忆关联甚密"。嗅觉不仅仅是简单的感官知觉，更具有独特的叙事效果，能推动故事情节的发展，具体表现为贯穿全文，提示情节发展；同时唤起人物记忆，进行补充叙事。

小说中的气味是故事发展的核心线索，牵引着故事发展的方向，给读者的阅读感受和想象添加细腻丰满的质地。小说主要讲述了男人寻找自己的爱人，最终却以失败告终、自尽而亡的悲惨故事。故事的设定和内容都很简单，但情节却跌宕起伏，引人入胜，这源于小说中嗅觉的叙事效果。欧·亨利着重刻画故事背景的气味，暗示了即将发生的故事情节。房子公共空间的地毯"已经在这恶臭、阴暗的空气中退化成茂盛滋润的地衣或满地蔓延的苔藓"（欧·亨利，2009：109），以及房间的内部空间，"他呼吸到这座房子的气息。这不是什么气味儿，而是一种潮味儿，如同地窖里的油布和朽木混在一起蒸发出的霉臭"（欧·亨利，2009：109）。无论是房间的外部空间还是内部空间都充满臭气，营造出压抑沉闷的氛围，预示故事的不幸走向，奠定了全文悲剧的基调。"气味是这些线索发展变化的重要节点，它将几个主要情节贯穿起来，从起点到终点有机融合成一个整体"（魏梦茹，2020：55）。而全文的故事情节从嗅觉角度而言，其实就是男人"寻找爱人的香气—香气两次出现—香气彻底消散"的故事。每当故事情节即将发生转变时，总是嗅觉先行，提示接下来的故事情节，引导读者进行合理的猜想。气味的变化牵引着故事的起承转合，决定着男人情绪的起起落落，使故事更具戏剧色彩和可读性。木樨香的出现也将故事的发展一度带到高潮。男人在房间中突然闻到木樨香气，他变得欣喜万分，好似已经找到了期盼已久的挚爱。但"天芥菜花怪味刺鼻"的手绢又将他拉扯回冰冷的现实，他变得再度落寞失望，却依然渴望找到自己的爱人，像条"猎狗东嗅西闻，扫视四壁"，终于再度闻到浓烈的木樨香气，但这次他却"目瞪口呆，一片漠然"，因为他在其中"察觉不出形式、色彩、爱情和张开的双臂"（欧·亨利，2009：112）。这也是木樨香在小说中最后一次出现，似乎暗示爱人的悲剧结局和爱情的终将逝去。最终，强烈的臭气再度笼罩房间，悲剧也即将上演，"房间死气沉沉。曾为它注入生机的香气已经消失，木樨花香已经离去，代之而来的是发霉家具老朽、陈腐、凝滞的臭气"（欧·亨利，2009：113）。消散的香气，带走了男人的希望，"希望破灭，他顿觉信心殆尽"（欧·亨利，2009：113），最终选择了自尽而亡。

香气的出现和消散也可以看作男人生存的希望在嗅觉层面的体现。由此可见，气味在叙事层面上的作用不容忽视，可以连接上下文，推动故事进程。

同时，嗅觉还能唤起人物的记忆，进行补充叙事。麦克卢汉（2000：188）详细谈过嗅觉与记忆的二者关系："嗅觉长期被认为是记忆的根基和个性统一的基础……唤醒的记忆受特定的气味支配，并由其整合，这些气味构建了过去的经验"。当嗅觉留存在人的记忆中时，嗅觉具有时间的维度。2004年的诺贝尔医学奖或生理学奖获得者理查德·阿克赛尔和琳达·巴克也发现嗅觉记忆"比视觉记忆更长久，视觉记忆在几天甚至几小时内就可能淡化，而嗅觉却能令人记忆长久。有时在某种特殊气味刺激下，人们记忆的闸门会突然打开"（傅攀峰，2005：27）。气味唤醒了沉睡在主人公内心的记忆，成为开启记忆之门的钥匙，从而带着读者穿梭不同的时间段，使得作品的时间不仅仅局限于闻到气味的"此刻"，还能自然而然地贯穿事情的前因后果，展现故事的全貌。很多的文学作品都提及气味对于记忆的作用。比如在《追忆似水年华》中，每当主人公闻到浸在茶中的玛德琳蛋糕时，都会回忆起儿时的往事。正如普鲁斯特（1992：36）在这本小说中说道"气味和滋味却会在形销之后长期存在，即使人亡物毁，久远的往事了无陈迹，唯独气味和滋味虽说更脆弱却更有生命力……它们以几乎无从辨认的蛛丝马迹，坚强不屈地支撑起整座回忆的巨厦"。根据医学的解释，嗅觉信息还有直接前往边缘系统的通路；由于边缘系统是负责情绪、记忆及行为的脑区，因此也可以解释嗅觉具有引发强烈情绪及记忆的作用。"对气味的感知不仅包括对气味本身的感觉，还包括与之相关的体验和情感"（Engen，1990：253）。在闻到特定的气味时，"气味记忆的心理时间从现在回忆过去"（张世君，2012：62）。在《带家具出租的房间》里，木樨花香出现时，文中的描述是"栩栩如生，活脱脱几乎如来访的嘉宾"（欧·亨利，2009：113）。按照正常的逻辑，一般不会用"栩栩如生"以及"嘉宾"来形容气味，它们只会用于视觉感官，所以当男主人公闻到木樨香气时，他的记忆跳回与爱人相聚的美好时光，视角从现在变成过去，误以为爱人就在眼前。接着，"年轻人忍不住大叫：'什么？亲爱的？'好像有人在喊他似的。他伸出手臂拥抱香气。刹那间，他的全部感觉都给搅混在一起"（欧·亨利，2009：113）。不难看出，嗅觉在转向视觉后，又转向了听觉，主人公的回忆也更加立体，变成了三维的回忆结构，在引发主人公联觉的时候，也波及了读者，让人感觉身临其境，仿佛能跟随主人公闻见唤起美好回忆的气味，更展现了这一气味的强大影响力和生命力。小说中并没有专门描写男主人公的爱人，她的形象只在男主人公的回忆或者说是幻想中，以及结尾房东太太的谈论中出现过，角色显得单薄不立体，但当木樨香气引起男主人公的特殊行径时，让人不难联想到他爱人的美好形象以及他们彼此相爱的过往。木樨香气对故事进行了补充叙事，让故事变得更加丰满生动，具有了可以想象的空间。

3. 嗅觉建构人物形象

气味不仅能推动故事的叙事进程，还具有伦理内涵，指向人物的道德层面，从而达到建构人物形象的效果，使人物形象变得更加饱满生动。

气味主要分为臭气和香气，它们具有明显的伦理隐喻，分别指向不同的道德内涵。臭气是腐烂和毒性的象征，代表着瘟疫、死亡和地狱。臭气等同于疫气，具有致命的作用。毋庸置疑，臭气会污染环境，进而危害人的身体健康，不少传染病都是起源于肮脏臭乱的环境，这为细菌和疾病的滋生提供了温房；同时，臭气也会损害人的心理健康，带给人烦躁、厌恶的情绪，长此以往，容易引发不同程度的心理疾病。臭气往往代表人性中的恶，而香气是清新的空气，沁人心脾，有利于健康，这是抵御瘟疫、强壮身体、拯救灵魂的武器。香气在气味中具有崇高的地位，代表着人性中善的一面，往往用来形容心地善良、充满爱心的人。"当嗅觉进入小说语境时，气味的香或臭就具有了一定的象征含义"（曾丽珍，2021：4），同时也暗含了作者的立场态度。其实这在国内外的很多作品中都有体现，在《喧哗与骚动》中，班吉特别喜欢姐姐凯蒂，认为她善良可爱，她身上的树香味就是美好的象征。而这在《红楼梦》中更是明显。贾宝玉认为："女儿是水作的骨肉，男人是泥作的骨肉。我见了女儿，我便清爽；见了男子，便觉浊臭逼人"（曹雪芹等，1964：28）。清爽的气味是女子的象征，而浊臭的气味是男人的专属，暗指他厌恶男性世界的钩心斗角，偏爱女性世界的单纯善良。

值得注意的是，从现实角度而言，木樨香的存在似乎是不合乎逻辑的，它更像是一种超自然的气味，暗指了对上帝而言，谁是香的，谁是臭的。

正如西美尔（2001：12）所言，"每个人都散发出独特的气味"，因此，"嗅觉不会像听觉和视觉一样独立地形成客体，它始终在人的主观性中兜圈子"。所以嗅觉具有主观性和指代性，不同的气味指向不同的人，即气味的好闻与否也可帮助判断个人的善恶。皮埃特（2013）认为，每个人都有独特的对亲人气味的嗅觉分辨力。它是一种嗅觉护照，既能帮助我们承认伴侣和孩子的关系，也能给我们安全感、归属感。在小说中，"他确信能辨认出属于她的或是她触摸过的任何微小的东西。这沁人肺腑的木樨花香，她所喜爱、唯她独有的芬芳"（欧·亨利，2009：112）。毫无疑问，木樨香是男人爱人的专属气味，它清新扑鼻，象征着他的爱人是位纯粹善良的女子，这也给身处异地的男人带来了安全感和希望。同时，气味与性之间也有着密不可分的联系。弗洛伊德认为，嗅觉和性欲之间存在直接联系。人们普遍认为女人是芳香的性别。所以木樨香还象征着男人与爱人之间美好无瑕的爱情以及健康美好的两性关系。香味不再只是一种宜人的气味，更上升为男人心中的爱情符号，一旦闻到木樨香气，就会触发他美好的爱情回忆。"通过闻某物，我们把这一印象，或者说这个发散着气味的对象引入自我的深处，引入我们存在的中心；我们吸收了它，通过呼吸这一与自身如此亲近的重要过程吸收了对象，这种亲密是其他感官与对象不可能做到的"（西美尔，2001：13–14）。它也暗含着人们对于生命的渴求和向往，香气的浓淡对应着生存意识的强烈与否，木樨香气也给男人带来了继续生存的希望与决心。

与美好的爱人相对的是贪得无厌、索求无度的房东太太。小说中没有明写房东太太身上的气味，对于她的气味刻画主要置于房子的空间中，房子是房东太太的私有财产，房子的气味也从侧面反映出房东太太的人物性格。"气味占据的是空间，而不是经验中的一个点"（Sobchack，1992：185），可以说，房间的气味在一定程度上也体现房间内人物的气味。视觉感知是单一地用眼睛观察空间形象，嗅觉感知的加入，丰富了对小说中房子空间的探索，从一维的"视觉"拓展到二维的"视觉＋嗅觉"，小说中的空间形象变得更加立体可感，房东太太的形象便也建构起来。从视觉感知上来说，明亮的房间象征着希望和美好，密闭阴暗的房间则象征着压抑和恐怖；对于嗅觉感知而言，香气清新的房间象征着舒适和生命，而霉臭潮味的房间象征着不适和死亡。每当房东太太出场时，作者总会描写房子的恶臭味道。而她的房子是用于租住，不是商店等其他场所，即便是作为众人短暂的落脚点，还是具有一定的家宅内涵。加斯东·巴什拉在《空间的诗学》中分析了家宅所蕴含的庇护所意义。巴什拉（2009：4）认为家宅不只是实际上的房屋，更具有超越实体的意义，家宅"就像火，像水，让我们能够在接下来的篇章中谈起梦想的微光，它照亮了回忆与无法回忆之物的结合"。可是无论是房子的公共空间还是房间内部的私密空间，都是潮气和臭气相交织，似乎并不宜居。此外，气味和女性之间渊源颇深，除了香水的使用，有些单词的来源就与气味紧密相关。"关于'妓女'一词，西班牙语中的'puta'和法语中的'putain'都源自拉丁语中的'腐烂'"（Classen et al.，2003：162）。结合小说中对于房东太太的人物描写，"讨厌的、吃得过多的蛆虫"，"它已经把果仁吃得只剩空壳，现在正想寻找可以充饥的房客来填充空间"（欧·亨利，2009：109），臭气更是佐证了房东太太负面的人物形象——一个卑鄙自私的资产阶级，不在乎他人的生命，只在乎自己的利益。在本篇小说中，虽然房东太太和男主人公的爱人同为女性，但她们身上的气味却是截然不同的，是香与臭的二元对立，是善与恶的无法兼容。直接刻画人物外貌，记录人物对话，自然能建构出人物的形象特征，但嗅觉的加入，能更好地调动读者的多重感官，从侧面丰富人物形象，使人物更加真实可感，更加生动立体。

4. 气味阐释生命美学

在辛诺特（Synnott，1993：182）看来，气味共包括三种：自然气味、人工气味以及符号象征性气味，因此气味具有隐喻效果，可以阐释超文本的内容。"嗅觉相对于视觉、听觉、触觉、味觉而言，因缺少限制，因与呼吸同在，更能直达个体生命"（刘军茹，2019：58）。所以说，嗅觉作为一种静态的叙事手法，更能引导读者进行深入的思考。欧·亨利的小说并非只有引人入胜的精彩结局，更饱含对于生命美学的思考。

"气味不仅仅是一种生物和心理现象。气味是文化的，因此是一种社会和历史现象"（Classen et al.，2003：3）。从小说的内容可以看出，木樨香气和房间臭气是男子爱人和房东太太的对立，而欧·亨利真正想要写出的是个例背后的社会现状，展现出现实世界中心酸悲苦的下层人民和自私自利的资产阶级的根本对立。下层人民卑微艰难地求生，他们"在纽约西区南部的红砖房那一带地方，绝大多数居民都如时光一样动荡不定、迁移不停、来去匆匆"（欧·亨利，2009：109），却没有丧失美好的品德。而生活富足惬意的资产阶级却是贪得无厌，身上丝毫看不见任何的美德。

值得注意的是，气味往往与阶级密不可分。"正是社会的阶级分化，促使人们对气味进行研究"（Corbin，1986：143）。法伊弗（Pfeiffer，1949）曾经分析过巴尔扎克是如何在《人间喜剧》中通过人物散发的气味来确定资产阶级和小资产阶级、农民或妓女的身份的。换言之，气味也从指向某个个体，转为指向某个群体。特定的群体身上带有特定的气味，成为标识身份的又一手段。在西方传统里，资产阶级，作为社会规则的制定者，往往决定了审美标准的规范，也就是决定了谁是臭的，谁是香的。他们往往认为，处于权力中心的他们是无气味的，或是气味好闻的，而下层人民则是气味不好闻的。从现实条件看，资产阶级占据优越的物质条件，卫生水准更高，而劳动人民则更容易附带汗水味，以及居住、工作环境的味道。但更重要的是，"工人阶级的恶臭，与其说是由于卫生条件差而产生的实际气味，不如说是资产阶级的一种感觉，即工人和用人由于其低贱的'外国'身体，在道德和身体上都令人厌恶"（Classen et al.，2003：167）。在本质上，这种感觉其实是在进行道德上的抹黑，从而维持现有的统治秩序。乔治·奥威尔（Orwell，1937：159）直言道，"西方阶级区别的真正秘密"可以用"几个可怕的词……下层阶级的气味"来概括。很明显，欧·亨利将这种原有的价值标准倒置了，资产阶级变成恶臭的，而下层阶级变成芳香的。或许他试图解构原有的阶级美学，控诉其中的不公；又或许这只是一种乌托邦式的理想，最终美好破灭，木樨香气被臭气所吞没，彻底消散了。胡桑（2021：160）指出，气味"是区分自我和他者的重要因素"。下层阶级成为社会里的他者，相应地，道德也成为价值体系中的他者。霍克海默等在《启蒙辩证法》（2003）中，从嗅觉角度反思了反犹主义思想的理性暴力本质，认为嗅觉很容易迷失在"他者"之中，并认同他者。在木樨香群体眼中，臭气原本才是他们世界里的他者，但现在自己也被迫融入他者，气味的妥协象征着个体意志和思想的妥协，二者之间不可调和的矛盾也以一方的消亡而告终。但在某种意义上，全部的臭气也实现了社会的"和谐统一"。

"嗅觉密码可以而且经常用来分裂和压迫人类，而不是将人类团结起来"（Classen et al.，2003：5），这里的木樨香气在一定程度上也成为男人生存的枷锁，揭露出惨烈的现实，加速生命的终结。"嗅觉无法回避、无法拒绝——相对于距离性的视觉、参与性的听觉、可选择的味觉，嗅觉更趋被动，无论愿意与否，只要呼吸都被迫分享气味；同时，气味也无法跨越某些障碍，并随着时间的推移，在飘散或冷却中消逝，或者说受到时间、空间、温度等的限制，自身有着无法摆脱的欠缺和羁绊"（刘军茹，2019：61）。可以把木樨香气看作男人生存的希望标杆，每当闻到这个气味时，他都变得兴奋不已，觉得是爱人在鼓励他，在拥抱他。但具有反讽意味的是，也正是木樨香气带领男子走向最终的悲惨结局。一方面，木樨香气的忽浓忽烈展现了无可奈何的宿命感；另一方面，木樨香气决定了男子的生存命运，剥夺了他的主观能动性，走向死亡成为其必然的结局。小说中大篇幅描写的木樨香气，显然不是客观存在的气味实体，而是男人想象出来的爱情符号。事实上，木樨香的浓淡关乎男人的审美移情，在童庆炳（2008：30）看来，审美移情本质上是"一种对象化的自我享受"。男人记忆中的木樨花香就是对象化了的自我客体，从而跟随着嗅觉的变化而产生不同的心理活动，将无情的木樨香客体有情化了，成为男人心理状态的外显，从而实现木樨香和男人的情感交融。但是木樨花香并没有持续的浓烈，就像人应有的生命力那般灿烂炽烈，而是时而存在，时而消失不见，暗示了男人的生命力也是这般脆弱，一旦受到外部的刺激，就会走向生命的尽头，更强化了小说角色无法改变的宿命感。需要注意的是，嗅觉具有摧毁事物的能力，即便是带来希望和自由的香气，也有可能成为掘墓人，送人走上不归路，"与仅仅关注客体形状并不触碰它们的视觉和听觉不同，嗅觉具有毁坏的性质"（勒盖莱，2001：198）。可以说，木樨香剥夺了男人应有的勇敢、坚毅和顽强不屈的意志，剥夺了他对生的希望和改变现状的魄力，使他变得胆小脆弱，消极地逃避现实状况。他只是被动地跟随着香气，浓烈时开心，消散时失望，彻底消失时选择自尽。他作为个体能动地选择和改变命运的能力完全被剥夺了。这种看似为爱情献身的感人行径只是将悲剧再度重演，爱人失去生存的希望从而自尽，男人也重蹈覆辙，可这种行为并没有多大的现实意义。从小说的结局房东太太与另一位资产阶级人士的对话可知，男人的为爱牺牲只是她们饭后的谈资，消极的抵抗只会让她们行事更加肆无忌惮，可能会让更多的人卷进类似的悲剧中。讽刺的是，木樨香曾是美好爱情的化身，慰藉过失望中的男人，可最终却成为他生存的枷锁，关闭了他的生命之门。

5. 结　语

综上，我们不能简单地把《带家具出租的房间》视为一个结局出人意料但又在情理之中的故事，而要透过表层本文，窥见气味在文本中的重要作用。气味的叙事作用不容忽视，对于气味的研究也深化了对文本的理解，同时，更要关注到文本之外嗅觉与生命个体的关系。正如科尔宾（Corbin，1986：8）所言，"嗅觉被认为能够比听觉或视觉给人的内心生活带来更深刻的震撼。它似乎触及生命的根源"。气味引领人们进行更深层次、直击灵魂的拷问，引领人们思考生命的美学意义和个体选择。

参考文献

[1] 勒盖莱. 气味 [M]. 黄忠荣，译. 长沙：湖南文艺出版社，2001.

[2] 柏拉图. 蒂迈欧篇 [M]. 谢文郁，译注. 上海：上海人民出版社，2003.

[3] 曹雪芹，高鹗. 红楼梦 [M]. 北京：人民文学出版社，1964.

[4] 曾丽珍.《红楼梦》嗅觉隐喻叙事分析 [J]. 时代报告（奔流），2021（46）：4–5.

[5] 劳伦斯. 大象：劳伦斯诗集 [M]. 欧阳昱，译. 成都：四川文艺出版社，2018.

[6] 傅攀峰. 用嗅觉去感受世界：2004 年诺贝尔生理学或医学奖成果简介 [J]. 科技导报，2005（2）：26–29.

[7] 凯勒. 假如给我三天光明 [M]. 王林，陈红，译. 北京：北京燕山出版社，2010.

[8] 胡桑.《金瓶梅》感官叙事英译研究 [D]. 上海：上海外国语大学，2022.

[9] 巴什拉. 空间的诗学 [M]. 张逸婧，译. 上海：上海译文出版社，2009.

[10] 刘军茹. 新时期小说的嗅觉书写 [J]. 天津师范大学学报（社会科学版），2019（5）：57–64.

[11] 霍克海默，阿道尔诺. 启蒙辩证法：哲学断片 [M]. 上海：渠敬东，曹卫东，译. 上海人民出版社，2003.

[12] 麦克卢汉. 理解媒介 [M]. 何道宽，译. 北京：商务印书馆，2000.

[13] 欧·亨利. 欧·亨利短篇小说精选 [M]. 冯雪松，译. 南京：南京大学出版社，2009.

[14] 福龙. 气味：秘密的诱惑者 [M]. 陈圣生，张彩霞，编译. 北京：中国社会科学出版社，2013.

[15] 普鲁斯特 . 追忆似水年华 [M]. 李恒基，徐和瑾，周国强，等译 . 上海：译文出版社，1992.

[16] 西美尔 . 时尚的哲学 [M]. 费勇，吴蕃，译 . 北京：文化艺术出版社，2001.

[17] 童庆炳 . 童庆炳谈审美心理 [M]. 开封：河南大学出版社，2008.

[18] 魏梦茹 . 论《云中记》中嗅觉书写的叙事功能 [J]. 四川职业技术学院学报，2020，30（5）：53–58.

[19] 杨佳凝 . 嗅觉电影：技术景观、叙事奇观与差异史观 [J]. 电影艺术，2022（2）：136–144.

[20] 张世君 . 意识流小说的嗅觉叙事 [J]. 国外文学，2012，32（2）：59–66.

[21] Classen C, Howes D, Synnott A. The cultural history of smell[M]. London: Routledge, 2003.

[22] Corbin A. The four and the fragrant odour and the French social imagination[M]. London: Berg Publishers, 1986.

[23] Drobnick J. The smell culture reader[M]. New York: Palgrave Macmillan, 2006.

[24] Engen T. Odors and Private Language: Observations on the Phenomenology of Scent[J]. Human Studies, 1990, 13: 253–274.

[25] Orwell G. The road to Wigan Pier[M]. London: Victor Gollancz, 1937.

[26] Pfeiffer C. Taste and smell in Balzac's novels[M]. Tucson: The University of Arizona Press, 1949.

[27] Sobchack V. The address of the eye: a phenomenology of film experience[M]. Princeton: Princeton University Press, 1992.

[28] Synnott A. The body social: symbolism, self and society[M]. London & New York: Routledge, 1993.

Olfactory Narrative in *The Furnished Room*

Abstract: *The Furnished Room* is a short story by O. Henry (1862–1910) about a man who pursues his lover in vain and eventually kills himself. Previous scholars have analyzed it from metaphor, symbolism and tragic overtones, mainly focusing on the writing features and neglecting the special scent in the novel. In fact, the role of scent in the story is outstanding, as it draws the story together and endows the text with greater dramality and readability. This paper will study the novel from the perspective of olfactory narrative, analyzing scent in driving the narrative process, constructing the characters and interpreting the aesthetics of life, which can provide people with a new perspective in reading and thinking.

Keywords: *The Furnished Room*; Olfactory narrative; scent

《月照不幸人》中尤金·奥尼尔的创伤书写与弥合

西华师范大学　张榕榕*

摘　要:《月照不幸人》是20世纪上半叶美国剧作家尤金·奥尼尔的晚期代表作品。学界对于剧作家奥尼尔的爱尔兰身份在该剧中的情感表征和爱尔兰历史、心理和文化创伤还没有进行充分的研究。本文通过创伤理论的视角,分析了尤金"爱尔兰味最为浓厚"的《月照不幸人》与历史大事件等构成的互文关系正是剧作家书写爱尔兰历史、心理和文化创伤的情感策略。剧中大饥荒灾难糅杂英爱民族矛盾和长期的宗教冲突,呈现出一种杂合化的创伤书写模式。

关键词:尤金·奥尼尔;《月照不幸人》;创伤书写;历史记忆

1. 引　言

尤金·奥尼尔(1888—1953)出生于纽约,他是一位杰出和多产的美国籍爱尔兰裔剧作家。他是演员詹姆斯·奥尼尔(James O'Neill)和玛丽·昆兰(Mary Quinlan)之子,祖辈血液里的爱尔兰性深深地镌刻在了尤金的身份体验之中。因此,尤金与当时爱尔兰阿贝剧院的剧作家肖恩·奥卡西(Sean O'Casey)、威廉·巴特勒·叶芝(William Butler Yeats)等人有着深厚的友谊。所以,奥卡西曾评论尤金的作品"像爱尔兰人,而不像美国人";他的爱尔兰性"可以在他的幽默之中找到"(Lee,2014:137)。

《月照不幸人》(以下简称为《月照》)属于尤金晚年时期的作品。评论家弗吉尼亚·弗洛伊德(1993:577)"爱尔兰味最浓的戏"(Virginia Floyd)曾称赞该剧是尤金。同时,该剧是作为《进入黑夜的漫长旅程》(*Long Day's Journey into Night*)(以下简称为《旅程》)的序篇而存在的。剧本的时间设定在1923年9月的某一天,即现实生活中尤金的哥哥杰米·奥尼尔(Jimmy O'Neill)死前的两个月,是尤金在弥留之际追求用艺术的形式来抚平自己和家人以及爱尔兰人民所遭受的心灵创伤的一次尝试,以期在永恒的文学世界当中实现灵魂的救赎和创伤的弥合。

---

* 张榕榕,现工作单位是西华师范大学外国语学院。

目前学界对于《月照》的研究方向主要是从"女性主义""反叛意识""文化认同"等方面入手。然而，从创伤理论出发，该剧本还具有值得深入分析的空间。首先，学者在提及《月照》当中的悲剧意识和人物分析时总是与尤金其他的剧本进行对照分析，导致了学界在不同程度上对《月照》中独特文学性的忽视。其次，学者们过多地关注剧本中吉姆和乔茜分别具有的人物特性，从而忽视了剧中明显带有爱尔兰民族创伤痕迹的费尔·霍根（Phil Hogan）；同时，乔茜作为一个虚构人物所发挥的"弥合创伤"的功能还未得到足够的关注。因此，从创伤理论出发，本文对剧中主要人物费尔、乔茜和吉姆所遭受的创伤分别进行历史、心理和文化上的溯源，并揭示尤金为弥合爱尔兰民族创伤、心理创伤和文化创伤所做的种种努力。

2. 大饥荒创伤的隔岸关切

西格蒙德·弗洛伊德（Sigmund Freud）对于歇斯底里症状和心理分析的研究在很大程度上推动了创伤理论的发展。正如巴拉耶夫（Balaev，2012：4）在其作品《美国小说中的创伤性质》（*The Nature of Trauma in American Novels*）中所指出的，弗洛伊德关于"创伤是破裂或断裂结果的最初理论被文学批评家引用为传统模式的基本根据"。

爱尔兰大饥荒（The Great Famine）在《月照》当中是不可忽视的民族历史大创伤。弗洛伊德在《摩西与一神教》（*Moses and Monotheism*）中发展了历史创伤这一概念。弗洛伊德（1939：65）认为，犹太人的创伤经历"可以被看作是一种历史性的创伤，它产生于被压抑者的回归和原始古代创伤的延迟效应，即"摩西被谋杀"。因此，凯茜·卡鲁思（Caruth，1996：24）对这本著作进行分析时写道："历史，就像创伤一样，从来不是简单地属于自己的，历史正是我们被牵连到彼此的创伤中的方式。"这就表明创伤具有跨历史和代际的属性，如家族里有人遭受过种族大屠杀、饥荒等天灾人祸，这种创伤会从个人经验变成群体经验。通过创伤历史性的阐释，卡鲁思进一步提出创伤代际传递（transgeneration）的观点，自然而然地将个体与集体结合起来，从而"扩大了理论框架，包括女权主义、种族和后殖民理论"（Mambrol，2018）。

尤金在《月照》中通过对费尔·霍根的描写揭露了自己和家人的历史创伤。1845年到1852年是爱尔兰大饥荒的大爆发阶段。因此，为了摆脱这种困境，数百万人选择离开爱尔兰前往北美，并从此开始了流亡生活，而这"掀起了种族认同的新阶段"（Kelly，2013：27）。据统计，这场天灾直接导致了"不少于210万人离开了爱尔兰"（Donnelly，2001：181），而且"在爱尔兰土地上，有150万男女老少丧生"（Kelly，2013：27）。所以不可避免的是，"来自多尼格尔、梅奥、戈尔韦、克里和整个爱尔兰的男男女女在他们横渡大西洋的旅途中传递了对死亡和疾病的强烈记忆"（Kelly，2013：33）。

因此，这种对某段记忆的疼痛感受萦绕在剧本之中。比如，在剧本的第二幕和第三幕中不停出现的"多尼格尔公爵"费尔，以及他吟唱的那首关于这场饥荒的爱尔兰民谣：

小路那边传来一阵忧郁的歌声，打破了夜晚的寂静。毫无疑问，那是费尔扯起嗓

门在唱一首爱尔兰哀伤的歌曲:

> 哦,在这里,在这里,
>
> 马铃薯越长越小,
>
> 哦,在这里,
>
> 马铃薯越长越小。
>
> 哦,马铃薯越长越小,
>
> 到秋天我们把它们来刨,
>
> 连皮带肉一起吃,
>
> 在这里,在这里(奥尼尔,1995:1148)。

　　正是在这种幽怨的歌声中,乔茜指责父亲费尔唱歌的行为会激发暴力行为,如砸坏家具。同时,这种暴力行为还发生在乔茜母亲阻止他唱歌时——费尔在第一幕回忆妻子的时候说道,"我只动手打过她一次——只扇过她一个耳光,因为天已经黑了,她不许我唱歌"(奥尼尔,1995:1121)。这种歌声总是伴随着消极的情绪,甚至带有突然的情绪崩溃,正如费尔哀叹道,"我可真想痛哭一场呢,要么像一条老癞皮狗那样在难过的时候冲月亮嗥叫一通"(奥尼尔,1995:1151)。

　　这种历史创伤潜移默化地存储在了费尔的心灵之中。正如以多米尼克·拉卡普拉(Dominick LaCapra)为代表的学者对历史性创伤进行新的阐释一样:"事件当事人在日后生活中可能还记得该事件,但由于认识能力始终无法与该事件达成和解,从而形成创伤性体验……这种可追寻至某创伤性事件的创伤体验被称为历史性创伤",而它们"总是由具体的,甚至有日期可查的事件所引发"(朱荣华,2012:103)。显然,作为爱尔兰移民的费尔是这场大饥荒的受难者,而他自己的移民身份也无法摆脱创伤的幽灵,所以这种创伤体现在对这首爱尔兰民谣的"强制性重复"(repetition compulsion),并由此引发了叙述者为"掌握不愉快的感觉"(Freud,1920:11)而无法控制的暴力行为。因此,《月照》中反复出现的爱尔兰民谣具有深层的创伤寓意。

　　同时,尤金对费尔形象的塑造其实也掺杂了对自己父亲詹姆斯的创伤叙事。《旅程》明确提及了尤金的爷爷在面对大饥荒的情况下无法割舍自我的乡愁,从而抛弃了在美国的家庭,毅然决然地回到爱尔兰,却在不久后便死在了故乡的故事。年幼的詹姆斯作为家中的独子,只能肩负起男子汉的责任。所以,在这种历史性创伤下自然而然产生了创伤的代际传递,让詹姆斯一生都害怕处于贫穷与饥饿的困境中。因此,才有了儿子们口中"吝啬鬼"的形象,因为他是"一个在童年时被植入爱尔兰饥荒、被对贫民窟的恐惧所残害的人"(Lee,2014:139)。同时值得注意的是在《月照》当中吉姆对这首爱尔兰民谣的排斥。他埋怨道:"难道费尔不能唱点别的,非唱那首该死的挽歌不可?"(奥尼尔,1995:1169)。这种表现明显也是后代对民族创伤——那种说不清、道不明的疼痛的抗拒,因为每一次的提及,都是对民族共同记忆的唤醒,都是一次潜意识里的阵痛,而这也正好与卡鲁斯认为的创伤跨历史和代际的属性相契合。

3. 英爱冲突下的创伤隐喻

英爱民族冲突也属于植根于爱尔兰人民内心深处的民族创伤，是一个民族对另一个民族的直接压迫。这种创伤在大饥荒的冲击下导致了移民浪潮的形成，但创伤的阴霾却时刻影响着每一个"流亡的"爱尔兰人及他们的后代。英爱民族冲突可以追溯到 17 世纪英格兰官方对爱尔兰的不公平政策。"在英格兰官方的民族压迫、种族歧视和经济剥削政策下，天主教爱尔兰人和新教移民矛盾日益激化，形成了爱尔兰问题"（李玥，2017：97）。同时，对马铃薯饥荒袖手旁观的英格兰人，也成为爱尔兰人民憎恨的对象。为了生存被迫流散的爱尔兰移民，渴望新的国度能够带来新的生活，但这种创伤却延续到了北美新大陆，并且为日后爱尔兰移民身份带来了一系列困境。爱尔兰移民被认为是贫穷、饥饿和不祥的化身，他们的生存条件"堪比美国奴隶"（Ignatiev，2012：2），个人身份被认为是"被翻了身的黑鬼（nigger turned inside out）"（Ignatiev，2012：41）和"非白人（non-whites）"（Alexander，2012：182）。

在《月照》中，这种英爱冲突的民族创伤是通过两个方面得到诠释的：一是费尔对新英格兰地主和英国管家的直接谩骂，二是吉姆和母亲之间的扭曲关系。

首先，这种谩骂是爱尔兰人出于长时间被压迫而迸发的一种情绪力量。此剧本和《旅程》中反复以"争地"为导火索来刻画英爱矛盾是值得探究的。评论家弗洛伊德（1993：562）指出《旅程》中的爱尔兰佃户"肖内西的原型是詹姆斯·奥尼尔的佃户约翰·多兰……他的名字出现在早期笔记之中"。这就表明爱尔兰人所受的压迫是尤金一家亲身感受到的。因此，尤金通过剧本的艺术创作也有意识地表达了自己对英爱冲突的愤懑。所以，在第一幕中，费尔对新英格兰地主哈德和英国管家辛普森不留情面的谩骂，正是多年来对受压迫的一种发泄和喊冤，比如他将他们分别咒骂为"有野心的猪"（奥尼尔，1995：1134）、"血腥的暴君"（奥尼尔，1995：1141）、"英国渣滓"（奥尼尔，1995：1133）和"脏奴隶"（奥尼尔，1995：1134），并指责他们所赚的钱"都是从死在它那脏蹄子的穷苦人手中偷盗来的——那是用饥寒交迫的孤儿寡妇的眼泪浇灌出来的土地——"（奥尼尔，1995：1142）。

其次，尤金将自己的家庭作为窥探宏观社会中"边缘他者"爱尔兰人的一面镜子，去探究这种民族创伤的阴霾如何形成心理创伤并最终蚕食一个家庭。评论家弗洛伊德（1993：5）曾对他们一家在北美艰难的生存环境做出过评价："他们（新英格兰人）对詹姆斯·奥尼尔这种人恨之入骨：他是个戏子，更有甚者，他是个爱尔兰人。北美佬最恼火的是他不肯和其他爱尔兰人一起定居在东新伦敦，竟在佩克特大街北美佬的地段的中心买下了一幢房子。"正是由于这样的歧视和不公，尤金的母亲玛丽就曾在《旅程》中表示过自己与新英格兰社会无法相融的困境；而演员父亲詹姆斯也为了迎合新英格兰社会拼命摆脱自己的爱尔兰口音，甚至为了节省妻子生产时的费用，他那刻在骨子里的"吝啬"更是直接导致玛丽长达二十五年的吗啡瘾。就这样，民族冲突下被影响着的夫妻关系，又进一步反噬到亲子关系上。现实中大儿子杰米（文本中的吉姆）与母亲具有最复杂的情愫，他深爱着母亲，渴望着母亲的爱，但同时又无法与母亲达到心灵上的互通。其中一个最主要的原因是玛丽认为身患麻疹的杰米故意将麻疹传染给刚出生的二儿子埃德蒙，并直接导致了埃德蒙的夭折。玛丽曾冷酷地说道："我一直相信杰米是故意这样做的。他嫉妒那个婴儿。他恨他。"（奥尼尔，2017：80）这种指控显然给当时年幼的杰米带来了严重的心理阴影。并且，尤金作为家庭中的第三个孩子是为了弥补埃德蒙的缺失而存在的，所以尤金自然而然地也被给予了多于杰米的疼爱。正是这样扭曲的母子关系，加剧了家族的心理和历史创伤。也正是在创伤的双重挤压下，读者看到的玛丽和剧本中的吉姆皆为疯疯癫癫、神经高度紧张和饱受折磨的形象。

因此，在这种无休止的身份模糊和多重创伤之中，《月照》很好地刻画出了吉姆与其母亲玛丽之间扭曲的亲子关系是如何在民族创伤下一步一步发展为家族永恒的心理创伤的。

在《月照》中，吉姆为了母亲主动去戒酒，但是却因为母亲突然中风性命垂危而再次选择用酒精麻痹自己。然而，当母亲从中风的危险中脱离后，看到再度酗酒的吉姆时，"随后就闭上眼死了"，好像希望"不再看到这种使她伤心的情况，而且乐意死去"（奥尼尔，1995：1196）。这种突然发生的创伤性事件，就是弗洛伊德和卡鲁斯所表达的"突然入侵性"，也就是"一个人在没有准备好的情况下闯入危险的状态"（Freud，1920：11）。这种毫无准备的创伤让受害者突然丧失了表达能力和同情能力。所以在母亲死亡的时候，吉姆"站在那里低头瞧着她，觉得不对劲儿。发现自己一点儿感觉也没有。我明白自己应该痛苦得心碎，可我毫无感觉"（奥尼尔，1995：1197）。同时，这种创伤拥有自己的储存室（storehouse）。"创伤记忆以不同的方式储存，无法进行正常的叙述性回忆，因为它仍然与意识相分离"（Caruth，1996：160），"它在一开始就不为人所知——后来又在返回来困扰幸存者中得到确认"（Caruth，1996：17）。首先，正如剧本中所提及的，在母亲死后，这种铺天盖地的"迟来的"疼痛将他淹没；吉姆只能重复吟唱那首悲伤的流行歌曲，并且时时受到梦魇的困扰。这都是创伤在反复侵入人的大脑，一步一步瓦解人的心理防线的表现。但是，疼痛的回忆又时时让其处于一种不愿意接受的现实中，所以这种现实只能通过滥交与酒精进行短暂遗忘。他找不到合适的方法叙述这里面的感受，他没有办法线性地表达这种创伤，他只能断断续续、非线性地用一首20世纪90年代流行的伤感的歌曲片段进行叙述：一会儿提到那个金发的妓女，刺耳地说"不知道有多少个夜晚跟那些醉醺醺的臭婊子睡觉"（奥尼尔，1995：1179）；一会儿提到自己看到了自己的鬼魂；一会儿又说自己在胡说八道。这种支离破碎、意识流的叙述是受害者内心创伤难以启齿的表现。同时，这种心理创伤最明显的特征就是"躯体化"。因此，吉姆被刻画成像"死尸一样"（奥尼尔，1995：1135）、"眼神呆滞，言谈举止也含混不清"（奥尼尔，1995：1167）、"茫然呆视""焦躁不安""手和嘴角都在颤动"（奥尼尔，1995：1172）、"浑身发颤"（奥尼尔，1995：1176）等明显受到创伤的形象，表达了他对母亲溘然离世的无法释怀，因为这是母亲对自己"彻底的抛弃"。

同时，值得注意的是，尤金本人也深受这样的心理创伤影响。和哥哥杰米一样，尤金也带着对母亲爱与恨的情感，一边希望母亲能够摆脱吗啡瘾，一边又对母亲无法脱离吗啡而感到失望。畸形的母子关系，让尤金从小就跟着哥哥去逛妓院，因为"他只能把爱与母亲联系在一起，将性与母亲联系在一起"（弗洛伊德，1993：8）。这种不健康的关系，让尤金也将"妓女"当成自己远离创伤的良药。而这甚至成了他为与第一任妻子凯斯琳离婚而刻意制造出来的对簿公堂的证据。这样长期抑郁下的创伤，其"躯体化"也体现在尤金得肺结核的现实中。

4. 长期纷争的宗教创伤

正如前文所言，爱尔兰移民已经因为饥馑和压迫流散到了北美，并从此丧失了大部分的爱尔兰民族身份。对于那时的爱尔兰人来说，他们只剩下内心的信仰。正如评论家弗洛伊德（1993：5）对爱尔兰人天主教信仰的评价一样，认为这是"爱尔兰人心中不可分割的部分，犹如终生深烙于种族意识上的某种古代的原始礼教习俗一样"。但是，同样地，在备受歧视的新英格兰社会当中，爱尔兰人既没有办法保护好自己的爱尔兰民族身份，也没有办法坚守住自己与爱尔兰在信仰上的联系。如果说，从逃亡的那一刻起他们便直接失去了爱尔兰的民族身份，那么正是在多重创伤体验之中，爱尔兰人逐渐主动或被动放弃了自己的信仰。因此，文化创伤出现了。正如学者朱荣华（2012：106）所言，"当一个集体的成员感到他们遭受了一个可怕的事件，在他们的群体意识中留下了不可磨灭的印记，在他们的记忆中留下了永远的印记，并以根本和不可逆转的方式改变了他们未来的身份时，就会出现文化创伤"。同时，王建会（2010：69）也指出："文化创伤侧重某一事件或者灾难对群体产生的影响。它标志某一群体身份的丧失，或者社会结构的瓦解对群体凝聚力造成的不良影响。"

因此，在《月照》当中，由于对宗教的背叛和丢失而造成的文化创伤也有迹可循。这些蛛丝马迹都表明，在新英格兰社会，一个人的宗教信仰很难保持初心，并具有模糊性。比如，在费尔家中，在布里奇港警察署当高贵警官的大儿子托马斯和成为酒吧老板二儿子的约翰都远离了他们的爱尔兰家庭，混迹在了新英格兰的大社会中，摆脱了自己的民族痕迹。只有小儿子迈克明确地表示自己是一名"好的天主教徒"（奥尼尔，1995：1104）。但是他的宗教信仰不是纯粹的，这体现在尤金描述他是一位"笃信天主教的优良的爱尔兰裔清教徒"（奥尼尔，1995：1104），是一个"找不到工作就去在梅利登镇上当酒吧老板的兄弟约翰那里去学习卖酒这个生意"（奥尼尔，1995：1105）的"法利赛人"。而费尔则是因为天主教教义没有办法拯救自己难产而死的妻子，从而抛弃了自己的信仰，并坦白自己"再也没有进过教堂，永远也不会再去啦"（奥尼尔，1995：1113）。同时，剧中乔茜的宗教信仰也值得思考，因为乔茜选择将自己伪装成淫荡的妓女形象，而这也是与天主教教义相违背的。

深入探析下，读者可以发现《月照》当中的宗教迷失实则是对尤金一家精神荒原的反映：因为他们都把天主教的信仰丢弃了。在《旅程》中，詹姆斯曾忏悔道："我知道我并不是一个好的天主教徒，我是不经常去教堂，上帝宽恕我"；并斥责自己的两个儿子："你们两个人都背弃了你们出生以来的教育和信仰，天主教唯一的人生真理。你们这种背弃只能给自己带来毁灭，别的什么都带来不了"（奥尼尔，2017：70）。同时，一心想成为修女的玛丽也没有坚守住自己的信仰，因此，她对自己冷嘲热讽道："你觉得圣母听到一个撒谎、吸食毒品的人背几句祷告文就会原谅你了吗？你骗不过她的。"（奥尼尔，2017：100）同样，尤金和自己的哥哥杰米因为"祈祷天主治愈他的母亲，而天主并未加之理睬"，所以，在失望之中，他们"终于放弃了青年时期热诚笃信的天主教信条"（Floyd，1993：v）。

5. 艺术形式下的创伤弥合

尤金通过剧本的艺术创作，着重去强调了爱尔兰民族和尤金一家所遭受的创伤。艺术作品给边缘的爱尔兰人提供了一个新的发声平台，让读者去了解主流话语下被隐藏的故事和创伤，同时，作品作为一种媒介，也是对爱尔兰受创灵魂和躯体的一种救赎。在《月照》中，作者有意加入了乔茜这一虚构人物，以期达到弥合爱尔兰民族创伤、心理创伤和文化创伤的作用。

首先，在民族创伤下，乔茜充当着爱尔兰民族利益的守护者和爱尔兰心灵的慰藉者。面对无理的新英格兰人对自家土地的掠夺，乔茜牢记自己作为爱尔兰人的民族属性。因此，当哈德上门时，乔茜时刻不忘讥讽他为"棒捶腿的骑师"（奥尼尔，1995：1139）；并且在他面前展现出自己坚决守护爱尔兰人利益的勇气，比如直接怒斥哈德不准说脏话，甚至扬言要暴揍他一顿。同时，在深受民族创伤影响的父亲面前，乔茜总是能够安抚父亲的情绪。根据创伤理论，"帮助幸存者与他人和外部世界建立联系对于创伤幸存者的复原至关重要"（师彦灵，2011：136）。因此，《月照》的开头和结尾都体现着霍根父女之间的心心相印。在第一幕中，当迈克对父亲费尔破口大骂时，乔茜怼道："那你不许骂他。他也是我的爹。你不喜欢他，我倒喜欢他"（奥尼尔，1995：1104–1105），并以此来维护父亲的权威。同时，在最后一幕中，父女之间的真诚坦白给他们彼此带来了心灵上的慰藉和去面对创伤的勇气。

其次，在家族的心理创伤下，乔茜充当着"爱尔兰母亲"的角色。在剧中，尤金给心灵上满目疮痍的吉姆一次创伤叙述的机会。根据创伤理论，"创伤叙述是创伤复原必须经历的过程，也是幸存者与外界建立联系的方式"（师彦灵，2011：136）。同时，尤金也给了吉姆和乔茜一次创伤见证（testimony）的机会，这"以讲述的方式使创伤患者回忆并追述个人遭遇，而倾听者的在场使创伤见证形成了一种叙事的交流。创伤见证是重新客体化、具体化创伤事件的过程"（王欣，2013：75–76）。乔茜的耐心倾听和鼓励，让吉姆能够最终表达自我和敞开心扉："也许你说说你对她的哀思，会对你有好处的。"（奥尼尔，1995：1194）乔茜带着母爱的光辉去理解受害者的创伤，她知道受害者"根本不是想听酒馆里那些酒鬼的笑声"，而是想倚在"母亲的怀里听你那内心忏悔的呼声"（奥尼尔，1995：1200）。这种谈话的功效，与弗洛伊德提出的"治疗谈话"（cure talking）是一样的，因为"当创伤记忆与随之而来的激烈的情绪被挖掘出来，而且通过语言表达出来的时候，歇斯底里的症状就会减轻"（师彦灵，2011：20）。因此，吉姆内心的郁结终于可以得到释放，并且再次拥有爱的能力，让他能够坦诚地透露内心想法："我明白这一夜多么大不一样，没有我往常醉了一夜之后的那种感觉——那种该死的懊恼的心情，叫你巴不得在梦中死去的好"（奥尼尔，1995：1211）。

最后，在宗教创伤下，乔茜充当着爱尔兰宗教的宽恕者和指引者。第一，在剧本中，乔茜"抛弃"了爱尔兰宗教而成为"妓女"，这在宗教上是不可宽恕的。但究竟是为什么乔茜要扮演这样的角色？其根源也在于在新英格兰社会中一个爱尔兰女性的生存环境是受到压迫的。新英格兰社会无法接受乔茜，因为她"丑陋的"外表排斥她。所以为了让自己更好地融入新英格兰社会，乔茜在社会层面舍弃了天主教要求的"贞洁"，沦为了被"左邻右舍当作丑闻"（奥尼尔，1995：1106）的女人。但是，深入阅读，读者可以看到这种动机是出于生存和融入新英格兰社会。尤金通过对乔茜这种顽强的生命力的描写，如她强壮的体魄、与新英格兰人哈德对峙时那种女性的力量、刻在骨子里的"禁酒思想"、为所爱之人保留处子之身等，都表达了对乔茜在新英格兰社会中被动隐藏自己对宗教虔诚的宽恕。第二，在剧本最后，尤金将这幅图景——乔茜怀抱着像死去一般的吉姆，与天主教教义中的圣母玛丽（Blessed Virgin Mary）怀抱着死去的基督形成了互文的隐喻关系，这也成为所有迷失的爱尔兰人心中不灭的灯塔，为他们流亡的精神和灵魂找到安放之处。

6. 结 语

《月照》实质上就是尤金表达自己和家人以及爱尔兰民族创伤的一次书写，尤金借用文学艺术形式——剧本，将爱尔兰的历史、民族和心理创伤糅合在其中，并构建了弥合创伤的关键性人物"乔茜"以达到宽慰和抚平家人和族人灵魂创伤的作用。剧本中塑造的乔茜这一形象是弥合这些创伤的入口，因为她的存在弥补了创伤体验的缺口。利用创伤理论对《月照》进行深层解读，读者能够更加了解到以尤金一家为社会缩影的爱尔兰移民背负的历史创伤和记忆，和随之裹挟在一起的心理创伤和文化创伤；读者也能通过艺术文本的形式了解到创伤的影响力，并接触到创伤疗愈的方式和意义。尤金在剧本中不断将自己民族的历史创伤、家庭的心理创伤和社会中的文化创伤呈现出来，一方面，这样能够最大限度地克服创伤的再现危机，能够起到重构历史的作用，使得爱尔兰移民悲惨的历史不至于被淹没，让历史有更多的发声人群，让作为边缘的爱尔兰人民能够有机会走到美国社会的中心；另一方面，能够鼓励与奥尼尔一家同样遭受多重创伤的人去找到语言表达的途径和语言叙事的逻辑，让每一种创伤得到真正的书写，从而修复创伤，获得拥有健康心灵的可能。同时，尤金作为一个离散剧作家，用其独特的文学方式展现了他身上的双重文化，并将两种文化杂糅，形成了第三种可能。这种文学的创造力是弥合其内心创伤的最好方式。因此，剧作家的创伤书写具有更多的弥合创伤的现实意义和文学价值，值得获得更多的关注。

参考文献

[1] 弗洛伊德.尤金·奥尼尔的剧本：一种新的评价 [M].陈良廷，鹿金，译.上海：上海译文出版社，1993.

[2] 奥尼尔，博加德.奥尼尔集：1932~1943[M].汪义群，等译.北京：生活·读书·新知三联书店，1995.

[3] 奥尼尔.进入黑夜的漫长旅程 [M].王朝晖，梁金柱，译.福州：海峡文艺出版社，2017.

[4] 师彦灵.再现、记忆、复原：欧美创伤理论研究的三个方面 [J].兰州大学学报（社会科学版），2011，39（2）：132–138.

[5] 王建会 . "创伤" 理论与亚裔美国文学批评：以亚裔男性研究为视角 [J]. 当代外国文学，2010，31（2）：68–74.

[6] 王欣 . 创伤叙事、见证和创伤文化研究 [J]. 四川大学学报（哲学社会科学版），2013（5）：73–79.

[7] 朱荣华 . 多米尼克·拉卡普拉对创伤理论的建构 [J]. 浙江学刊，2012（4）：102–106.

[8] Alexander J C. Trauma: A Social Theory[M]. Cambridge: Polity Press, 2012.

[9] Balaev M, Satterlee, M. The Nature of Trauma in American Novels[M]. Evanston: Northwestern University Press, 2012.

[10] Caruth C. Unclaimed Experience: Trauma, Narrative, and History[M]. Baltimore: Johns. Hopkins University Press, 1996.

[11] Donnelly Jr, J S. The Great Irish Potato Famine[M]. Thrupp Stroud: Sutton Publishing, 2001.

[12] Freud S. Beyond the Pleasure Principle[M]. London: Norton, 1920.

[13] Freud S. Moses and Monotheism[M]. New York: Vintage, 1939.

[14] Ignatiev N. How the Irish Became White[M]. London: Routledge, 2012.

[15] Kelly M. Ireland's Great Famine in Irish-American History: Enshrining a Fateful Memory[M]. Lanham: Rowman & Littlefield, 2013.

[16] Lee E A. The Image of Irish in the Life and Work of Eugene[J]. The Eugene O'Neill Review, 2014, 35 (2): 137–160.

[17] Mambrol N. Trauma Studies[OL]. https://literariness.org/2018/12/19/trauma-studies/, accessed on 10/10/2022.

[18] O'Neil E, King D W. Long Day's Journey into Night[M]. New Haven & London: Yale University Press, 2014.

[19] O'Neil E. A Moon for the Misbegotten[M]. New Haven & London: Yale University Press, 2006.

Eugene O'Neill's Trauma Writing and Healing in *A Moon for the Misbegotten*

Abstract: *A Moon for the Misbegotten* is a late representative work of the American playwright Eugene O'Neill in the first half of the 20th century. The playwright's Irish identity of its emotional representation and the writing of Irish historical, psychological, and cultural trauma in this play have not been sufficiently studied yet. This paper uses the lens of trauma theory to argue that the intertextual relationship between the literary text and the historical events in *A Moon for the Misbegotten*, regarded as "the most Irish play", is Eugene's emotional strategy for writing about the historical, psychological, and cultural trauma as an Irish. In the play, the Great Famine is mixed with the Anglo-Irish national conflict and the long-standing religious conflict to present a heterogeneous mode of writing about trauma.

Keywords: Eugene O'Neill; *A Moon for the Misbegotten*; trauma writing; historical memories

中国文学走出去的研究现状与学术图景
——基于国家社科基金项目的调研
（2010—2021）

贵州大学　龙书琴

摘　要： 本文基于国家社科基金对 2010 年至 2021 年中国文学走出去相关研究的立项数据进行定量分析，采用可视化分析软件 CiteSpace 描绘相关的科学知识图谱，系统梳理国内中国文学走出去的研究现状、发展趋势、研究热点等。结果显示：2010—2021 年国内关于中国文学走出去的研究关注度较高，立项单位多属于 985、211 高校，沿海地区相较内陆地区而言立项数量更高，经济发达的省市立项占比更大，研究空间涉及日本、韩国、法国、英国等国，以及东南亚等宏观区域。项目研究的关键词主题类型复杂多样，并且有对于具体文学范畴、文学作品等进行研究的主题倾向，大部分关键词突现词的突现年份较短，持续度较低。

关键词： 国家社科基金；中国文学；可视化分析

1. 引　言

习近平总书记在中共中央政治局第三十次集体学习时强调："要更好推动中华文化走出去，以文载道、以文传声、以文化人，向世界阐释推介更多具有中国特色、体现中国精神、蕴藏中国智慧的优秀文化。"随着中国的崛起，中华文化的软实力在世界范围内的影响日益凸显，中华文化在海外的传播更引人注目。文学既是中国故事的传统载体也是核心载体，中国文学的较强世界影响力也是"文化强国"的重要标志。

国家社会科学基金（下文简称国家社科基金）于 1986 年经国务院批准设立，在我国人文社会科学科研评价体系中占据重要地位，国家社科基金项目申请面向全国，已形成具有重大项目、重点项目、一般项目、西部项目、青年项目、后期资助项目、中华学术外译项目等类别的立项资助体系，具有极强的导向与示范作用。分析国家社科基金立项的相关信息，可以从整体梳理出该领域的研究现状、发展脉络和热点问题等。关于中国文学走出去，目前学界多从译介、现状、路径等角度进行研究，也有利用 CiteSpace 软件进行文学译介、日本文学领域的评述的。如，魏家海、李洁（2022）利用科学计量学软件 CiteSpace 对中国知网 2011—2020 年中国文学走出去研究文献进行梳理，绘制了 2011—2020 年中国文学走出去研究的科学知识图谱。刘岩、朱明贤（2022）检索了国家社会科学基金数据库 2010—2020 年涉及"文学与日本"的研究课题，结合文献阅读与内容分析对 CiteSpace 软件绘制的可视化图谱进行梳理与分析。

综上来看，尚未有学者立足于国家社科基金对中国文学走出去项目的影响进行研究。为帮助深化对中国文学走出去现状的全面认识，以及为进一步深入研究奠定基础，本文基于国家社科基金对 2010—2021 年中国文学在海外、中国文学与外国文学的相互比较和影响等相关研究的立项数据进行定量分析，系统梳理国内中国文学走出去的研究现状、发展趋势等，展现具体的研究热点，为今后的中国文学研究等提供一定的借鉴。

2. 数据来源与研究方法

2.1. 数据来源

国家社科基金的研究立项项目能够在很大程度上代表或反映相关领域的研究现状和问题，本文所使用的研究数据来源于国家社科基金项目数据库，以 2010—2021 年为时间限度，搜索学科分类为"中国文学""外国文学"的相关数据，并将基础数据按年份录入 EXCEL，进行整理，然后在此基础上筛选出每一年度涉及中国文学走出去的研究课题，再按照项目类别、学科分类、地区分布等进行分类整合和统计。

2.2. 研究方法

本文对于选取的中国文学走出去的国家社科基金项目名称进行分词处理、关键词提取，并将其转化为 Refworks 格式文件，采用知识图谱可视化分析工具 CiteSpace，完成关键词共现网络构建、关键词聚类、关键词突现等科学知识图谱，直观展现国家社科基金项目视域下的中国文学走出去的研究现状及趋势。CiteSpace 能够呈现科学知识的结构、规律和分布情况，帮助研究者把握研究领域的历时及动态演化历程。

3. 国家社科基金项目中国文学走出去的现状调查

3.1. 年度立项趋势

2010—2021 年国家社科基金项目中中国文学类别的课题立项共有 4738 项，笔者经过人工筛选得到其中有关中国文学在海外的研究立项课题数量共 351 项，占总数的 7.41%。本文将其中每一年度的占比量在图 1 中用曲线做标记，年度立项数量用柱状图表示。通过对国家社科基金项目立项数量的变化趋势进行分析，能够在一定程度上得到国家和国内学者对相关学科领域的重视程度和相关学科的具体发展情况等信息。

由图1可以直观地了解到2010—2021年我国国内对于中国文学在海外的相关研究关注度较高，总体而言，2010—2015年的立项趋势处于比较平均、平稳的状态，数量都在20项左右，反映出我国对于中国文学在海外的研究一直处在持续受到关注的状态之中；2015年之后有大幅度增长，比重由4.78%涨到了10.26%，增长了一倍之多。从项目内容上看，较为突出的是2016年相较于2015年及之前的时期关于鲁迅研究的项目有所增多，2015年之前的相关立项加起来只有3项，而2016年一年之内就达到了3项，由此对应2016年正值纪念鲁迅135周年诞辰和逝世80周年，因而更加推动了鲁迅研究产出新的成果。此后的2017年达到第一个峰值，为45项，比重达到11.84%，为十二年间的最高峰，2018—2019年数量皆有所回落。虽然立项课题数量有所下降，但均保持在20项以上，2020年回升到达另一个小峰值，比重为8.77%，而2021年再次回落。2021年的数量与2011年、2015年相同，但比重却高出两个百分点左右，因此2021年的数量可以说只是小幅度的下降。宏观来看，相较于前六年的平稳状态，后六年的波动起伏较大，说明近年来越来越多的学者加入中国文学在海外的相关研究的国家社科基金项目的申报队伍，此外，这也切实反映了国家提高基金投入产出效益，着力发挥国家社科基金示范引导作用之举。

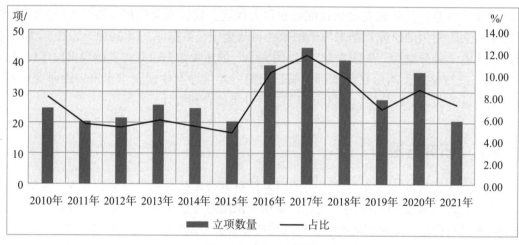

图1　年度变化趋势图

3.2. 项目类型分析

在本文的统计中笔者将国家社科基金项目分为了六个类型，分别是重大·重点项目、一般项目、西部项目、青年项目、后期资助项目、中华学术外译项目，各个类型的具体份额占比如图2所示。图示反映出项目类型中一般项目占比最大，占整体的一半以上，可以说是中国文学在海外相关研究课题立项的主要类型。青年项目以22%次之，虽然数量还不足一般项目的一半，但整体来说，这体现出国家对后备研究人才培养的重视，也反映出青年项目逐步拓展，青年成为中国文学在海外类型研究的主力军。占比数量处于第三位的是重大·重点项目（10%），与西部项目（9%）不相上下。重大项目是研究社会发展中亟待解决的重大社会问题、重大科学问题等，资助力度最大，权威性最强；重点项目的资助金额仅次于重大项目。因两者的重要程度都很高，因此将它们整合起来进行统计，其中重点项目的数量比重大项目多一些。自 2004 年起，全国哲学社会科学规划领导小组批准设立专项资金资助西部地区社科研究项目，西部项目由此设立并日益凸显示范带动作用，有力促进了地区科研发展的相对平衡。扶持基础研究优秀成果的后期资助项目与中华学术外译项目的占比较少，不足 10%，但也体现了优秀成果不断产出的趋势。

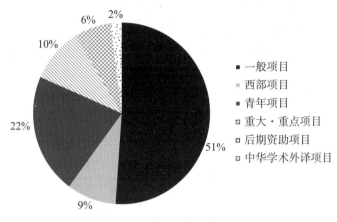

图 2　项目类型统计图

▉ 3.3. 课题依托单位统计

表 1 是笔者根据国家社科基金库中的项目数据所做的课题依托单位的数量统计，2010—2021 年关于中国文学在海外的课题立项单位共有 152 所。根据表 2，可以看到立项数量越多的单位数量占比越少，具体来看，获得 1 项立项项目的单位有 78 所，占总体百分比的 51.32%，立项数量在 2~3 项的单位数量有 48 所，占总数的 31.58%，紧接着 4~5 项的立项单位数量有 14 所，占整体的 9.21%，将立项数量在 6~9 项的单位列为一个区间分类，该区间的单位数量有 9 所，占到 5.92%，最后是 10~15 项的立项数量区间，有 3 所单位处于该区间内，只占到了 1.97% 的份额，但这也表明了相关课题研究的单位机构对于中国文学走出去领域拥有的深厚科研基础与在该领域不断钻研的趋势。另外，只拥有 1 项立项数量的单位也体现了多数的研究力量正在涉及该领域，从立项数量在 2~3 项的单位数量占 31.58% 的比例来看，这种研究力量的投入呈现出蓬勃发展的良好态势。

表 1　依托单位立项课题数量

立项数量 / 项	单位数量 / 所	占比 / %
10 ~ 15	3	1.97
6 ~ 9	9	5.92
4 ~ 5	14	9.21
2 ~ 3	48	31.58
1	78	51.32
总计	152	100

表 2 是 2010—2021 年主持相关课题 4 项及以上的单位排序，由表可知，中国文学在海外的相关研究立项课题数量最多的是 211 大学暨南大学，为 15 项，占据榜首，基于暨南大学设有的人文社科基地，其中的部级华侨华人研究院、省级海外华文文学与华语传媒研究中心等都与中国文学在海外的研究密不可分，因此相关的课题主持也十分多。上海师范大学与中山大学都有 10 项的课题立项，其中上海师范大学为综合类院校，中山大学为 985、211 院校，数量排名前三的立项高校机构都属于三种不同范畴，凸显出该领域学科研究的主体即国内学者与机构的丰富性与广泛性。另外，延安大学、中国人民大学的立项数量也较多，都是 9 项，湖南师范大学与陕西师范大学各主持了 7 项课题且这两所高校都是 211 院校。立项数量是 6 项的单位较多，有北京师范大学、东北师范大学、华东师范大学、上海大学和西南交通大学。从表 2 可以看到立项单位大多数属于 985、211 高校，体现了此类高校机构雄厚的科研实力，其余的普通高校也占有一定比重，产出了相当多的学术研究成果。

表 2   2010—2021 年主持课题 4 项及 4 项以上的单位排序表

序号	涉及单位	立项数量 / 项	类别	序号	涉及大学	立项数量 / 项	类别
1	暨南大学	15	211	14	南京大学	5	985、211
2	上海师范大学	10		15	南开大学	5	985、211
3	中山大学	10	985、211	16	南通大学	5	
4	延安大学	9		17	山东大学	5	985、211
5	中国人民大学	9	985、211	18	四川师范大学	5	
6	湖南师范大学	7	211	19	武汉大学	5	985、211
7	陕西师范大学	7	211	20	西南民族大学	5	985、211
8	北京师范大学	6	985、211	21	北京大学	4	985、211
9	东北师范大学	6	211	22	北京语言大学	4	
10	华东师范大学	6	985、211	23	上海交通大学	4	985、211
11	上海大学	6	211	24	四川大学	4	985、211
12	西南交通大学	6	211	25	苏州大学	4	211
13	吉林大学	5	985、211	26	中国社会科学院	4	

将相关的立项单位按照高校类别进行数量统计得到表 3。根据表 3 来看，立项单位最多的属于综合类高校，占总体的一半以上，例如表 2 中列出的立项数量位居前列的五所高校"暨南大学""上海师范大学""中山大学""延安大学""中国人民大学"都属于综合类高校。这类高校科研实力强劲、综合实力强大并囊括多门、跨学科学术知识领域，立项数量也是最多的。

其次是师范类高校，立项数量共达到 97 项，占据 28.53% 的份额，例如表 2 中立项数量为 7 项的"湖南师范大学""陕西师范大学"，立项数量为 6 项的"北京师范大学""东北师范大学"等师范类高校，从中可以看出中国文学在海外的相关研究课题主要是由这两类高校推动的，但其余高校的重要性也不容忽视。例如，理工类高校西南交通大学的立项数量为 6 项，也展现出理工类院校对于中国文学科研项目的重视度。另外，语言类高校如北京语言大学立项占比有 5.29%，民族类的 3.28%，财经类 2.06%。农林类、医药类、政法类等的高等院校虽然占比不足 1.00%，但都有一定数量的课题立项。虽然立项的数量不多，却也能体现出中国文学在海外的研究主体范围具有相当程度的广泛性。除高等院校之外还有 11 项是社会科学院、研究所、党校等的项目成果。

表 3　立项单位类别统计表

高校类别	立项数量 / 项	立项占比 / %
综合类	177	52.06
师范类	97	28.53
理工类	23	6.76
语言类	18	5.29
民族类	13	3.82
财经类	7	2.06
农林类	3	0.88
医药类	1	0.29
政法类	1	0.29
总计	340	100.00

　　笔者进一步将各立项单位所处的省份地理位置进行区域数量统计，并将它们进行排序，得到表 4。据表 4 可以得到中国各省份的立项情况以及分布信息，从 2010—2021 年除了西藏自治区与青海省，中国内陆的其余省份都有相关的中国文学在海外的研究立项课题。

　　从区域来看，华东地区是我国经济文化最发达地区，沿海城市较多，课题立项数量最多，一方面是因为华东地区包括的省份数量多，另一方面也是因为该地区内的省份立项数量排名都较为靠前。其次是华北地区，北京市的立项数量是 41 项，不仅是华北地区当中最多的，也在所有省份当中居首位，明显高于其他省份。北京市作为我国的首都并且是政治中心、文化中心，拥有雄厚的科研基础以及学科研究能力。华南地区位于总排名的第三位，其中的广东省以 33 项的立项数量达到第二。西南地区的四川省立项数量最多，为 26 项。东北地区的三省立项数比西北地区的四省立项数量较高一些，另外华中地区与东北地区、西北地区占比相差无几。

　　总体而言，地区内的省市立项分布呈现出较大的不均衡性，各地区都有立项数量极高的也有极低的，立项数量差距较大，并且可以发现沿海地区相较内陆地区的立项数量高，经济发达的省市立项占比更大，因此可以得出中国文学在海外的研究中心主要是京、粤、苏、沪等区域。

表 4　立项单位空间分布

地区	省份	立项数量 / 项	排名	占比 /%	地区	省份	立项数量 / 项	排名	占比 /%
华东	上海	29	4	8.26	西南	四川	26	5	7.41
	江苏	31	3	8.83		云南	6	15	1.71
	浙江	20	7	5.70		贵州	3	18	0.85
	山东	16	9	4.56		重庆	3	16	0.85
	福建	12	11	3.42	小计		38	4	10.82

地区	省份	立项数量 / 项	排名	占比 /%	地区	省份	立项数量 / 项	排名	占比 /%
华东	安徽	3	17	0.85	西北	陕西	16	8	4.56
	江西	4	17	1.14		甘肃	7	14	1.99
小计		115	1	32.76		新疆	5	16	1.42
华北	北京	41	1	11.68		宁夏	3	18	0.85
	天津	7	14	1.99	小计		31	6	8.83
	河北	5	16	1.42	华中	湖南	14	10	3.99
	山西	5	16	1.42		湖北	11	12	3.13
	内蒙古	2	19	0.57		河南	5	16	1.42
小计		60	2	17.08	小计		30	7	8.54
华南	广东	33	2	9.40	东北	吉林	21	6	5.98
	广西	9	13	2.56		辽宁	7	14	1.99
	海南	3	18	0.85		黑龙江	4	17	1.14
小计		45	3	12.81	小计		32	5	9.11

3.4. 项目负责人

通过对国家社科基金项目负责人进行统计分析，可以观察出中国文学在海外研究领域的主要核心学者信息。2010—2021 年共有 337 人获得相关立项，其中获批两项课题项目的负责人共有 17 位，占总体 5% 左右，项目负责人大多数属于高级职称，只有少数是中级职称，他们具有强大的学术科研能力，在该领域的研究成果产出上起到了重要作用，并具有重要的学术影响力。从负责人职称与立项时间、立项项目来看，学者的研究成果具有一定的继承性与开拓性，是个不断累积发展的过程。

文学外译是中国文学走出去必不可少的一步，研究项目与翻译相关的负责人占据大部分，北京语言大学于小植 2013 年的研究项目是"周作人的文学翻译研究"，出版的图书以文本细读的方式对周作人的文学翻译进行深度阐释。湖南师范大学谢淼的两项研究项目分别是中国当代文学与鲁迅的德语译介传播，讨论了中国现当代文学在德国的译介成果、研究视角和思维方式等。中国人民大学王燕 2018 年项目"十九世纪《三国演义》的英译与传播研究"对于 19 世纪英译《三国演义》的资料进行了系统整理和深入研究。上海师范大学宋丽娟 2010 年项目"'中学西传'与中国古典小说的早期翻译（1735—1911）"从史学的方面对中国古典小说的翻译做出了全面梳理，勾勒出中国小说西译从滥觞到发展再到逐步完善的历史轨迹。还有苏州大学季进 2010 年"中国现代文学在英语世界的评介与研究"与 2017 年"英语世界中国现代文学传播文献叙录"都是对中国现代文学的英译传播进行研究。浙江师范大学高玉海对中国古典诗文在俄罗斯的翻译作品进行的研究等。另外，中国文学在日本的研究领域具有代表性意义的项目主持人有北京大学杨海峥，其 2013 年的"日本江户时代的《史记》学研究"、2018 年的"日本《史记》学文献汇编与研究"两项项目都是对中国的史学巨著《史记》传播到日本的研究。海南大学蒋磊主要研究鲁迅、郭沫若、郁达夫、周作人等旅日作家，探查其旅日活动文化体验的特质，解答"日本体验与中国文学的现代性发生"之间的关系问题。除此之外，还有很多学者、项目负责人都对中国文学走出去的其他相关研究领域做出了不可估量的贡献。

在进行项目负责人统计时，笔者对整体相关研究的国家社科基金项目负责人的职称也进行了统计分析。如图3所示，整体来看，正高级的数量最多，其次是副高级；两者相差无几，占整体的绝大部分。中级占了18%，其余的项目暂未标明，反映出研究主力是拥有资深学力和丰富科研经历的各高校学者，并且中级职称的所占比例也说明了新的研究力量正在形成与发展，中国文学走出去的研究队伍不断壮大。

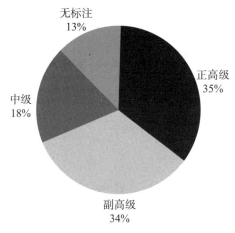

图3　项目负责人的职称统计图

4.国家社科基金项目中国文学走出去的学术态势

4.1.　研究热点关键词共现

关键词能够反映出相关项目课题的主要核心内容，对于立项项目题目笔者通过手动提取关键词并利用CiteSpace软件进行关键词共现分析，进而提取出该领域研究的现状、热点等信息，图4是根据关键词生成的关联知识图谱，其中中国文学在海外的相关国家社科基金项目中出现最多的10个关键词列表如表5所示。

根据图4，图中的每一个圆点表示一个关键词，圆点的图形越大则表示其活跃度越高，即关键词的出现频率越高，各节点之间有线条的连线，表明关键词之间具有错综复杂的密切联系。可以看出中国与日本的节点最大，凸显出该领域的核心热点，另外，将出现频率较高的关键词分类来看：（1）国别类：中国、日本、韩国、法国、英国等该类关键词体现了中国文学在海外的研究项目主要涉及的对象国家。（2）区域类：东南亚、东亚、欧美、西方、海外等关键词是相关研究涉及的主要地区，由此也可以看到中国文学的传播和影响范围大致以此类区域居多。（3）时期类：20世纪、现代、当代、古代、先秦、明清等关键词反映了研究项目的时间定点，既有20世纪，也有当代、先秦等时期的文学比较、影响研究。（4）文学类研究主题：中国文学、华文文学、现代文学、当代文学、女性文学、唐宋文学、左传学、楚辞学等，研究的文学种类大多是以上类别，但除此之外中国文学在海外还有颇多的研究主题。（5）语言翻译类研究主题：英语世界、英译、译介等，对于中国文学传播到海外，翻译是最基本的也是尤为重要的方式，因而可以看到英语的译介研究也是一个热点。

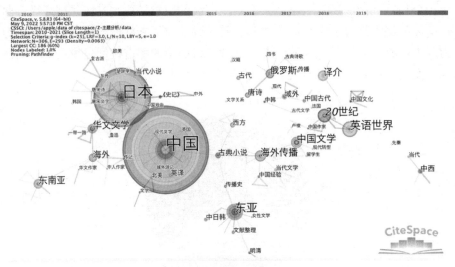

图 4　关键词共现图

表 5　词频排序前 15 位关键词

序号	关键词	频次	中心度
1	中国	74	0.40
2	日本	50	0.33
3	东亚	15	0.10
4	英语世界	13	0.11
5	20 世纪	12	0.21
6	中国文学	10	0.19
7	译介	9	0.03
8	东南亚	9	0.06
9	华文文学	9	0.09
10	海外传播	9	0.25

　　总体而言，项目研究的关键词比较复杂多样，特别是在研究主题的内容方面，整体展现了中国文学所包含的丰富且具有深厚价值的文学宝藏，可以给今后的研究提供一些新的思考与借鉴。图 4 反映了中国文学在海外的主要研究热点以及主要涉及的对象国，有助于拓展该领域的研究范围以及把握要点信息。

　　在 CiteSpace 中，中心度越高则越能体现该关键词的核心位置，从表 5 可以看出，位列第一的高频关键词是"中国"，出现频次为 74 次，中心度为 0.40。关键词"日本"仅次于"中国"，共出现 50 次，中心度为 0.33，表明中国文学在海外的项目之中有 50 项与日本有关，占整体近 24% 的比重，由此可见，日本是中国文学在海外研究项目的重要对象，对于日本的研究项目主要集中在中国文学作品在日本的传播、日本对于中国文学内容的研究等。第三位关键词是"东亚"，可以说东亚地区是仅次于日本的重要研究焦点区域，东亚研究涉及的对象主要包括日本、韩国、朝鲜等国家。"英语世界"的频次排到了第四位，该词是指中国文学在英语世界中的传播、译介等方面的研究，中国的文学作品被广泛地翻译为英语在海外世界传播，这对于该领域的研究实为一个重要立脚点。与此类似的还有表中的第七位关键词"译介"。在当前中国文化走出去的国家战略背景下，如何更好地促进中国文学的对外译介尤为重要，较多研究项目对中国文学作品的"译介"做了深入研究。关键词"20 世纪"的频次是 12，中国文学在海外的相关课题很多是对 20 世纪文学内容的交流影响进行研究。"东南亚"地区也是中国文学在海外研究项目的重要着眼点，其中包含了多数国家，该关键词与"华文文学"是紧密相连的，研究项目中大多是东南亚与华文文学的联系分析，例如"中国文学与东南亚华文文学建构研究"等课题。

由图 4 与表 5 可以看出国家社科基金项目中国文学在海外的相关研究热点，有助于进一步深入研究中国文学如何更好地传播等问题。

4.2. 关键词聚类分析

为更好地了解国家社科基金项目中中国文学在海外的研究现状及发展前沿，笔者在关键词共现的基础上对关键词进行聚类分析，图 5 的关键词聚类图进一步准确地将类似的关键词做好分类，并由图 6 的关键词时间线来分析各聚类之下包含的众多关键词，以及从历时角度来把握关键词产生及发展趋势。

图 5　关键词聚类

如图 5 所示,关键词共形成了"#0 日本""#1 中国""#2 20 世纪""#3 俄罗斯""#4 西方""#5 华文文学""#6 东亚""#7 域外""#8 东南亚"9 个聚类，根据此关键词聚类可以将它们整合为以下几方面内容：中国文学在海外研究项目主要涉及的海外国家，即空间取向方面,这一方面包括了除"#1 中国"以外的"#0 日本""#3 俄罗斯""#4 西方""#6 东亚""#7 域外""#8 东南亚"6 个聚类。剩余 2 个聚类分别是时间取向方面的"#2 20 世纪"与研究主题方面的"#5 华文文学"。以下结合图 5 与图 6 对相关方面内容进行详述。

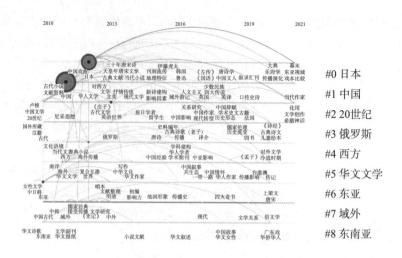

图 6　关键词时间线

从空间取向方面来看，通过图 5 可以发现国家社科基金项目中涉及中国文学在海外的研究中以中国文学与日本关系的研究数量最多，日本是中国文学在海外研究的一个学术热点。就研究的具体内容而言，可以分为以下几个研究热点，一是在日的翻译研究，聚焦于中国现代文学的译介、民族民间文学的译介、中国当代小说的翻译、鲁迅文献资料的翻译等。二是中国文学典籍的在日研究，从立项趋势来看，研究中国文学典籍等在日本的现状成为国家社科基金项目文学领域的重要选题，主要涉及的典籍著作有《文馆词林》《史记》《诗经》《释氏六帖》《春秋》《左传》《国语》《文心雕龙》等。三是中日的关联比较研究，有"中国傩戏与日本能剧戏本比较研究""中国新诗建构与日本影响因素关联研究"等。四是文学体裁类型，主要关注的有中国文人诗文集、牛郎织女传说、说唱文学、楚辞学、乐府学、唐诗学、中国词学、宋元文章学、西南少数民族民间文学等。五是中国作家人物的在日研究，其中研究涉及最多的是日本对鲁迅资料的翻译与整理，另外还有莫言文学、杜诗学研究等。六是日藏、日编、日撰的中国文学类研究，有日本藏中国说唱文学文献、日本所编明清诗文选集、日本学人所撰"中国文学史"等的研究，由此看来日本十分看重中国文学带来的深刻影响。

俄罗斯的聚类之下还包括了"汉籍""唐诗""四书""传播""译介"等关键词，于2013 年起陆续有毛志文、高玉海、郭景红等相关学者进行研究，时间主要集中在 2016 年以后，研究内容主要聚焦在中国古典诗文、中国新时期文学、中国古典诗歌、中国古典小说等在俄罗斯的传播、接受与译介上。项目"中国古典诗歌在俄罗斯的传播研究"主持人张淑娟在其著作中提到中国文学是伴随 18 世纪欧洲的"中国风"而始为俄罗斯读者所知的，俄罗斯人将翻译中国文学作品视为在了解了中国的物质文化之后继续探索中国人精神世界的一把钥匙。

西方的聚类包含"对外文学""海外传播"等关键词，中西方的文化差异较大，因此形成的文学也各有特点和优势，课题项目中的很多学者以西方的视角进行分析研究，在内容上聚焦于中西方领域内的文学比较研究、西方对于中国文学作品的研究等，项目"西方的中国古典小说研究"从内容上对中国古典小说的翻译做了全面的梳理。

东亚地区的研究领域主要涉及日本、韩国等国家，可以看到东亚的聚类下包含了"女性文学""中日韩""唱本""文献整理"等关键词，其中将中日韩三国放在一起进行研究的有"中日韩《诗经》百家汇注"等四项左右。而其他聚焦于东亚的研究有：一、中国文学作品等在东亚世界的传播与影响研究，涉及主题有中国古代小说、延安文艺、唐宋韵文、明清女性文学、汉唐长安文化、《红楼梦》和四大奇书等。二、东亚汉文化整理研究，包括东亚汉文小说文献、东亚汉文化圈外交唱和诗、明清琉球文学、楚辞文献等。三、其他热点研究，有鲁迅的传播影响研究以及东亚视野或背景下的中国文学研究等。如孙逊的项目"东亚汉文小说文献整理与研究"的图书出版为国际学术界开拓出一片崭新的研究领域，并对 21 世纪世界多极化趋势下东亚地区的联合和发展起到积极的促进作用。

图 5 中域外的宽度最长，说明我国学者对于域外的研究时间跨度比较大，焦点内容主要集中在中国古代文化经典、中国古代志怪小说等在域外的传播影响，还有域外书写、域外游记、域外受容、域外出访等几方面的域外研究，另外涉及的主题还有明代复古派、《春秋左传》、左传学、唐宋古逸文献、中韩词学、隋唐文学、汉文音乐文献等。如杨焄主持的项目"域外汉籍传播与中韩词学交流研究"在域外汉籍传播的背景之下，着重考查中韩两国在词学领域的交流互动，并凸显东亚地区汉文学传统形成和发展的轨迹。通过研究文学作品在域外的传播发展，能够推动我国文化事业的进步，确保中华民族传统文化在世界民族文化中的地位。

东南亚的关键词聚类之下有"华文诗歌""华文报纸""华文叙述""华文女性""华侨华人"等词，由此可见东南亚与华人华文类型的研究联系最为紧密，有华文报纸文学、华文女性文学、汉文报刊小说、华侨华人海外抗战文学、华文诗歌、广东戏等主题题材。东南亚是世界上华侨、华人最多的地区，而东南亚的华侨华人中，尤以粤籍的华侨华人居多。"广东戏在东南亚的传播与嬗变研究"项目负责人刘红娟提出对中国戏曲的域外传播研究成果主要集中于中国戏剧史，如原始戏剧、宋元杂剧、明清传奇，集中于经典作家作品的研究，关注范围主要集中于北美洲、欧洲、日本等发达地区和国家，东南亚华语戏曲研究这一领域，引起了学界越来越多的关注和兴趣。华侨华人文学既讲述海外华侨华人的历史故事，也讲述正在发生的中国故事，对于理解当代中国具有特定的意义。这一系列研究活动推动了海外汉学研究领域的不断深化。

除了以上与空间地理位置相关的大部分关键词，还存在一部分与时间范围和研究主题相关的关键词聚类。国内较多学者对 20 世纪时期的中国文学传播影响进行了研究，也有少量的研究聚焦于 19 世纪或其他时期。20 世纪的研究项目涉及的国别有日本、韩国、美国、俄罗斯、法国等，另外还有欧美、东南亚等宏观地区。研究内容有：（1）中国现当代小说、中国古代文学等的译介传播。（2）中国文学与其他国家的文学关系研究，中国作家与欧美左翼文学、中国文学与尼采思想等。（3）中国文学的影响，有中国文化以及汉学家等对欧美文论的影响等。如车琳的"中国古代文学 20 世纪在法国的译介与传播"课题全面梳理和评述了 20 世纪以来中法两国学者对中国古代文学史的书写、对各类文学体裁中经典文学作品的翻译和研究成果。

研究焦点"#5 华文文学"聚类，其聚类中还有"南洋""海外""中华文化""华文作家"等关键词，如前所述与华文文学关联度最高的是东南亚地区，除此之外华文文学的研究范围包括清末民初南洋华文文学、百年海外华文文学、世界华文文学、汉文圈内华文文学、"一带一路"共建国家的华文文学、东南亚华文文学、欧洲华文文学等。黄万华"百年海外华文文学（整体）研究"课题从经典筛选、文学传统、母语写作、汉学和文论等多方面论述了百年海外华文文学的整体性研究。

4.3. 关键词时区分析

本文利用 CiteSpace 软件绘制 2010—2021 年国家社科立项项目中中国文学在海外的研究关键词时区图，据图 7 可以分析不同时期的研究热点及演进轨迹，关键词所处的时间区段表示其首次出现的时间，节点大小表示关键词出现频次的高低，关键词之间的连线表示研究内容的联系与传承关系。

图 7 的时区演进路径可以分为两个阶段。第一阶段是 2010—2013 年，该阶段以中国和日本为主的节点最大，说明这些关键词在 2010—2021 年的时间范围内累计出现的频次较高，学者的立项课题对于中国与日本的文学影响研究较多。另外，第一阶段研究热点还包括"中国文学""20 世纪""海外""华文文学""西方""英文""域外"等，这些关键词初次出现的研究时间较早，结合图 7 来看该阶段的研究热点大致表现为比较集中且稳中有新的态势。第二阶段为 2014—2021 年，该阶段内新的研究热点不断涌现，如有"传播与接受""现代文学""楚辞学""少数民族文学""俄罗斯""美国""韩国""鲁迅""唐诗""文献整理"等等。研究主题的不断演进，也催生了新的研究范式。可以看到中国文学在海外的研究涉及的对象国家在不断扩张，并且有对于具体文学范畴、文学作品等进行研究的主题倾向。除了中国文学在海外的基本译介形式与传播，还衍生出从不同视角将两国文学进行对比等方式。从图 7 来看，近年来研究主题的多元性有所降低，因此笔者认为今后的研究应该更多地挖掘中国丰富的优秀文学以及它们的传播，尽可能寻找新的突破，让中国文学在海外的研究前景更加广阔。

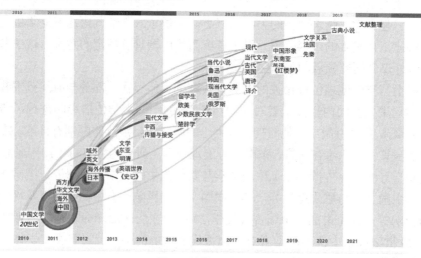

图 7　关键词时区图

4.4. 关键词突现

对中国文学在海外的相关研究项目名称关键词时区图进行观察可以发现研究热点的演进过程，并且还可以看到不同历史时间点的研究动向。图 8 为关键词的突现图，Keywords 为关键词，Year 为检索年份，Strength 为突现强度，Begin 与 End 分别为关键词的研究热点起始与结束年份。通过对关键词突现图进行分析可以在了解历史时间点的研究热点基础之上进一步明确具体的关键词在何时成为研究焦点、持续时间的长短等，关键词突现能够在一定程度上预测研究的未来趋势。

图 8 共展示了 15 个突现关键词，根据它们突现的持续的年份可以分为以下几个层次。

一是持续时间四年左右并且突现强度较大的关键词"译介"，突现强度值为 2.43，可以预测其今后也有进一步持续发展的良好趋势。作为中国文学走出去的传播方式，"译介"这一环节毫无疑问是重中之重，要推动中国文学走出去，必然要借助翻译这一手段进行跨文化传播。在此以中华优秀传统文化当中的唐诗译介为例。唐诗的传播轨迹大致有两条，一条是东传，对东邻韩国和日本影响尤其深广。另一条是西播，与"一带一路"倡议中的陆上丝绸之路大致吻合。2017 年文艳蓉的国家社科基金项目"唐诗在日本平安时代的传播与受容研究"与 2021 年毛志文项目"唐诗在俄罗斯的译介、传播与影响研究"都是针对中国文学中的唐诗在两个不同国家范围内的传播译介研究。

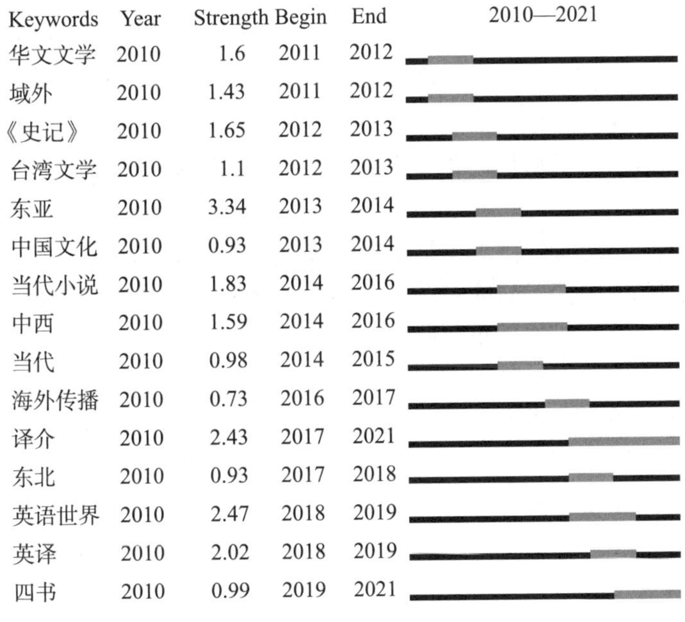

Keywords	Year	Strength	Begin	End	2010—2021
华文文学	2010	1.6	2011	2012	
域外	2010	1.43	2011	2012	
《史记》	2010	1.65	2012	2013	
台湾文学	2010	1.1	2012	2013	
东亚	2010	3.34	2013	2014	
中国文化	2010	0.93	2013	2014	
当代小说	2010	1.83	2014	2016	
中西	2010	1.59	2014	2016	
当代	2010	0.98	2014	2015	
海外传播	2010	0.73	2016	2017	
译介	2010	2.43	2017	2021	
东北	2010	0.93	2017	2018	
英语世界	2010	2.47	2018	2019	
英译	2010	2.02	2018	2019	
四书	2010	0.99	2019	2021	

图 8　关键词突现图

二是持续时间在两年左右的关键词"当代小说""中西""四书"。中国当代小说对外的传播译介，能够促进不同文化之间的交流。针对当代小说的海外传播研究聚焦于英语国家和日本、美国等国。2016 年刘成才"中国当代小说在日本的传播与接受研究"与 2018 年柳慕云"中国当代小说在日本的翻译及接受对中国文学海外传播的启示"两个项目是不同学者针对同一国家从不同角度进行的中国当代小说的传播与接受研究。关键词"中西"

大多是对中西文学范畴进行比较分析。"四书"是儒家的重要经典，也是中华文化的宝典，项目聚焦于"四书"在西方、俄罗斯的诠释研究等。

三是研究热度持续时间为一年的"华文文学""域外"《史记》"台湾文学""东亚""中国文化""当代""海外传播""东北""英语世界""英译"等。这些关键词题材种类丰富且持续时长较短，其中"华文文学"作为研究前沿开始出现，关于华文文学的研究数量也不容小觑。"东北""英语世界""英译""四书"等作为较新的研究热点值得学者们提高关注度。综合观之，中国文学在海外的研究项目的关键词突现年份较短的占大部分，持续度较低，只有个别或少量的关键词突现年份较长。

5. 结 语

本文以国家社科基金中的2010—2021年中国文学走出去立项项目为焦点，利用EXCEL进行定量分析，利用CiteSpace软件对相关的立项数据进行可视化分析，从立项趋势、项目负责人、关键词共现、关键词聚类等方面系统地勾勒出国内中国文学走出去的研究现状、发展趋势等，结论如下。

在外部的研究现状方面：（1）2010—2021年我国国内关于中国文学走出去的相关研究关注度较高，中国文学在海外相关研究课题立项的主要类型为一般项目。（2）国家社科基金立项单位大多数属于985、211高校，其余的普通高校也占有一定比重，有相当数量的学术成果。研究主力是拥有资深学历和丰富科研经验的各高校学者，从青年项目的比重来看，新鲜的研究力量正在形成与发展中。（3）地区内的省市立项分布呈现出较大的不均衡性，立项数量差距较大，沿海地区相较内陆地区的立项数量高，经济发达的省市立项占比更大。

在内部的学术态势方面：（1）项目研究的关键词类型复杂多样，形成的关键词聚类数量较多，分别有空间、时间、研究主题三大类别。日本是中国文学走出去研究项目的核心对象，东亚地区是仅次于日本的重要研究焦点区域。（2）中国文学走出去研究所涉及的对象国家在不断扩张，并且有对具体文学范畴、文学作品等进行研究的主题倾向。除了中国文学在海外的基本译介形式与传播，还衍生出从不同视角将两国文学进行对比等的方式。（3）中国文学走出去研究项目中关键词突现年份较短的占大部分，持续度较低，只有个别或少量的关键词突现年份较长。

总体而言，本文在研究数据分析、得出结论等方面还存在一定的不足与缺陷，首先在数据收集方面存在较大的主观性，可能会有个别数据的遗漏。其次在项目名称的关键词分词上可能没有正确选择出能准确地体现项目主题内容的词汇等，这些研究方法还需在今后的研究中进一步改进。最后，笔者认为近年来该领域的研究热度应是有增无减的，但研究主题的多元性有所降低，今后的研究焦点应该更多地挖掘中国丰富的优秀文学及其传播，尽可能寻找新的突破，让中国文学在海外的研究前景更加广阔。

参考文献

[1] 冯正斌，苏攀．我国翻译学研究整体特征、热点问题与发展趋势：以国家社科基金与教育部人文社科基金项目为考察中心 [J]．燕山大学学报（哲学社会科学版），2021（6）：1–11．

[2] 洪晓婷．国家社科基金视域下的华侨华人研究：基于 1991—2020 年立项数据的量化分析 [J]．华侨大学学报（哲学社会科学版），2022（1）：37–48．

[3] 刘红娟．广东戏在东南亚的"在地化" [N]．光明日报，2022–01–03（7）．

[4] 陆南泉．《中俄睦邻友好合作条约》签署 20 年来的中俄关系评析 [J]．中国浦东干部学院学报，2022，16（1）：110–123．

[5] 刘岩，朱明贤．"文学与日本"研究项目的图书情报学分析：以 2010~2020 年度国家社会科学基金数据库为数据源 [J]．日语学习与研究，2022（2）：111–122．

[6] 刘嫣君，李涛．中国文学"走出去"的新模式：以《中国文学"走出去"译介模式研究》为中心的考察 [J]．大连大学学报，2016（4）：75–78．

[7] 孙艳红．国家社科基金项目视域下"十三五"时期图书情报学研究态势可视化分析 [J]．图书馆工作与研究，2022（4）：70–78．

[8] 魏家海，李洁．基于 CiteSpace 的中国文学走出去研究文献计量分析（2011—2020）[J]．山东外语教学，2022，43（1）：95–106．

[9] 王丽霞，邓晓雅．我国华侨华人研究的可视化分析：基于 CSSCI（1999—2020 年）数据 [J]．华侨大学学报（哲学社会科学版），2021（6）：25–34，127．

[10] 杨浩，尹楠楠．国内国际问题研究热点与演进趋势分析：基于 2000—2020 年国家社科基金立项的可视化分析 [J]．学理论，2022（1）：33–36．

[11] 杨柳青，李祖超．2012—2021 年国家社会科学基金教育学项目立项统计分析 [J]．高教发展与评估，2021，37（6）：14–23，119–120．

[12] 张铄．"十四五"时期我国哲学社会科学发展研究：基于国家社科基金项目的分析 [J]．重庆社会科学，2022（1）：123–136．

The Current Research Status and Academic Landscape of Chinese Literature Going Global—Based on the Research of the National Social Science Fund Project (2010–2021)

Abstract: This article quantitatively analyzes the project data of Chinese literature going global from 2010 to 2021 based on the National Social Science Fund. The visualization analysis software CiteSpace is used to depict the relevant scientific knowledge graph, systematically sorting out the research status, development trends, and research hotspots of Chinese literature going global in China. The results show that in 2010–2021, there is a high level of research attention on Chinese literature going global in China, with most of the project units belonging to "985" and "211" universities. Compared to inland areas, coastal areas have a higher number of projects, and economically developed provinces and cities have a larger proportion of projects.

The research space involves countries such as Japan, the Republic of Korea, France, and the United Kingdom, as well as macro regions such as Southeast Asia, etc. The types of keywords and themes studied in the projects are complex and diverse, and there is a tendency to study specific literary categories, literary works, etc. Most of the keywords that appear suddenly last for short years and have low persistence.

Keywords: National Social Science Fund; Chinese literature; Visual analysis

远藤周作《沉默》中的沉默
——以日本神道与西方基督教的文化冲突为中心

四川大学　张碧璇

摘　要:《沉默》是日本"第三新人"作家远藤周作的代表性基督教文学作品。16 世纪中叶，基督教经由耶稣会传入日本，与日本文化尤其是日本的神道教（简称神道）文化产生了激烈的冲突。随着日本锁国体制的逐步确立，由于缺少神父，日本基督教教徒的信仰逐渐偏离教义的核心，发生了扭曲与变形。日本人无法理解"超验的上帝"的存在，他们比照着信仰神道教的方式去信仰基督教，最后诞生出了四不像的混合信仰。《沉默》中主人公洛特里哥在目睹日本信徒殉教后选择弃教，由此陷入了极度的痛苦之中。这也象征着江户时代里日本基督教徒们所面临的精神困境，即在日本的泥沼中，基督教本土化注定迎来失败的结局，教徒们不得不坠入"沉默"的深渊。

关键词:《沉默》；远藤周作；神道；基督教；本土化

1. 引　言

　　日本"第三新人"作家远藤周作的《沉默》一经发表便举国轰动，在文学界、宗教界引起了巨大反响，获"第二届谷崎润一郎奖"，被评为昭和四十一年（1966 年）的杰出文学作品。《沉默》主要讲述了岛原之乱以后，在江户幕府全面禁教，驱逐、迫害教徒的大背景下，葡萄牙传教士洛特里哥听到恩师费雷拉在日本弃教的消息后，在日本人吉次郎的帮助下，潜入日本一边寻找老师一边秘密传教，但最终走上了弃教道路的故事。

　　关于《沉默》的研究，日本学界或从神义论入手，研究神的沉默与发声（越田早央里，2019；尾西康充，2012）；或从救济论入手，探究主人公是否得到了救赎（董春玲，2019；岩崎里奈，2014）；或从基督教的本土化入手，探寻基督教与日本精神风土之间的关系（辛承姬，2007），角度各异，成果颇丰。其中，池田静香（2014:45–58）认为《沉默》中"怜爱的母性的神"是远藤神学的原点。但是，池田忽略了隐匿的教徒们信仰的"母性的神"

与基督教中"母性的神"之间存在着根源性差异。国谷纯一郎（1968：123-134）尖锐地指出"神的沉默"恰恰证明了神具有超越性。

然而，国谷没有回答为何超验的神无法在日本扎根这一问题。欧美学界的研究主要集中在对"踏绘"这一行为的神学阐释上（Enright, 2017; Hall, 1979）。杰夫·科伊斯（Keass, 2007：260-265）指出在"神学的给予"这一概念下，小说中的基督被给予了"自我的自由"。虽然科伊斯引入了马里翁的现象学理论，但他对于超验上帝的沉默与发声等问题的研究有待深入。国内学界对《沉默》的研究成果稀缺，且多集中于对基督教中母性形象的分析和对日本式的基督教的解读上（崔营，2012；史军，2008；路邈，2004）。兰立亮（2020）另辟蹊径，从精神分析和身份认同的角度出发，认为《沉默》中洛特里哥心中基督形象的变化与他对自我的身份认同的确立密不可分。尽管兰立亮敏锐地捕捉到洛特里哥对自我的误认，但是他没有意识到雕刻着基督像的石板与基督以及上帝三者之间的内在联系。

关于《沉默》的研究中多数对于"神道文化"与"基督教文化"之间的冲突少有涉及，对于"超验的上帝"的分析有待补充。《沉默》中，从洛特里哥传教前后心理的变化、日本信徒特殊的信仰方式以及上帝的沉默与发声，都可以看出基督教文化与日本本土文化，尤其是与神道文化之间激烈的对抗。因此，本文围绕《沉默》，基于对神道与基督教的文化冲突的分析之上，引入现象学理论论述超验的上帝无法在日本神显的原因，探寻《沉默》中基督教本土化失败的深层逻辑。

2. 东渐：战国末期至江户初期基督教在日本的流布

1549 年 8 月 15 日，耶稣会创始人之一的圣方济各·沙勿略从日本九州最南端的鹿儿岛登陆，拉开了西方传教士在远东轰轰烈烈布教活动的序幕。《沉默》中写道：

> ……从圣方济各·沙勿略之后，天主教在东方的日本已播下最佳的种子……（远藤周作，2013：6）

自马丁·路德领导宗教改革以来，罗马教会遭受了史无前例的巨大冲击。他们不得不召开一系列断断续续、长达二十余年的宗教会议，最终，教会高层人士达成了共识：为了避免罗马教会的分裂，维护教皇的权威，应该让主的福音转达到更遥远的大洋彼岸。于是，他们将目光牢牢锁定在"如同一张白纸"的东方。

接下来的三十年间，传教活动得以在日本如火如荼地展开。彼时，长期战乱的日本上演了一场极其残酷的政治斗争，在这倾轧权谋的混乱中，社会权威丧失殆尽，中世佛教过度介入权欲之争而让人们失望透顶。因此，乱世之中失去精神救赎的日本人急需一种新的精神权威降临。于是，耶稣会传教士恰逢其时地出现了（李小白，1999）。而建立了新政权的织田信长也迫切需要一种新的信仰帮助自己维护统治。他大力推动基督教在日本的发展，以牵制佛教，弱化其影响力，塑造个人威信。而传教士也没有辜负织田信长的信任，他们献上了让日本人为之疯狂的火枪与硝石，帮助信长进一步增强了武装力量，巩固政权。

这一时期，日本的基督教蓬勃发展，教徒人数超过了四十万人。《沉默》中费雷拉神父曾道："我们曾拥有过四十万信徒。"（远藤周作，2013：175）

然而，基督教传教的黄金时代宛若流星般转瞬即逝。本能寺之变后，织田信长猝然结束了其作为枭雄的一生，而他的继任者丰臣秀吉在处理传教士的做法上与织田信长截然不同。

《沉默》中对这一段历史进行了描述：

> 自一五八七年之后，日本的大名丰臣秀吉改变以往的政策，开始迫害天主教徒。他首先在长崎的西坂将二十六名司祭和信徒处以焚刑，还把各地的许多天主教徒驱逐家门，拷打、残杀。（远藤周作，2013：1-2）

这正是丰臣秀吉于 1587 年 7 月 25 日颁布著名的"伴天莲驱逐令"后，日本基督教徒们面临的困境。秀吉手下的许多官员都是虔诚的教徒。作为侵略朝鲜的领军人物之一，在文禄之役（1592 年）与庆长之役（1597 年）中战功赫赫的小西行长从小笃信基督教，秀吉的秘书官安威志门、顾问黑田孝高等人也皆受洗入教。秀吉担忧，基督徒会在神父的引诱下背叛君主，引发战争。同时，大批武士改信基督教，势必会影响到秀吉作为将军的威信。在日本，这样一场教权和皇权的冲突无可避免。

与丰臣秀吉相比，德川家康对待传教士则友好很多。当然这种表面的友善并非因为德川家康对基督教的信任，而是对传教士所带来的巨大贸易利益的觊觎。基督教的传教士一举沦落成为德川家康的采买官。然而，这种"友好"并未持续多久，日本教徒们便遭到了驱逐。德川将军对此政策采取萧规曹随的态度，于 1614 年决定将所有天主教的神职人员驱逐出境（远藤周作，2013：2）。

在西班牙与葡萄牙的漫长冲突中，新教国家英国和荷兰横空崛起。西班牙的无敌舰队于 1588 年败于英国，从此一蹶不振。16 世纪的尾声，国际舞台上各国势力的名次更迭，荷兰成为 17 世纪新的海上霸主。这对于耶稣会传教士来说无疑是一个巨大的打击。日本人发现，与荷兰人做生意更加单纯、轻松。有了"更好"的选择的家康彻底没有了后顾之忧，分别在 1612 年和 1614 年两次颁布禁教令。《沉默》中对此描写道：

> ……是年十月六日和七日两天，包括日本人在内的七十几名司祭被迫在九州和木钵集合之后，被押上开往澳门、马尼拉的五艘帆船，驱逐出境。（远藤周作，2013：2）

但是，仍有司祭坚持留在日本秘密传教，他们大多在德川秀忠和德川家光时代遭受到了惨无人道的迫害。

德川家康颁布禁教令后的三十年间里，幕府对传教士的迫害愈加严重，对海外贸易的规定愈加苛刻、对在日外国人的政策愈加残忍，日本的锁国体制逐步确立起来。1616 年，德川秀忠继任为江户幕府的第二代将军，以极其残暴的手段对日本的基督教徒进行大规模迫害，他发布的贸易港限制令也被认为是最初的锁国令（李小白，1999）。

1623 年德川家光继任幕府将军后，对基督徒的迫害更是达到了顶峰。据说新的将军德川家光采取的高压政策，比起其祖父和父亲更为严苛，尤其是在长崎地方，常以严刑加诸信徒身上，把滚烫的泉水淋到囚犯身上，强迫其弃教，有时候一天牺牲的人数不下六七十（远藤周作，2013：7）。

德川家光热衷于以难以想象的变态酷刑折磨信徒，通过残忍的折磨对他们身体和精神进行双重施压，迫使教徒们弃教。1633 年，幕府向长崎当局下达了严格的对外贸易取缔令，包括严格限制外国货物输入、禁止御用外的船只出港、禁止在外国居住 5 年以上的日本人回国等。《沉默》中范礼安神父道："自一六三三年后，潜伏在日本的传教士的音信就完全断绝了。"（远藤周作，2013：10）

在这压抑而血腥的沉默中，1637 年，岛原半岛上的反抗运动轰然爆发，史称岛原之乱。岛原之乱爆发的直接原因是当地农民不满其领主松仓氏的苛政和暴虐。但是，由于岛原的基督教根基深厚，当地隐藏的教徒众多，起义者又巧妙地借宗教为名聚集人心，因此幕府断定这是一次基督教徒蓄谋已久的谋反（戚印平，2003）。1638 年 2 月，幕府彻底击溃了起义军，并进行了惨绝人寰的屠城。至此，日本的基督教徒们迎来了冰河时代。隐匿的传教士和教徒很难再躲藏起来，大多在被举报后痛苦地死去。《沉默》中主人公洛特里哥便是与同伴在这般严酷的情况下偷偷潜入日本秘密传教的。

3. 冲突：神道与基督教的文化交锋

1587 年，丰臣秀吉下令剥夺了基督教大名高山右近的领地，并颁布了传教士驱逐令。在基督教传入日本之前，日本本土诞生的神道教、自印度传来的佛教和自中国传来的儒教三种思想交融共生，共同作为日本文化中重要的一个部分。神道教萌发自日本上古时期先民朴素的自然崇拜。受生产力限制，早期先民将自然事物和现象作为"灵"顶礼膜拜，后来，这种对于自然的敬畏逐渐演变成一种信仰，这便是所谓的原始神道。到了公元 7 世纪，随着律令制国家的建立，神道与国家仪式、祭祀紧密地联系在一起，后来又积极吸收中国儒学思想，其中以江户幕府初期的"吉川神道"和"垂加神道"最为著名（村上重良，1992：26；牟成文，2009：83）。

基督教传教士对日本神道的认识，最早的记载似应是 1557 年托尔雷斯撰写的《谬说摘要》（李小白，1999）。但显然，自诩"文明"的传教士们对"落后"的日本人的精神生活并没有进行认真研究的兴趣，无论是《谬说摘要》还是弗洛伊斯的《日本史》，与神道相关的记载不过是蜻蜓点水罢了。很多传教士在日本人面前有一种优越感，《沉默》中的翻译官向洛特里哥控诉道："神父们一直瞧不起我们日本人。我认识名叫卡普拉尔的神父，他特别轻视我们。尽管人都来到了日本，还嘲笑我们的房子，嘲笑我们的语言，嘲笑我们的食物和习惯。而且，纵使我们读完神学院课程，也决不许我们当神父。"（远藤周作，2013：101）

如果说，这里展现出的神道与基督教的冲突尚且停留在表面的衣食住行，那么基督教教士巴比庵在《妙贞问答》（ハビアン，1970）中针对神道教的犀利抨击才直至问题核心。巴比庵认为，日本书纪（经济雑誌社，1897）中所描述的神诞生于天地开辟之后，因此开辟天地的并非这个"造物神"，祂是被创造出来的神。这对于强调"日本是神之国度，日本人是天神之子孙"的神道教来说无疑是莫大的嘲笑与挑衅。基督教认为，上帝创造了世间的一切，上帝是永恒的造物主，从这个角度来说，巴比庵似乎在暗示，日本人所谓的"神"也不过是上帝创造的产物。对日本人的神国批评愈是进行得彻底，被刺激起来的绝不是理性的觉醒，而愈是耻辱心的扭曲与扩张（李小白，1999）。

除却神道作为一种宗教成为日本人不可或缺的精神支柱，它还作为社会的象征符号发挥着重要作用。这主要体现在，神道既是氏族的象征符号，又是地域共同体的象征（牛建科，2011）。在日本的神道教中，没有一个固定、具体的图腾，相反，不同氏族参拜的神灵、祖先都不同，这正是一个氏族区别于其他氏族的重要凭证。《沉默》中洛特里哥来到友义村后，发现这里藏匿的教徒们形成了一种特殊的组织形式，并且对其他村落的教徒充满敌意。组织中有"爷爷"和"爸爸"的职位，"爷爷"负责受洗工作，"爸爸"负责教信徒们祈祷和阐释教义（远藤周作，2013：37）。

"爷爷"和"爸爸"的存在正是血缘与地缘相结合的最有力证明。存在于家庭关系中的"爷爷"和"爸爸"被引入非血缘的基督教群体之中，"爷爷"扮演着着长老的角色，"爸爸"扮演着司祭的角色，两者共同承担起神职人员的责任。但是，既然上帝作为血缘者（同一个村落）和非血缘者（不同村落）之间共同的神，那为何《沉默》中的友义村村民却对其他村子的信徒敌意满满呢？其原因是，一方面，幕府为了抓捕基督教徒鼓励邻里之间互相举报，并对举报者予以重赏，因此村落与村落之间彼此的不信任与敌意也在情理之中。另一方面，由于幕府的高压政策，传教士在日本几近销声匿迹，基督教只能在暗中虚弱地发展。由于缺少来自教会的司祭为日本的信徒做奥迹、洗礼和祷告，日本信徒们不得不以村落为单位自发地进行礼拜。而水平参差不齐的"爷爷""爸爸"对《圣经》和上帝做出解释时，势必与受过正统神学教育的牧师相比差之千里。这便会导致各个村落对于"基督教"的理解有所偏差，可以说他们都在一定程度上偏离了真正意义上教会的"神"，甚至各个村落信仰的"上帝"都有所不同。至此，上帝成为不同村落的"氏族神"，这也为基督教在日本传播的失败埋下伏笔。

基督教自传入日本以来，便一直同神道教暗中进行着交锋对抗。如果说在织田信长时期，这两种宗教文化的相斥性还被掩盖在轰轰烈烈的布教活动之下，那么自丰臣秀吉起的历任将军，无不强调日本作为神之国不可撼动的地位，使得这种文化的相斥性日益凸显。随着日本锁国体制的形成，基督教转为地下发展。在缺少国外司祭的情况下，神道教在与基督教的对抗中转变为强势的一方，甚至于在不知不觉中改变、扭曲了基督教的内核。

4. 超验：《沉默》中基督教本土化的艰难之路

维特根斯坦认为，宗教根源于人类的苦难和有限性（转引自王海东，2013）。圣方济各·沙勿略初来日本之时，为了方便日本人理解基督教中的上帝，曾将"Deus"误译成"大日"，这让许多日本人误认为上帝等同于他们一直以来信仰的太阳。此次事件发生在沙勿略与大内义隆的第二次会晤上，陪同在场的还有因杀人流亡海外，后与沙勿略相遇后皈依基督教的弥次郎。沙勿略听从了弥次郎的建议，将"上帝"一词用日本人脑海中的既成词语译出，即"大日"。不仅是信仰天照大神的普通民众，而且在佛教的真言宗教徒们看来，"大日"也是他们的信仰"大日如来"的简称，所以这一说法一开始就被广为接受。威廉·洪堡特认为，每一种民族语言都包含着属于某个人类群体的概念和想象方式的完整体系（转引自根呷翁母，2016）。将"上帝"与"太阳"等同无论是对于传教士还是对于日本人来说显然都是一种令人不愉快的戏弄。文化的传递不得不借助语言，而语言却常常因其自身的局限性成为文化的藩篱。在翻译过程中，语言很难承载全部的文化编码，尤其是在翻译学还未兴起的 17 世纪，误译、漏译等现象难以避免。然而，基督教在日本的艰难传播仅仅是因为翻译的局限性吗？这一问题成为长久以来困扰远藤周作的梦魇。日本似乎是一个泥沼，使任何栽种在这片土地上的东西都腐烂发臭。在《沉默》中，远藤周作借费雷拉神父之口道明了基督教在日本无法扎根的真相。日本人以前没有神的概念，今后也不会有（远藤周作，2013）。

根据《古事记》的记载，日本人一直以来信仰的太阳神，即高天原的天照大神派祂的后代琼琼杵尊下凡来到日本治理国家，这便是天孙降临的神话。因此，日本人认为天皇的血脉中奔腾着神的血脉，而他们自己是神的子民，都是名副其实的神的子孙。在日本人的观念中，"神"就是"人"的延长线。但是，费雷拉口中的神、基督教会的神是独立于人的、另一个维度的、一种超越性的存在。祂无须被经验证明，祂不是一种想象的集合，也并非一种观念的延续，祂本身就是自因。《沉默》中上帝是超验的神，当我们从人的视角，用人之眼去凝望上帝之时，我们看到的永远是上帝在人间投下的幻影。上帝既不是任何意义的"存在者"，也不从属于作为"存在者之领域"的"存在"，而是一种至高的"爱"或"馈赠"（吴增定，2016：4）。既然上帝并非"人"之意义上的神，那么我们就不能用人的尺度去揣度、衡量和阐释上帝。

一个无知的人呼唤的很可能不是一个真正的上帝，而是一个错误的偶像（郝长墀，2021：14）。在《沉默》中，友义村的村民乃至众多信徒对上帝的信仰更倾向于一种"偶像崇拜"。天主教哲学家马里翁从现象学的角度出发，提出了"偶像"和"圣像"两个概念。正如《沉默》中的费雷拉神父所说，日本人缺少一种"神圣"的概念，而他们对显现自上帝面容的神圣的想象也难逃过往经验，说到底，他们也只是从人类的角度去理解和把握上帝。偶像就像一面镜子，人们从镜子中看到的只是自己，它反映了人们的经验和认知的限度（李丙权，2013）。所以日本信徒在镜子中看到的只是有限的自身，而不是真正神圣的上帝。上帝意味着一种无限、绝对和不可逾越的距离（吴定增，2016），如果无视这个距离，将不可避免地陷入"偶像崇拜"。而圣像指向的是具有不可见性的上帝。让圣像理论成为可能的是基督教中上帝"三位一体"和"道成肉身"的思想。因为圣子与圣父同为一人，所以只有可见性的圣子才能作为不可见的上帝在具有时空属性的世界里的图像（王蓓，2011）。换言之，除却圣子本身，不存在任何"基督的图像"可以代表真正的上帝。因此，画像中的神、十字架、石板中的基督都无法指向真正的上帝。

当我们面对他者的图像时，我们可以将图像中的所有要素还原成可见者，但是唯独他者的目光，也就是来自他者的不可见的凝视，我们无法将它还原。如果说偶像是人们自身目光所指向的结果，那么在圣像阶段里，人则是被一种更高层次的目光所凝视着的。用列维纳斯的语言说，圣像就是无限者对于有限者的关心和关爱（郝长墀，2021）。并且，这种凝视并非无法感知，它以呼声的形式显现，它向我们传达着他者纯粹的呼声（郝长墀，2021）。《沉默》中洛特里哥在拯救深受苦难的教徒时，经历了激烈的思想挣扎和痛苦焦灼的自我谴责，最终决定踏下绘有基督像的石板弃教。在踏下石板的瞬间，他听见了来自基督怜爱的呼唤："踏下去吧！我就是为了要让你践踏才来到这世上，为了分担你们的痛苦才背负十字架的。"（远藤周作，2013：201）

"踏下去吧"的呼喊声，正是来自上帝对于洛特里哥不可见的凝视的直观表达。它所传达出的，是作为他者对洛特里哥的无限的爱怜。正是在上帝对洛特里哥的呼唤中，上帝才被自身赋予了意义，从而进入了精神的维度。

5. 沉默：基督教本土化的失败

在禁教的黑暗时期里，隐匿的教徒们对神的认识便随着痛苦发生了扭曲和偏移。《沉默》中描写道，日本的百姓"像牛马一样劳动，像牛马一般无声无息地死去，从我们的宗教找到了唯一能解除脚镣的途径"（远藤周作，2013：49）。长期以来，日本的底层百姓都生活在水深火热之中。而基督教的传来，给予了日本的百姓堪堪喘息的单薄空间，以及挣扎活下去的希望。因此，日本信徒信仰的出发点是寻求一片没有痛苦的净土。在这种意义上，上帝对于日本人来说，就像是另一个佛，只要将自己奉献于祂们，就能得到相应的庇护。在洛特里哥被捕时，他遇到了一位日本女信徒摩妮卡。他惊讶地发现，在摩妮卡眼中，基督教徒和佛教徒似乎没有太大的区别。

洛特里哥把摩妮卡等日本百姓比作"刚上主日学校的小孩"（远藤周作，2013：95），对于这些懵懂的"幼童"来说，信仰上帝就能去往天国，天国就是单纯而永恒的乐土，自己信仰上帝就是为了保护自己不再受苦。日本的信徒还未具备深入学习基督教教义的能力，日本的环境也无法为信徒们提供充分学习的空间。因此，日本人对于基督教的认识仅仅停留在粗浅的表层，甚至对这表层的粗浅的认识也是比照着佛教、神道教产生的。在基督教徒隐匿的时期里，日本各地相继出现了"纳户神""玛利亚观音"等独特的混合信仰。基督教信徒们或偷偷祭拜怀抱耶稣的圣母玛利亚画像，或将圣母玛利亚投射在慈母观音像之上，通过祭拜观音来想象祭拜圣母玛利亚，信仰上帝的方式与正统教会有着天壤之别。这还能说明日本的教徒信仰的是基督教吗？

远藤周作在《父性的宗教，母性的宗教》中指出，基督教要被日本人接受，就必须伴随着隐匿教徒们所爱慕的母亲的形象。比起会惩罚自己的"父性的神"，日本人更倾向于会宽恕自己的"母性的神"。但是母性的基督与隐匿教徒们对"母性的神"的信仰截然不同。日本信徒的信仰是"忏悔与宽恕的信仰"，他们没有从十字架上死去的耶稣身上寻求宽恕，而是试图从"宽恕孩子的母亲"身上寻找信仰（远藤周作，1993：195–197）。圣母玛利亚在这些教徒眼中，就是能够宽恕自己的母亲。在基督教中，犯了一次罪就应该有不会再犯第二次相同的罪的决心，否则宽恕就无从谈起。但是对于隐匿的教徒来说，他们一方面在社会上作为弃教者而对神充满愧疚和歉意，另一方面又不敢再次将自己是教徒的事实宣之于口，他们明白自己还会一次次重蹈覆辙。这些教徒深知他们对自己的罪行无能为力、束手无策，因此希望身为母亲的玛利亚可以就这样无条件地宽恕他们。然而这与基督教中十字架的意义、基督受难的意义是相背离的。如果只通过流于形式的"コンヒサン（告解）"就可以得到救赎，那么基督教要求的"コンチリサン（痛悔）"将毫无意义。隐匿教徒所信仰的"母性的神"成为一种犯错后不用承担后果的精神寄托，与基督教"母性的基督"差之千里。

同时，作为西洋教会的代表的洛特里哥，在选择弃教后陷入了痛苦的泥沼，这也暗示着日本基督教徒们的精神困境。洛特里哥的信仰在目睹日本教徒的惨死后陷入了动摇，他对上帝的存在产生了怀疑。当经验的自我居于上帝之位时，它就要为人的苦难与不幸、罪恶与救赎做出承担与说明，尽管经验自我和理性自我无法承担起自我确证与救赎的职责，拒斥和否定了上帝的救赎，但这并不意味着人当下就脱离了苦难（樊志辉，2003）。反而因为经验的自我，洛特里哥感受到了来自现实的冲击和对信仰产生怀疑的双重痛苦。一方面，他坚信能够审判自己的只有主，而不是教会，洛特里哥心中的神脱离了"教会的神"而成为超越一切永恒的上帝。但另一方面，他又被这个念头所深深折磨，唯恐自己以爱的行为作为借口，将软弱合理化了，或许神职人员在教会所说的神和自己的主一样。究竟教会的上帝与在日本打破沉默的上帝有何不同？在对这个究极的矛盾的思考中，洛特里哥没有找到最终的答案。他在反复责问自己中过着行尸走肉般的生活。尽管他的内心依旧燃烧着微弱的信仰的火焰，然而那只不过是基督教在日本本土化失败后留下的余烬。

6. 结 语

在缺少司祭的时代里，日本信徒东躲西藏，以村庄为单位偷偷信仰着基督教。其间，信徒对上帝的信仰出现了偶像崇拜的转向苗头。日本教众停留在用人的思维去认识、理解上帝的阶段，而没意识到，也没能力意识到上帝既超越于意识又超越于世界，仅把目光聚焦于神像和圣画，但是正是这些有限造物限制住了神性的降临。上帝在他自己的面容中启示自身，这样一种"圣像"是越出上帝在"我"之中的观念而呈现自身的样式，在列维纳斯那里，这是一种溢出，在马里翁那里，这是一种饱溢。

在日本神道与西方基督教文化的冲突中，基督教难以保持自身的神圣性。自此，再无可以聆听日本信徒告解的神父，信徒们不得不保持压抑的沉默；再无司祭可以为信徒做奥迹而祷告，司祭们也陷入了死寂般的沉默；弃教后洛特里哥经历着内心的煎熬而陷入自我怀疑，失去了宣告自己是教徒的勇气，陷入了痛苦的沉默；作者远藤周作通过《沉默》苦苦探寻基督教日本本土化的可能之路，失败后也被迫继续悲哀地保持沉默。

参考文献

[1] 崔营. 对小说《沉默》中的"沉默"议题的思考 [J]. 学理论，2012（21）: 163–164.

[2] 史军. 文学与信仰：远藤周作的宗教观 [J]. 日语学习与研究，2008（3）: 76–80.

[3] 路邈 . 文学与神学之间：略论远藤周作的《沉默》和《深深的河》[J]. 日语学习与研究，
2004（2）：60–64.

[4] 兰立亮 . 远藤周作《沉默》中的耶稣形象塑造与身份认同 [J]. 广东外语外贸大学学报，
2020，31（4）：92–100.

[5] 远藤周作 . 沉默 [M]. 林水福，译 . 海口：南海出版公司，2013.

[6] 李小白 . 信仰利益权力：基督教布教与日本的选择 [M]. 长春：东北师范大学出版社，
1999.

[7] 戚印平 . 日本早期耶稣会史研究 [M]. 北京：商务印书馆，2003.

[8] 村上重良 . 国家神道 [M]. 聂长振，译 . 北京：商务印书馆，1992.

[9] 牟成文 . 神道情结与日本民族性格 [J]. 世界民族，2009（2）：82–88.

[10] 牛建科 . 日本神道教功能试论 [J]. 日本研究，2011（1）：119.

[11] 王海东 . 论维特根斯坦的语言宗教观 [J]. 苏州大学学报（哲学社会科学版），2013，
34（6）：20–27.

[12] 根呷翁母 . 论语言与宗教的关系 [J]. 中央民族大学学报（哲学社会科学版），2016，
43（6）：163–167.

[13] 樊志辉 . 先验、超验、经验、实践：后实验哲学视野下的人学导论 [J]. 求是学刊，
2003（2）：27–31.

[14] 吴增定 . 存在的逾越：试析马里翁在《无需存在的上帝》中对海德格尔的批评 [J]. 云
南大学学报（社会科学版），2016，15（1）：3–12，111.

[15] 李丙权 . 图像时代的形而上学：马里翁谈图像、偶像和圣像 [J]. 基督教文化学刊，
2013（1）：14.

[16] 王蓓 . 偶像、圣像与形象：论基督教审美立场的转变 [J]. 西北师大学报（社会科学版），
2011，48（5）：26–31.

[17] 陈辉 . 从自我的外观到他者的面容：马里翁论可见者与不可见者的两种关系模式 [J].
哲学动态，2017（10）：55–61.

[18] 郝长墀 . 存在、伦理、爱：现象学神学的基本问题研究 [J]. 社会科学，2021（1）：
100–115.

[19] 越田早央里 . 遠藤周作『沈黙』論：語りにおける「裁き」の否定 [J]. 国文学研究ノ
ート，2019，58：1–14.

[20] 尾西康充 . 遠藤周作『沈黙』と「コンチリサン（痛悔）」—〈神の沈黙〉と〈人間の沈黙〉
[J]. 三重大学人文論叢，2012，29：1–11.

[21] 董春玲 . 遠藤周作『沈黙』をめぐる考察：集団・周縁・アイデンティティ [J]. 文学
研究論集，2019，51：215–231.

[22] 岩崎里奈 . 遠藤周作『沈黙』論：ロドリゴの救済 [J]. 関西学院大学日本文藝研究，
2014，65（2）：57–70.

[23] 辛承姫 . 遠藤周作の『沈黙』の弱者の典型としてのキチジロの系譜 [J]. 専修国文，
2007，80：23–41.

[24] 池田静香 .『沈黙』論議を考える：日本の精神風土との格闘についての一考察 [J].

九大日文，2012，19：107–124.

[25] 国谷純一郎. 背教と救済—遠藤周作『沈黙』を手がかりとして—[J]. 明智大学教養論集，1968（42）：59–95.

[26] 遠藤周作. 切支丹時代—殉教と棄教の歴史 [M]. 東京：小学館，1993.

[27] ハビアン. 妙貞問答 [M]. 海老沢有道校注. 東京：岩波書店，1970.

[28] 経済雑誌社. 国史大系：第 1 巻：日本書紀 [M]. 東京：経済雑誌社，1897.

[29] Enright L. Reading Shusaka Endo's, *Silence* with an eschatological imagination[J]. Renascence-Essays on Values in Literature, 2017, 69(2): 113–128.

[30] Hall D J. Rethinking Christ: Theological reflections on Shusaku Endo's *Silence*[J]. Interpretation: A Journal of Bible and Theology, 1979, 33(3): 167–187.

[31] Keuss J. The Lenten face of Christ in Shusaku Endo's *Silence* and life of Jesus[J]. Expository Times, 2007, 118(6): 273–279.

The Silence in Shūsaku Endō's *Silence*
—Focusing on the Cultural Conflict Between Japanese Shintō and Western Christianity

Abstract: *Silence* is a representative Christian literary work by Shūsaku Endō, a writer of Japan's "Third Generation of postwar". During the mid-16th century, Christianity was introduced to Japan through Jesuit missionaries, leading to intense conflicts with Japanese culture, particularly Shintō. Following the establishment of Japan's sakoku policy (national seclusion policy), the absence of priests caused Japanese Christians' faith to gradually deviate from core Christian doctrines, resulting in distortion and transformation. Unable to comprehend the concept of a "transcendent God," the Japanese adapted Christianity in ways reminiscent of Shintō worship, ultimately giving rise to a hybridized and unorthodox faith. In *Silence*, the protagonist Rodrigues, after witnessing the martyrdom of Japanese Christians, apostatizes and falls into a profound psychological crisis. This also symbolizes the spiritual predicament faced by Japanese Christians during the Edo period, where the localization of Christianity in Japan's mire was destined to fail, leading the believers into the abyss of "Silence."

Keywords: *Silence*; Shūsaku Endō; Shintō; christianity; localization

疾病的诗性书写与社会政治隐喻
——梶井基次郎与巴金文学的肺病
主题书写比较

广西大学　杨　周

摘　要： 生老病死是有灵万物无法逃避的自然现象，也是文学创作永恒的母题。当疾病与文学联姻，疾病便不仅是生物学意义上的生理状态，也成为负载了文化内涵和隐喻意义的文学符码。肺病作为与人类相生相伴的古老疾患，曾在东西方文化史上留下浓墨重彩的一笔。日本作家梶井基次郎和中国作家巴金的文学作品中都有大量肺病主题书写，肺病也可以说是探索二者文学世界的一个重要窗口。但同时二人对肺病的文学化处理却呈现出微妙的差异。本文基于先行研究和文本分析，对二者文学作品中肺病主题书写的差异进行梳理，通过比较研究进一步挖掘其背后隐藏的深层次原因，并以小见大兼论中日文学的差异。

关键词： 疾病隐喻；诗性书写；疾病叙事；肺病书写

1. 引　言

梶井基次郎是日本近代文学史上一位极其特殊的作家，在近代日本文坛独树一帜。生前独卧文坛一角而不为一般民众所知的他，在辞世后却广受好评。其文学作品也被后世不断品鉴和学习，甚至在第二次世界大战后集文学青年崇拜于一身，一跃成为享誉日本的国民作家，在日本文学史上占据了难以撼动的一席之地。因罹患肺结核而英年早逝的他，在文学道路上也不过垦殖了十载春秋（1922—1931），其作品以细腻敏锐的感受性和洗却凡俗的诗性纯粹而著称。巴金（1904—2005）是中国现代文学史上一位影响深远的文豪，是"当代语言艺术的大师"，蜚声海内外的"一代文学巨匠"（袁振声，1987：1）。他是五四运动以来对中国影响最大的文学家之一，在文坛耕耘六十余载，他的作品哺育了数代中国青年。他一生追求"真""善"和广博的"爱"，把"一切旧的传统观念，一切阻碍社会进化和人性发展的不合理制度，一切摧残爱的势力"（巴金，1983：17）当作自己的敌人与之斗争，他的作品具有深刻的批判现实主义品格。

虽然身处不同的国家，生活在不同的时代背景之下，文学风格迥异，但是二人的作品中却都有许多有关肺病的文学书写。肺病意象与肺病主题是巴金早期文学的特色并且贯穿其文学创作；而梶井基次郎的文学则是在同疾病抗争中诞生的，甚至有"肺病文学"之称。"その文学が肺結核とともに始まり、肺結核によって幕を閉じた梶井基次郎は、その人生の不幸もその文学の栄光も肺結核によって齎されたのである（文学生涯始于肺结核终于肺结核的梶井基次郎，其人生的不幸与文学的光辉也同样来自肺结核）"[①]（戴松林，2009：22）。可以说肺病是解读二者文学间联系的一把钥匙。虽然二者的文学都与肺病结缘，但是稍加考察就会发现，在作品中两人对肺病的处理体现出某种差异性。笔者认为，肺病主题书写在二者文学中的差异如何表现以及其差异化处理背后的深层次原因是值得深究的问题。

2. 作为方法的疾病

2.1. 越界的疾病：作为一种方法

疾病关系人类文明发展和个体命运，长期以来一直是医学研究的重要对象。作为一种生命状态的异常表现，疾病一直被人们牢牢钉在医学的十字架之上，然而这并不能遮掩疾病本身所带有的多界面性特质。从某种意义上说，疾病是整个人类文明发生发展的动力之一。纵观人类文明史，肺结核、艾滋病、癌症以及精神疾患等病症以其毁灭性的后果或惊人的传播速度抑或是不可治愈性，曾为人类文明和社会带来空前的灾难。对疾病成因的认识和探寻、对疾病的定义和诠释以及对疾病的抵抗与疗愈，深刻影响了人类文明的发展进程与历史轨迹。疾病不仅仅是一种客观存在，也是一种文化或社会建构。疾病已然超越生物学、医学等生命科学范畴，渗透到经济、政治、文学、文化、宗教、哲学、艺术、史学、人类学、心理学、社会学乃至地理学等诸多领域。因此，疾病一方面是基础医学、心理学等学科的研究对象，另一方面也成为分析和了解诸如某个时代的宗教观、考察社会文化变迁因素、探寻文学艺术创作生成机制等诸多问题的工具或突破口。透过疾病，深入分析和认识各领域所研究的某些现象和问题成为一种可行的手段和方法。可以说，疾病的多界面性及其与政治、经济、文化、社会乃至生态的多角度互动关系，为其跨学科"作为一种方法"提供了一种潜在的可能性和学理依据。

2.2. 疾病叙事与疾病隐喻

"疾病是生命的阴面，是一重更麻烦的公民身份。每个降临世间的人都拥有双重公民身份，其一属于健康王国，另一则属于疾病王国。"（桑塔格，2003：5）作为生命样态之一，疾病与健康、生存与死亡共同构成了生命体的存在维度。在漫长的人类文明史中，疾病的魅影恒久地贯穿其间，即使在各个历史阶段人们都致力于认识疾病、对抗疾病，但是

---

① 本文中出现的汉语译文，如未做特殊说明，均由笔者自译，下同。

疾病的世界仍然充满迷雾。置身于疾病困境和生死迷雾之中，人们以文字记录它们的神秘、书写它们带来的别样体验和心灵感受。疾病由此不再是生物学意义上的自然现象，而是负载了文化内涵和隐喻意义的符码，疾病也因而成为文学不可撼动的重要主题。"如果说医学领域有一部认识疾病、治疗疾病的历史，那么，文学领域就有一部体验疾病、想象疾病以及书写疾病的历史。"（姜彩燕，2007：81）纵观世界文学，疾病或明或暗地穿行于文学文本的字里行间，构成文学创作的疾病叙事传统。文学与疾病的关系源远流长，"疾病叙事广泛存在于古今中外的文学作品当中，它具有超越时代和民族的共性特征"（宫爱玲，2014：6）。

而疾病叙事不单单是"文学作品中有关疾病与疾病故事的讲述、表达、展现的叙事"（宫爱玲，2014：14），而常常负载了诠释性的隐喻功能。苏珊·桑塔格（2003：53）指出："任何一种病因不明、医治无效的重疾，都充斥着意义。首先，内心最深处所恐惧的各种东西（腐败、腐化、污染、反常、虚弱）全都与疾病画上了等号。疾病本身变成了隐喻。其次，借疾病之名（这就是说，把疾病当作隐喻使用），这种恐惧被移植到其他事物上。""进入文学创作的领域，疾病就不只是疾病本身或是单纯的病状，而被赋予了特殊的人学和文学的意义，具有与其他事物相关的丰富内涵，并在文学中形成各种特殊的表达意向和象征隐喻世界。"（邓寒梅，2012：145–146）经由隐喻，疾病获得了关联社会、政治、文化、道德等层面的丰富内涵，"为文学创作提供了丰富多彩、意蕴深邃的题材和主题"（邓寒梅，2012：170）。同时，疾病叙事也成为作家们实现自我疗愈、他者疗救、社会批判等目的以及学者考察病患作家文学创作机制的一种方法或工具。

3. 梶井基次郎：肺病的诗性书写

3.1. 诗性书写

在传统观念里，小说强调叙事，诗歌重在抒情。然而，跨文体式的文学创作也时有发生，从而产生了"诗性书写"这样"小说向诗歌倾斜"的写作倾向。席建彬（2008）指出，目前理论界对"诗性"的认识主要集中于三个方面：其一，语言的优美化、韵律的音乐化、文本氛围的意境化、故事情节的弱化等文体学层面的意义。其二，注重印象性、神秘性、抒情性等审美满足的美学层面的意义。其三，以语言为中介去表现诗意、信仰、爱等主题，挖掘生命的内在深度，对人的存在、人类命运及生命意义进行追问与探寻的文学本体论层面的意义。概言之，小说的"诗性书写"既包含着文体互渗的形式审美诗性，更带有探寻人生、掘进生命深层的精神内涵诗性。

3.2. 诗性书写的肺病美学

梶井基次郎作品中的肺病书写相对丰富，肺病书写贯穿了他的文学生涯。从文体学和美学层面看，其小说情节简单，疏离了传统小说的故事情节叙述，甚至背弃了一般小说对跌宕情节的注重。人物数量少，对话简明，大都是基于自传式的、私小说式的独白，小说主人公基本可以认为是作者自己。碎片化的讲述、意识流的叙事、凝练雅致的措辞，造就了近乎散文诗的珠玉之作。这些表现手法和叙述策略共同支撑起了梶井文学诗性书写的形式诗性。

由于肺病改变了梶井基次郎作为健常人的身份，他作为一个生命个体的哲学处境——存在方式发生了变化。而哲学处境的变化带来的是生活方式的改变以及观察世界的视角的转变。经由肺病，梶井实现了正常与异常的身份越界。异常的生命状态下其观察世界的视角不自觉地发生变化，他怀着疾病与死亡意识观察、体验着周围的世界。其作品中充斥着疾病和死亡意象，并且显现出其朦胧的死亡诗学的雏形。例如，《冬日》中有关太阳的描绘，"冬至に近づいてゆく十一月の脆い陽ざしは、然し、彼が床を出て一時間とは經たない窓の外で、どの日もどの日も消えかかつてゆくのであった（冬至将至，这十一月的阳光十分脆弱，在他起床后不到一个小时，窗外就会渐渐暗沉下去"（梶井基次郎，1954：70）。如果以太阳对应人的一生，幼少时是朝气和煦的春日暖阳，青壮年是强烈耀眼的夏日骄阳，而清爽平和的秋日则是中老年，至于羸弱清冷的冬日就犹如将死的迟暮之人。这"冬日"正是因肺病不断加重而日渐衰弱的作者的隐喻。此外诸如"溺死の鼠（溺亡的老鼠）"（梶井基次郎，1954：45）、"冬の蠅（冬天的苍蝇）"（梶井基次郎，1954：47）等意象都体现出其独特的死亡诗学的魅影。

疾病意识的侵扰以及疾病体验带来的躯体不适与精神不安使梶井的感官敏锐而异常。无论是《柠檬》中经由"単純な冷覺や觸覺や嗅覺や視覺（单纯的冷感、触觉、嗅觉、视觉）"所构筑的充满感受性的、明快美艳的感官世界，还是《冬日》中病者自述的倒错诡谲的"旅情（旅情）"和"心象風景（心象风景）"等，应当说，浪漫主义色彩或者审美构成了梶井文学的某种根底。他的文学是艺术至上的、充满浪漫主义色彩和品格的艺术。无论是倒错的感官、病幻的话语、奇诡的情节抑或是怪诞的意象，最终呈现的是一种浪漫的美学趣味。它们所构筑出来的诡异梦幻的感官世界之异常，不断入侵和挑战着健康人的认知和审美之正常，引逗着读者的审美冲动，具有极大的审美张力。而且其文学的风格基调也不是如同疾病一样的沉重、阴郁，而是一种健康、明朗的文学。而这或许也是因其浪漫主义根底所生发的文学风格上的引导和疗愈作用。不可否认，肺病使他的生活笼罩了一层阴郁的色彩，因而其肺病书写不可避免地穿插着否定、消极、阴暗、病态的片段。然而因其根底是浪漫的，其文体风格也因其浪漫而消解了疾病的阴郁和苦楚，整体呈现出一种积极的明朗的审美意趣。

3.3. 个人的疾病史：自我的诗性救赎

在梶井文学中，肺病书写指向了具体的生命个体——作者自己，作者在同疾病的抗争中对生死与文学进行哲思和探索。生活方式的改变——不得不安静疗养——给了他思考生死、探求文学的契机。在疾病的囚困中，梶井踏上了掘进生命更深处的文学创作。生死哲思渗透进作品中表现为其生死观的转变成型。在处女作《柠檬》中，他恶作剧式地幻想着用化身炸弹的柠檬炸毁令他厌恶的"丸善书店"。

丸善の棚へ黄金色に輝く恐ろしい爆弾を仕掛けて來た奇怪な惡漢が私で、もう十分後にはあの丸善が美術の棚を中心として大爆發をするのだつたらどんなに面白いだらう。私はこの想像を熱心に追求した。『さうしたらあの氣詰りな丸善も木葉みぢんだらう』（我像一个奇怪的坏人，在丸善书店的书架上设置了一个闪耀着金色光芒的恐怖炸弹，如果十分钟后以丸善书店美术书架为中心发生大爆炸的话该多有意思啊。我任凭想象恣意驰骋着。"这样一来，令人窒息的丸善书店就会被炸得粉碎了。"）。（梶井基次郎，1954：7）

这颗"柠檬炸弹"是他打碎疾病带给他的苦楚的世界进而追求美好生活的积极对策。那时的他是一个对抗肺疾的幸福生活的追求者；而到了中期作品《冬日》，他则表现出了对疾病侵蚀生命的惶恐和无力，他不得不正视疾病和死亡，他感到"俺の生きる道は、その冷静で自分の肉體や自分の生活が滅びてゆくのを見てゐる（我的人生就是要冷静地看着自己的肉体逐渐毁灭，自己的生活慢慢消失）"（梶井基次郎，1954：72）；而到了后期作品《悠闲的患者》中，他意识到"最後の死のゴールへ行くまではどんな豪傑でも弱蟲でもみんな同列（无论是豪杰还是胆小鬼都一样，最后都是免不了一死）"（梶井基次郎，1954：92—93）。梶井基次郎坦然接受死亡并立于悠闲自在的心境，最后选择走上了毁灭肉体文学永恒的艺术至上的道路。

从"诗性书写"的本体论层面看，经由疾病的苦楚而深陷生死伦理困境，在对死亡本能地感到恐惧、消沉后，他做出了要通过文学实现生命永恒的伦理选择，因而他的作品具有了超越性的诗性精神和哲学品格，成为生死伦理的文学结晶。虽然他的作品大都是近乎散文式的珠玉小作，并未涉及更为宏大的社会政治叙事，其内容也基本是患病者同疾病的抗争、和解以及对个体生命困境的书写，但是由于生死这一人类共同主题的本身的超越性，梶井基次郎对人类生死伦理困境的哲思也超越了病患者对疾病的畏惧和不甘以及"伤残者对命运的哀怜和自叹"（邓寒梅，2012：23），升华出超越性的文学魅力。他的疾病书写对于病患或是面临生死、思考生死的人而言，具有了一种普遍的疗愈和道德指引的人文关怀与现实价值。可以说，他的文学既是一位患者同肺病对抗的抗争史、疾病志，也是一个文艺创作者经由肺病思考生死、探索文学的浪漫深沉的艺术品，更是疗愈病痛、具有普遍人类关怀的一味"药引"。

4. 巴金：肺病的社会政治化隐喻

4.1. 社会政治隐喻

由于疾病本身的多界面性，进入文学领域的疾病也往往承担着多样化的隐喻功能。而社会政治隐喻则指将疾病症候与某个时代的社会政治相关联，以个体或群体疾病影射社会政治的病态，赋予其讽刺、批判和唤起疗救的现实意义。如果说疾病是个体生命的失调、无序和错乱的外显，那么社会呈现的无序和错乱状态就是社会的病态表征。"疾病症候与社会环境相互联系，生理或心理的病态与社会的病态巧妙地融为一体，作家往往凭借个体的生理或心理的病态来反映社会病态。"（邓寒梅，2012：148）正如邓寒梅所指出的，经由"医人"上升为"医国"，作家们把肺结核对应为时代痼疾的文学象征，赋予其社会政治化的隐喻含义。

4.2.　肺病的浪漫性消解

　　巴金笔下的肺病书写主要集中在部分早期作品和后期作品《寒夜》。"在形形色色的疾病中，巴金尤其钟情于对肺病患者生存状态的关注与叙说，如《灭亡》中的主人公杜大心，《雨》中的陈真、熊智君，《家》中的钱梅芬，《秋》中的周枚等因肺病而发烧、咳血及其悲剧结局。"（邓寒梅，2012：84）巴金文学的肺病书写通过一系列人物群像的塑造，聚合小人物之病态以反映社会之病态，赋予肺病宏大而深沉的社会政治隐喻内涵，并且通过真实再现肺病的残酷性对肺病的浪漫化偏执审美进行了现实主义的祛魅处理。这一点，正如邓寒梅所指出的那样，"他（巴金）以肺结核作为中心意象，在对疾病作真实的病相描述的基础上，还将疾病这一日常经验性题材进行'宏大'提升和能指叙事，对那些被扭曲了的人性、被损坏了的亲情、被吞没了的生命表示惋惜，对 20 世纪上半叶中国压抑、黑暗、寒冷的社会制度进行诅咒，并强烈期盼一个合理的社会和制度的新生"（邓寒梅，2012：93）。

　　巴金文学中肺病书写的真实性来源于他忠实地再现着肺病残酷的病状、真实地反映了肺病患者的痛苦。例如，《寒夜》中汪文宣饱受肺病折磨，"病菌在吃他的肺。他没有一点抵抗的力量。他会死的，不管他愿意不愿意，他很快地就会死去"（巴金，1989：662），"他自己清清楚楚地感觉到他的内部一天一天地在腐烂，他的肺和他的咽喉的痛苦一天一天地增加"（巴金，1989：683），"他整天躺在床上，发着低热，淌着汗，不停地哮喘。他讲话的时候喉咙呼噜呼噜地响。他的胸部、喉咙都痛得厉害"（巴金，1989：681），"他无声地哀叫着：'让我死罢，我受不了这种痛苦'"（巴金，1989：692）。这些真实且近乎恐怖的病状描述是不同于梶井文学中的那种浪漫色彩审美的，前者是苦痛的记述，是现实的象征。

4.3.　社会的疾病志：作为武器的肺病书写

　　相较于梶井文学中肺病书写的个体生命指向和诗学化的浪漫审美，巴金文学中的肺病书写不是私小说式的自我告白，也不仅是个体生命的病志记述，而是以肺病为核心塑造一系列人物群像，从而多角度、多层面地反映社会现实，构建起肺病的社会政治化隐喻映射集群。当然，也不可否认巴金文学中存在许多自白式的心理描写，但应当注意的是"他对心灵空间的一切剖示，他对心理描写手段的所有探求，都是为了更真实地塑造人物形象，更内在地揭示生活的本质"（袁振声，1987：88）。《寒夜》中的汪文宣，是一个小资产阶级知识分子，同时也被作者塑造为一个肺病患者。当时的大环境是阴暗潮湿的，是扭曲衰颓的，是病态的，而蜷缩滋生于阴暗环境的肺结核的病理特征恰好符合了作家们的想象。

　　而置身于抗战后期国统区的黑暗环境之中，汪文宣这类知识分子不幸染上肺病既是巴金的一种巧妙艺术安排，是其文学创作的叙事策略，同时也具有一种时代必然。个体生命肉体的衰颓消亡和精神的苦闷折磨是民族沉疴和时代痼疾的具象化和隐喻化反映。也就是说，小说人物的浸染肺病是以小见大，是时代痼疾在小人物身上的投射。"我不是在鞭挞这个忠厚老实、逆来顺受的读书人，我是在控诉那个一天天烂下去的使善良人受苦的制度，那个'斯文扫地'的社会。"（巴金，1989：707）正如巴金所说，他要通过汪文宣的肺病书写来刻画腐败扭曲的社会现实是如何压垮一个家庭、如何扭曲一个灵魂，又是如何剥夺了千万个汪文宣式人物的生存空间，使人根本不成其为人，从而愤慨控诉整个社会的黑暗。"最后他断气时，眼睛半睁着，眼珠往上翻，口张开，好像还在向谁要求'公平'。"（巴金，1989：693）"《寒夜》中汪文宣的疾病则指向不具有封建压迫性质但同样病态的现实社会……他（巴金）始终是一个坚定的社会批判者。"（邓寒梅，2012：154）巴金赋予肺病关联时代和社会的政治隐喻，拉响了时代与社会的病态状况及其背景下个人悲惨人生的文学二重奏。他的肺病书写集中反映着 20 世纪上半叶中国社会的内忧外患，展现了一部社会政治的"疾病志"。

5. 肺病主题的差异化书写探因

对同一主题的不同处理自有其背后的个人动机和文化根源的差异。个人经历、时代环境以及中日两国文学传统的差异等多方面因素塑造了梶井基次郎和巴金不同的文学意趣和审美追求，或者说造就了他们不同的文艺观。而文艺观的不同在很大程度上决定了他们在风格、文体、人物塑造、主题表达等文学创作实践上会有所不同，进而导致面对肺病书写这一相同的主题，二人却采取了不同的文学处理方法。

5.1. 个人经历

巴金出生在四川一个世代为官的封建家长制的旧家庭里。在这个大家庭里，巴金更加深刻地感受到了封建专制制度和封建礼教吃人的本质，目睹了底层劳动人民的悲惨命运。巴金的大哥李尧枚就是一个封建礼教的受害者和殉葬品。他大哥原本是个有理想、有爱情、有才气的青年，可是父亲却用拈阄的方式为他娶了门亲。过早承担家庭负担的大哥在封建家庭内部的种种倾轧、中伤下，一度发狂，最终自杀（巴金，1936）。此外，父亲死后"这个富裕的大家庭变成了一个专制的大王国。在和平、爱的表面下我看见了仇恨的倾轧和斗争；同时在我的渴望着自由发展的青年的精神上，'压迫像一个沉重的石块重重地压着'"（巴金，1936：111）。目睹了大哥等兄弟姐妹在封建牢笼中受苦甚至死亡和无人照料最后病死的老书童赵升等底层劳动人民的悲惨境遇，巴金毅然而然走上了反封建的道路，成为封建礼教的反叛者、救国救民的社会运动者、黑暗社会的鞭挞者、革命者。

而随着五四运动的爆发，新思潮不断冲击着巴金。他逐渐成为一个无政府主义者和社会活动家。"无政府主义信仰在巴金的文学创作中烙下了深刻的印痕"，"无政府主义在中国瓦解后，他才将这种剩余的政治热情与无可奈何的失望情绪倾吐在艺术创作之中，用他的文学活动来宣泄他的政治激情。"（吴宏聪等，2000：242）"由从事实际社会运动而步入文坛，而成为一个职业作家，巴金的文学道路有其偶然性与独特性。这种独特的文学历程决定了巴金的文学观必然地带有维系社会人生的功利色彩。"（辜也平，2013：46）巴金自己曾说："我第一次提笔写小说时……为了替那些不合理的社会制度下面的牺牲者呼吁叫冤。因为我没有别的武器，我才拿起笔，用它做武器，来攻击我的敌人。"（巴金，1983：

472）"我的敌人是什么呢？我说过：'一切的传统观念，一切阻止社会进化和人性发展的不合理的制度，一切摧残爱的势力，它们都是我最大的敌人。'我所有的作品都是写来控诉、揭露、攻击这些敌人的。"（巴金，1983：17）可以说，巴金的个人经历注定了他的文学是带有反封建、革命性和政治色彩的。这也就不难理解，为何巴金文学中的肺病书写会被赋予社会政治的宏大隐喻。

而梶井基次郎出生在大阪的一个普通家庭里。简短的年谱诉说了他短暂的一生同肺结核紧密相连。1913 年，梶井十分敬爱的祖母因肺结核去世。1915 年，年仅 9 岁的弟弟梶井芳雄因脊椎结核去世。1918 年，梶井基次郎因肺病卧床，一学期缺席课程 33 日。1920年被诊断出胸膜炎，申请休学四个月。此后为疗养肺病，不断辗转各地，直到 1931 年因肺病去世，年仅 31 岁。肺病贯穿了他的人生，他目睹着肺病夺走亲人，消耗自己的生命。然而，梶井生活的时代，随着西方文艺思潮的传入，有关肺病的浪漫想象也逐渐被文艺创作者接受。作为文学青年的梶井也在浪漫主义思潮的影响下对肺病抱有"天才病""灵魂病"的诗学化浪漫想象。他一度表示想要染上肺病，创作出好的文学作品。大谷晃一（1978：266）曾说，"梶井は友人と散歩していた時「肺病になりたい、肺病になりたい。肺病にならんとええ文学はでけへんぞ」と叫んだことがある（梶井在和友人一起散步时，曾大喊'我想得肺病、我想得肺病，不得肺病的话就没办法写出好的作品'）"。由此可见，梶井基次郎对肺结核抱有一种浪漫主义式的幻想。在他这里，肺病的底色一面是侵蚀肉体、消耗生命的顽疾，一面是具有浪漫色彩的"才子病"和文艺创作者的标志。在被疾病囚困的困境中他把疾病和痛苦幻化为审美和愉悦，疾病催发他垦拓文学的动力，赋予其探索文学的契机。因而也就可以想见为何他笔下的肺病书写具有死亡诗学魅影穿梭的浪漫色彩。

5.2. 时代背景

当时的中国积贫积弱已到了不可收拾的地步，可谓是国家危难之际，民族存亡之秋。巴金作为一个爱国的、有良心的知识分子，动荡的社会与危悬的国家命运带给他巨大冲击，外部社会的忧患唤起他内部心灵的觉醒，他必然关注国家命运和社会问题。厨川白村（2000：2）在《苦闷的象征》中曾说道："生命力受了压抑而生的苦闷懊恼，乃是文艺的根底，而其表现法乃是广大的象征主义。"民族危亡、社会黑暗、民生凋敝、同胞受辱等一系列冰铁现实所带来的压抑和苦闷同样折磨着有良心的知识分子。在那样的时代环境之下，作家笔下的肺病成为民族沉疴和社会痼疾的象征，被赋予了关联社会、政治的宏大而深沉的隐喻含义。正如鲁迅所说："所以我的取材，多采自病态社会的不幸的人们中。意思是在揭出病苦，引起疗救的注意。"（鲁迅，1981：512）在谈及自己的创作时，巴金曾指出，"每天每夜热情在我的身体内燃烧起来，好像一根鞭子在抽我的心，眼前是无数惨痛的图画，大多数人的受苦和我自己的受苦，它们使我的人颤动"（巴金，1983：11）。因而他的文学是具有反叛性的，他并不归顺和粉饰现实，他要批判、要揭露、要反叛现实，要为苦难者呐喊，为牺牲者叫冤。

而梶井基次郎并未把肺结核上升到时代疾患。虽然在他的年代，肺结核作为不可治愈的"国民病"，确实是为广大民众所惧怕的时代恶疾。但是，梶井基次郎并没有将其关联到时代和国家社会层面，也没有赋予其某种巨大的隐喻含义。他只是作为病人经由肺病思考着人生，在文学的道路上摸索垦拓着。他所处的那个时代，日本经由明治维新已然走上了近代化的图强之路，知识分子们所面临的时代问题是在时代转换之际的精神苦楚和思想忧郁。"在明治末年到大正初的三四年之间，日本的思想和文学为各种怀疑、内省和颓废美的思想所支配。"（伊藤整，2020：152）在这种氛围下成长起来的梶井，其文学思想和创作也必然受到影响。其后，由于第一次世界大战后世界性的通货膨胀所带来的社会动荡，关东大地震的破坏以及马克思主义的传播，无产阶级文学逐渐在日本发展起来。在他创作期间，"文坛处在无产阶级文学与新感觉派、新兴艺术派相互对立而产生的骚乱之中"（伊藤整，2020：241）。可以想见，无产阶级文学的隆盛应当也影响到了梶井。在病中，梶井基次郎虽然研读过《资本论》，也多少关注到了社会问题，然而他到底是没有把文学与社会政治关联起来。或许是天不假年，疾病没有给予他更多的时间；又或许是受踏上文学道路伊始便根植于心的艺术至上的理念的影响，或者说疾病——尤其是不治之症——所带有的超越性，使他突破了社会政治的制度樊篱。在那个年代，作为不治之症的肺结核让他跨越了生活、社会阶级，使他的视野定位在了人类的终极宿命——生死这一主题之上。在那个社会主义运动频发、文学与政治从属关系论争激烈的时代潮流中，疾病将他困于对自我的观照以及对生死的哲思之中。作为文学创作者，他把政治排除在外，无意书写国家和社会问题。他在肺病带来的那种对生命的消耗以及咳血、发热等病症的折磨中，思考起了生死和文学的意义，他经由西方文学所赋予的偏执审美，追求着肺病的假想浪漫，又在这无知无畏的病态浪漫中感受到了真切的痛苦。而后他踏上了对生死和文学的终极探寻和思考，最终回归到了艺术至上和坦然面对生死的浪漫主义审美意趣之中。

5.3. 文学传统

中国文学自古就有重视社会政治功用的传统。无论是著书立说的孔孟等先贤诸子，还是提出诗歌"补察时政""文章合为时而著，歌诗合为事而作"、倡导乐府运动的白居易，抑或是宣扬"为天地立心，为生民立命，为往圣继绝学，为万世开太平"的北宋大儒张载，乃至近代弃医从文，高呼改造、重建国民精神的鲁迅等人，贯彻其中的共性就是重视文学的社会政治功用，追求文学的社会教化价值。巴金被誉为"中国文学的良心"，他所表现的是一种诸如杜甫那样关注社会、家国，具有中国传统文人风骨的知识分子形象。冰心曾说，巴金是一个爱人类、爱国家、爱人民，一生追求光明的人，不是为写作而写作的作家。巴金"从幼年起就受到了本民族文学艺术的熏陶"（袁振声，1987：7），此后五四后的新文学尤其是鲁迅的作品对他影响深远。他曾表示自己"没有走上邪路，正是靠了以鲁迅先生的《狂人日记》为首的新文学作品的教育。它们使我懂得爱祖国、爱人民、爱生活、爱文学"（袁振声，1987：8）。由此可见，"入世"、重视文学社会政治功用的文学传统与以鲁迅为代表的充满民族气节和文人风骨的作家们深刻影响着巴金，使得他明确了自己的创作宗旨和目的——要把文学看作一种武器，要用如椽巨笔揭露和批判社会黑暗。因而，巴金文学的肺病书写表现出与梶井基次郎极为不同的社会政治性，他赋予肺病浪漫审美之外的宏大政治化隐喻内涵。

相较于中国，日本文学体现的是一种极少触及社会政治问题的超政治性。作为日本最早的诗歌总集，《万叶集》的内容主要为有关羁旅、宴会、传说等"杂歌"，有关人际相互感情，尤其是恋爱的"相闻"以及哀悼逝者的"挽歌"，这些诗歌涉及日常生活，却少有描述社会政治问题的内容。加藤周一（1995：72）曾在《日本文学史序说》中指出，"《万叶集》歌人几乎不触及社会政治问题。从这个意义上说，《万叶集》大体上和同时代的唐诗形成明显的对比。在一方的诗中，诗人敏锐地表现出对政治的关心，而在另一方的歌中，丝毫看不到与政治的关联"。而后续的物语、随笔以及日记文学等大都把文学咏诵和书写笔触置于四季流转、自然风物和身边琐事上。梶井基次郎对肺病书写的特殊处理既有上述"内生原发的"远离政治的文学传统因素，也有"外生继起的"西方文艺思潮的影响。由于深受"艺术至上"文艺思潮的影响，他的文学是艺术至上的，为追求文学的纯粹而煎熬心力。他的作品体现的是即便肉体毁灭也要获得艺术永恒的文学追求，因而他的文学是向内观照，脱离政治社会，具有一种超政治性。

6. 结 语

面对肺病，梶井采取了浪漫主义式的诗性书写，运用诗性语言构筑着自己独特的文学世界，思考着生死这一永恒的人类难题；而巴金却用酷烈的笔触真实摹刻了肺病的残酷，消解了肺病的浪漫主义色彩。他不把肺病作为审美对象，而是赋予肺病关联社会黑暗、时代痼疾等宏大层面的社会政治隐喻内涵。而对同一主题的不同处理自有其背后的个人动机和文化根源。这关乎二者的个人经历、所处的时代背景以及中日两国的文学传统等诸多因素。然而不论如何，正如一千个人眼中有一千个哈姆雷特，文学之所以成为文学，不仅在于其审美性、文学性，更在于其内涵的超越性和多样解读的可能性。从不同的角度来看，二者文学皆有其独特的价值。梶井基次郎对生死的哲思为读者提供了对生死观的积极借鉴，是生死伦理的文学结晶。他的疾病书写具有积极的疗愈功能和道德指引的伦理价值；巴金的文学则具有反叛性和战斗性，他追求"真""善"以及广博的人类之"爱"。他揭示社会黑暗，批判现实弊病，具有中国传统文人的风骨，他的文学是构成中华民族脊梁的众多骨骼之一。二者的文学都具有文学即人学的终极人类关怀，既充实了疾病叙事的内涵，也丰富了世界文学的宝库。

参考文献

[1] 巴金.巴金论创作 [M].上海：上海文艺出版社，1983.

[2] 巴金.巴金全集：第 8 卷 [M].北京：人民文学出版社，1989.

[3] 巴金.忆 [M].上海：文化生活出版社，1936.

[4] 厨川白村.苦闷的象征 [M].鲁迅，译.天津：百花文艺出版社，2000.

[5] 邓寒梅.中国现当代文学中的疾病叙事研究 [M].南昌：江西人民出版社，2012.

[6] 宫爱玲 . 审美的救赎：现代中国文学疾病叙事诗学研究 [M]. 济南：山东教育出版社，2014.

[7] 辜也平 . 巴金创作综论新编 [M]. 上海：复旦大学出版社，2017.

[8] 加藤周一 . 日本文学史序说 [M]. 叶渭渠，唐月梅，译 . 北京：开明出版社，1995.

[9] 姜彩燕 . 疾病的隐喻与中国现代文学 [J]. 西北大学学报（哲学社会科学版），2007（4）：81–85.

[10] 鲁迅 . 鲁迅全集：第 4 卷 [M]. 北京：人民文学出版社，1981.

[11] 桑塔格 . 疾病的隐喻 [M]. 程巍，译 . 上海：上海译文出版社，2003.

[12] 吴宏聪，范伯群 . 中国现代文学史 [M]. 2 版 . 武汉：武汉大学出版社，2000.

[13] 席建彬 . 文化整合中的文学建构与意义生成：论现代小说的"诗性传统"[J]. 南京师大学报（社会科学版），2008（3）：133–138.

[14] 伊藤整 . 日本近代文学史 [M]. 郭尔雅，译 . 北京：商务印书馆，2020.

[15] 袁振声 . 巴金小说艺术论 [M]. 天津：南开大学出版社，1987.

[16] 梶井基次郎，三好達治，堀辰雄 . 現代日本文学全集（43）[M]. 東京：筑摩書房，1954.

[17] 戴松林 . 肺結核と梶井基次郎の文学 [J]. 千葉大学人文社会科学研究科研究プロジェクト報告書，2009（184）：12–22.

[18] 大谷晃一 . 評伝梶井基次郎 [M]. 東京：河出書房新社，1978.

Comparative Study on the Writing of Lung Disease in Motojiro Kajii and Ba Jin's Novels

Abstract: Birth, old age, illness and death are natural phenomena that all living things cannot escape, and they are also the eternal motif of literary creation. When disease is connected with literature, it is not only a physiological state in the biological sense, but also a literary symbol loaded with cultural connotations and metaphorical meanings. As an ancient disease that accompanies human beings, lung disease has left an indelible mark in the history of Eastern and Western cultures. The literary works of Japanese writer Motojiro Kajii and Chinese writer Ba Jin both contain a large number of writings on the pulmonary disease theme. It can be said that lung disease has become an important window to comprehend their literary world. But at the same time, the literary treatment of lung disease by the two shows subtle differences. Based on previous studies and textual analysis, this paper sorts out the differences in the writing of lung disease themes in their novels, further explores the deep-seated reasons behind them through comparative research, and discusses the differences between Chinese and Japanese literature from a small perspective.

Keyword: disease metaphor; poetic writing; disease narrative; lung disease writing

文学伦理学视域下《素食者》的医学叙事

成都农业科技职业学院　韩利敏

摘　要：韩江的《素食者》获 2016 年布克国际文学奖，小说讲述了一名素食主义者英惠在父权社会备受伦理指责直至被认定为临床上的"疯子"的故事。但传统单一叙事进程囿于情节发展中女性反抗家庭暴力所制造的冲突，忽视了小说中医学叙事这一无形的手，减损了其医学伦理价值。医学叙事打破传统线性叙事的范式，与具有颠覆性质的隐性叙事不谋而合，从临床的视角透视性别、梦境与疯癫，消解了横亘在主要情节中的二元对立，还原了英惠从食肉者变成素食者所受到的医学伦理压迫。可见，医学叙事不仅走入了全新的叙事场域，而且作为一种新型叙事观挑战了逻各斯中心主义，使小说中的医学伦理价值得以显现。

关键词：《素食者》；医学叙事；医学伦理

1. 引　言

2016 年，韩国作家韩江凭借《素食者》摘得布克国际文学奖桂冠，成为第一位获得此奖的亚洲作家。作为一名女性作家，韩江的作品不仅关注父权制下女性的生存环境，更关心现代社会中人性所落入的伦理困境。小说由"素食者"、"胎记"和"树火"三个部分组成，情节围绕主人公英惠反抗家庭暴力、对弈社会暴力展开。迄今为止，对《素食者》的研究主要集中于以情节发展为中心的显性叙事，聚焦于女性主义、生态主义、后人类主义等主题。但传统单一叙事进程囿于情节发展中女性反抗家庭暴力所制造的冲突，忽视了小说中医学叙事这一无形的手，减损了小说的医学伦理价值。

文学与医学的联动是沟通科学和人文的桥梁，医学人文为人类发掘与完善人性、拓宽认知边界提供了强大的动力。自 20 世纪 70 年代以来，医学人文运动将文学引入医学，叙事医学也应运而生。叙事医学强调的是文学作为一种工具来提升医生的叙事能力以及医疗服务实践水平，而医学叙事则指与医学相关的各种叙事，但迄今为止国内外将医学引入文学的尝试还十分有限，大部分集中在疾病叙事和弃医从文的作家写作中的医学要素，即各种病症的表征问题，是将非正常体征作为被叙述的对象，遮蔽了患者在医学叙事中的主体性，也忽视了患者与患者家属、医护人员间的关系叙事。医学叙事的窄化，一方面是由于将医学要素融入写作要求写作者具有一定的医学专业知识素养；另一方面，医学叙事的文本是复杂的，不仅有书面的病历、电子的体检单，还有由患者口述、患者家属口述以及医生口述的相关叙事，这一部分口头叙事常常难以被有效记录，即使被记录下来也容易弥散在文学文本当中而被忽视。

文学伦理学创造性地提出脑文本的概念，将文学形式和文学加以区分，这也为叙事分析提供了强大的物质基础和工具支撑，叙事因而变得可视化。聂珍钊（2017）教授指出，文学一定是建立在物质形态的文本基础上的，书面文本、电子文本和脑文本是当前文本存在的三种主要形式。文学伦理学的伦理困境、伦理两难等伦理学相关概念也为医学叙事中的生命伦理、医学伦理等话题提供了有效的阐释视角。本文旨在突破父权社会中的性别等二元对立的束缚，运用文学伦理学的相关理论来透视小说中的医学叙事，对文本中出现的素食主义、梦境、疯癫等关键要素进行临床医学视域下的解读，以此来发掘小说的医学伦理价值。

2. 不对等的经验脑文本与家庭伦理

医学叙事同其他文学一样，也是以文本的形式存在，而鉴于医学领域的复杂性，医学叙事常常涉及不止一种文本形式。亨特尔（Hunter，1991）将医疗实践描述为一种类似于文学批评的阐释活动，患者就是文本，而医生则是批评家。构成诊断接触的文本，是一个关于"作为病人"的故事，整合了四个二级文本，分别是经验文本，即临床接触前患者赋予各种症状的意义、评议、外行评价；叙事文本，即医生根据患者讲述而阐释的问题——传统病史；身体或知觉文本，即医生收集的体检信息；仪器文本，即血检和 X 光诉说的信息；此外，还有治疗叙事：制订下一步的计划并实施该叙事（Greenhalgh，1999）。在文学伦理学的视域下，对上述二级文本进行文本形式上的分类，可以发现医学叙事的文本是同时涵盖三种形式的。首先，来自患者和家属的口头讲述病情是一种脑文本；其次，体检报告等由医学仪器出具的检查报告是电子文本；最后，医生在过往经验的指导下开具的病历则是书写文本。

在精神疾病叙事中，经验脑文本的叙事者主体由患者转移至患者家属，患者叙事主体身份的缺失为精神疾病的诊疗带来了巨大的阻碍。一方面，罹患精神疾病的患者通常被视作不靠谱的叙事者，他们的"疯言疯语""胡言乱语"无法构成病因、病症的理性客观描述；另一方面，虽然疾病本身已是机体的异常状态，但精神疾病被视作疾病中的"异常"，精神病患者被隔离在正常医疗体系之外，医学叙事的第一来源——经验文本的叙事主体也就理所当然地让渡给了患者家属尤其是近亲。

进入婚姻关系的女性在出现精神问题之后，其经验文本几乎全部由其丈夫提供，丈夫作为首先发现妻子"异常"的近亲当仁不让地成为疯癫叙事的第一人。所有的文本都是在概念的基础上形成的，脑文本也不例外，是由脑概念构成的。脑概念是对客观事物的抽象定义，是用于指称某一具体事物或抽象概念的术语，从来源上可以分为物象概念和抽象概念。物象概念通过感知、认知、理解的过程形成对物象的印象和定义，而抽象概念通过对物象概念的进一步认知得到，二者均为对事物的抽象认识（聂珍钊，2017）。在第一部分

"素食者"中，丈夫对"梦""精神病""吃素"等物象概念以及对这些物象概念进一步认识得到的抽象概念构成了英惠"被精神病"的一手经验脑文本。在发现英惠丢掉家里肉食并开始吃素这一"异常"行为后，丈夫即使怀疑妻子患初期偏执症或妄想症乃至神经衰弱，但仍回避带她去看医生，而是用妻子没有家族遗传病史来安慰自己。而且，他只是通过电话向岳父、岳母以及英惠的姐姐仁惠控诉英惠突然吃素且不给他做肉食吃的事实，而对英惠连续做噩梦、失眠的事实避而不谈，之后又在家庭聚餐上伙同岳父、岳母向英惠施压，逼迫她吃肉。

英惠的个人化叙事全部出现在第一部分，她的声音只被丈夫听到了，却未能得到应有的关心和回应。在丈夫的认知中，人不可能因为一个梦就把肉统统扔掉，即"梦"这个物象概念经过丈夫大脑的思维转码为"虚无缥缈""不可置信"等抽象概念。在丈夫的经验里，吃素是人们为了健康长寿，改善过敏体质，或为了保护环境或受宗教影响（韩江，2021）。在以上错置脑概念的指引下，丈夫将英惠多次对可怕噩梦的描述进行了冷处理，并没有将梦与妻子的异常联系起来。英惠的那些梦境描述只出现在第一部分"素食者"中，而在后面两部分当医疗系统介入时，这些梦境叙事消失得无影无踪。无疑，这些梦不仅是解释英惠病因的关键，也是临床上确定诊疗方法的关键，对医生给出合理叙事文本起着近乎决定性的作用。在之后的两个部分"胎记"和"树火"中，英惠的声音全部变为第三人称叙事，经验脑文本的叙述主体身份也彻底让渡给丈夫、姐姐、姐夫等他者。

经验脑文本叙事主体身份的失落折射出当时韩国社会中两性在家庭中的权力不对等，背后是家庭伦理结构的严重失衡。文学伦理学认为伦理环境是文学产生和存在的历史条件，要求文学批评必须回到历史现场，即在特定的伦理环境中批评文学，不能脱离历史，不能超越历史（聂珍钊，2010）。韩国的父权制观念由来已久，父系血统中心和男女有别的观念赋予了男性绝对的支配地位，在家从父、出嫁从夫，女性在家庭中处于被管制的地位，传统家庭伦理道德观念规训女性要以男性为家庭中心，为男性服务。在原生家庭中，身为长女的仁惠要代替终日辛劳的母亲给父亲煮醒酒汤而能少受一些皮肉之苦，而性格相对固执的妹妹英惠就没那么幸运了，她一直被父亲打小腿肚打到了十八岁。在离开原生家庭后，英惠又因为自己寡言少语、温顺平和的朴实气质被丈夫选中承担起一个平凡妻子的角色，"她每天早上六点起床，为我准备一桌有汤、有饭、有鱼的早餐，而且她从婚前一直做的副业也或多或少地贴补了家用"（韩江，2021，3）。她很少向丈夫提要求，也很少抱怨，无言地满足着丈夫的一切要求，直到她要求吃素并且不再做肉食时丈夫就无法容忍她了，他以英惠患有精神疾病为由要求离婚。伦理要求身份同道德行为相符合，即身份与行为在道德规范上一致，伦理身份与伦理规范相悖，就会导致伦理冲突（聂珍钊，2010）。可见，在当时的韩国社会中，女性的伦理身份是依附于男性的，一旦她们企图拥有自己独立的人格和身份，就面临着被从家庭伦理结构中排除出去的困境。

后来，尽管丈夫意识到英惠可能正遭受着精神疾病的困扰，他也并没有将英惠送去医院治疗。因为在丈夫的大脑中，"精神疾病"这个物象概念对应的是"羞耻""不可言说"。在同事聚会上，专务夫人询问英惠为什么吃素，丈夫打断英惠的话，以肠胃病之名岔开话题，可见在丈夫看来精神病和肠胃病虽然同为疾病，但是肠胃病是"正常"的疾病而精神病却难登大雅之堂。正如苏珊·桑塔格在《疾病的隐喻》一书中写道的，"任何一种被作为神秘之物加以对待并确实令人大感恐怖的疾病，即使事实上不具有传染性，也会被感到在道德上具有传染性"（桑塔格，2003：13）。疾病虽然导致机体异常，但是不同疾病之间仍有"正常"与"异常"之分，精神疾病显然位列后者，不可避免地被边缘化和污名化。

3. 倒错的叙事文本与医学伦理

究竟什么是疯癫，怎样界定理性和疯癫，人类至今无法给出一个明确的答案。但是，各个历史时期对疯癫有不一样的解读视角。福柯在《疯癫与文明》中对疯癫和理性进行了考古学式的研究，发现疯癫并不是一个本质主义概念，而是文化建构的产物。疯癫作为一个能指，在不同历史时期具有不同所指，"在文艺复兴时期，这个内容是神秘的启示；在古典时期，是罪恶；在 19 世纪，是病情"（汪民安，2018：19）。启蒙运动的核心思想是"理性崇拜"，疯癫彻底站在了理性的对立面，在哲学方面成为被凝视的他者，在医学方面成为需要攻克的疾病。总之，疯癫成为文明社会中可憎的排斥物，"疯癫者"也成为异质性的他者而遭到"正常人"的排挤。英惠母亲在绝望之中对英惠所说的话道出了这一真相，"你现在不吃肉，全世界的人就会把你吃掉"（韩江，2021：48）。德里达从解构主义出发，反对以西方形而上的批判传统来理解理性和疯癫。不同于福柯的从文本进进出出的方式，德里达忠于文本，从语言内部出发，认为理性与疯癫二者并非异质，也不具有二元对立的对抗关系，"疯癫是理性的迂回式延搁，而理性是疯癫的差异性要素"（汪民安，2018：38）。在隐性叙事视角下，疯癫和理性二者相互游戏，对"疯癫者"英惠的描绘中不乏"正常""冷静"的字眼，而"正常人"却做出一些疯狂的举动使得场面变得失控、无序。

迄今为止，医学上的精神障碍仍然缺乏客观的诊断标准，其诊断仍然依赖医生对主观症状的阐释，即叙事文本。叙事文本是医生结合过往的医学知识和临床经验对患者的症状进行阐释，医生的医学知识素养和主观经验成为给出叙事文本的脑文本基础。英惠的主治医生是一个三十几岁的男性医生，"有着健壮的体格，不管是步调还是表情都充满了自信"（韩江，2021：143），他根据英惠的症状，将其诊断为"神经性厌食症"，而厌食症的表现是"即使身体已经骨瘦如柴了，患者本人还是觉得自己很胖，产生这种心理的原因多半来自与母亲之间的矛盾"（韩江，2021：144）。他认为英惠的病情特殊，"既存在精神分裂症，也有厌食症"，而至于这样的诊断结果是否符合英惠的病情，医生这样说道，"虽然我们可以肯定她不是重度精神分裂，但也没想到会演变成这样……但我们不知道金英惠患者拒绝进食的原因，即使使用药物也丝毫没有效果"（韩江，2021：144）。但事实是，英惠既没有身材焦虑，同时也并未与母亲产生矛盾，相反，父亲从小打骂以及在她面前虐狗、给她吃狗肉等行为却给她留下了心理创伤，医生在缺乏患者自述症状及病因的情况下就给出叙事文本，这样的临床诊断显然缺乏有效性。

有效性不仅是一个精神病学临床实践的诊断概念，它本身也充满了社会政治文化和道德含义，因为对于"精神障碍和疾病"的界定不仅涉及精神疾病的防治以及精神健康服务体系的建立和完善，也在伦理、文化和政治意义上关系到一个人的人格、自由、社会权利和地位（肖巍，2014）。触犯伦理禁忌的英惠和姐夫一起被救护人员带走后，主导伦理闹剧的姐夫被医院诊断为精神正常而被关进了拘留所，"经过数月的诉讼和毫无意义的自我辩护，最终被放了出来"（韩江，2021：141）。英惠却在被关进了隔离病房后，再也没能出来。象征西方人权的两个至关重要的自由主义法则被融入刑法，然而，这两个原则仅仅适用于那些没有遭受精神障碍的人。"假如你由于精神疾病而有过一个暴力行为，你可能会被拘禁在一家精神病院里，直到你被认为不会对他人造成一定的威胁为止。这可能会比一个精神正常、有过相似暴力行为的罪犯被拘禁在监狱里的时间要长得多。实际上即使你没有暴力行为，你也可能被这样拘禁着。"（托尼，2015：163）虽然法律规定精神病患者不必为自己的犯罪行为负法律责任，但是他们因此被关进精神病医院的拘禁可能比在监狱中拘禁的时间久得多。

以姐夫主导伦理禁忌悲剧为始，最终以英惠被收监至精神病医院为终，英惠在很大程度上"被精神病"了。所谓"被精神病"，通常表现为不该收治的人被送进精神病医院进行隔离治疗，且只要被确认为精神病，就丧失了基本的人身自由（赵丽，2015）。在第一部分"素食者"中，英惠丈夫迟迟不肯带她去就医的一个重要原因是他在自己身上也看到了英惠的影子，如果英惠是不正常的，那他或许更甚，正常和疯癫的难以界定正是英惠丈夫逃避带英惠积极就医治疗的根本原因。在第二部分"胎斑"姐夫的眼中，英惠除了比正常人身材消瘦些，基本上和正常人别无二致。在家庭聚会上英惠拒绝吃肉之后就住在姐夫家，那一段时间她经常帮忙照顾侄子，神色平静，甚至能去工作。在最后一部分"树火"姐姐仁惠的描述中，英惠在住进精神病院以前能够清楚地表达自己认为医院很舒服，因此希望住院的想法。说话时她眼神清澈、讲话有条理、神色平静，除了减小的食量、下降的体重和消瘦的身材，她和正常人几乎毫无差异。以上种种表现都说明英惠在进入精神病医院前并不具备足够送治的症状描述，而是"被精神病"。虽然英惠表示同意进入医院，但是对进入医院以后的诊断、治疗、预后等却并不知情，这显然侵犯了英惠作为患者的知情同意权，不符合病人利益最大化的基本医学伦理原则。作为英惠的唯一监护人，姐姐仁惠自述将英惠送进医院治疗的真正原因是她没有办法和英惠生活在一起，"她难以承受看到英惠时所联想到的一切。事实上，她在心底憎恨着妹妹，憎恨她放纵自己的精神跨越疆界，她无法原谅妹妹的不负责任"（韩江，2021：146）。可见，院前救治转送并不符合患者本人的利益最大化原则，而是符合患者近亲属的利益最大化原则，这也间接损害了患者本人的应有权利。

4. 缺失的知觉仪器文本与生命伦理

精神障碍属于心理或是大脑认知上的疾病范畴，从19世纪至今其生物医学模型仍处在初步探索阶段，很难从体检信息或仪器出具的其他电子文本如X光信息来进行诊断，因此知觉仪器文本在精神障碍患者的文本中长期处于不在场的状态。医疗体系对精神障碍的干预主要是以技术手段尽可能延长患者生命长度为目标，导致了忽视患者的生存质量，甚至在患者不知情的情况下以牺牲患者生存质量为代价一味追求生命长度的延长，这样做的结果只会使患者病情恶化。英惠入院以后，护工首先仔细检查了她所携带的每一件物品，检查是否有类似于绳子或是别针之类的东西，以防她用这些物品自残或自杀；健壮而自信的中年男性医生以职业性微笑来应对患者的倾诉，像哄小孩一样回应患者的诉求，用胃管引流的方式来强制英惠进食；护工、护士强行将英惠压在床上，绑住她的双手、双脚来辅助医生实施强制治疗。虽然医疗体系的目的是延长患者生命的长度，但却以强制治疗的手段侵犯了患者的人身自由、知情同意等多项权利，严重损害了英惠生而为人的生命尊严和生存质量，间接加速了英惠做出放弃生命的选择。

人源于动物却高于动物，人创造了神又受制于神。横亘在低于人性的"兽性"和高于人性的"神性"之间，人性如何建构自身的独特性？朱光潜先生从古希腊的模仿论出发，给出了回答："人性就是人类自然本性。人性是人所共有的区别于其他动物的特质和属性。它既与神性、兽性相区别，又与非人性、反人性相对立"（朱光潜，1979：39）。可见，人性是兽性和神性的对立统一体。首先，人类属于动物的范畴，从自然属性的角度来看，人性属于兽性的范畴，而且"人永远不能完全摆脱兽性"，"问题永远只能在于摆脱得多或少些，在与兽性或人性的程度上的差异"（林华山，2007：67）。在《素食者》中，父亲、丈夫和姐夫利用自身在体能、权力以及知识话语等方面的强势地位来胁迫、诱骗处于弱势的英惠，目的只是实现自身需求——彰显自身权威、维护惯常秩序、满足欲望释放，这是无情又残酷的暴力施加，是人性中兽性的肆虐。此外，是人创造的神，即人是先于自我意识的存在。因此，从精神属性的角度来看，神性应统辖至人性的范畴，神性是人类从古至今对自我完满的勇敢追求，是无惧死亡的植物属性。英惠追求"一棵树"的生存方式，摆脱对食色的欲望，面对暴力不惧死亡，其从容勇敢正是神性在人身上的彰显。亚里士多德在《政治学》中指出，"一个在自然本性上不适于城邦生活的存在要么是低于人的野兽，要么是高于人的神"（陈斯一，2019：137），显然，英惠属于后者，从拒绝吃肉到拒绝进食，从寡言少语到彻底沉默，英惠一步步从"人类"这个范畴全身而退。

在人性的光谱图上，兽性和神性分置于两端，人性就横亘在二者之间。文学伦理学中用斯芬克司因子来衡量人性，认为斯芬克司因子由人性因子和兽性因子两部分构成，其中人性因子是高级因子和主导因子，兽性因子是低级因子和从属因子，因此前者能够控制和约束后者，从而使人成为伦理的人（聂珍钊，2014）。英惠在从人到树的生成过程中，其作为动物的欲望扩张逐渐隐退，人性逐渐从兽性一端向神性一端靠近。"食、色，性也"，食欲和性欲是动物的本能，也是兽性的集中体现。梦境的赤裸欲望写照是英惠过往兽性的映射，她意识到暴力的根源就在于人类动物性欲望的无限扩张。

梦境叙事就是英惠斯芬克司因子动态变化的真实映照，是她企图返回伦理混沌状态的初始原因。在第一个梦中，仓库里挂着数百块血淋淋的肉块，英惠吃了掉在地上的一块肉，看到了血泊里自己的眼睛；在第二个梦中，她目睹杀人，但她记不清究竟是她杀了别人还是别人杀了她；在第三个梦中，她看到了禽兽，禽兽的眼睛、头盖骨向她扑来，这个梦同时也与丈夫在医院陪护床上睡着时所做的梦产生了隐秘的互文关系，梦里他像处理活鱼那样杀人，梦是如此真实以至于醒来后他怀着恐惧的心情检查了英惠的呼吸。这三个虚幻的梦折射出的是现实，是英惠童年吃狗肉、结婚后烹饪肉食以及决定吃素后遭丈夫和父亲暴力胁迫的生动写照。人类为满足自身欲望宰杀动物、伤害同类、破坏生态，其人性成分接近兽性，远离神性。写实的梦境刺激英惠与自身欲望展开斗争，而斗争本来的目的只是清除自身的暴力要素，其结果却成为对整个人类社会的背叛。在丈夫眼里，她成了陌生人，不再是从前那个令人满意的"平凡妻子"，她单方面解除妻子服务丈夫这一契约，不仅自己不吃肉，也不再给丈夫做肉吃，不再愿意身上有"肉味"的丈夫把性欲发泄在自己身上。在姐夫眼中，英惠身上散发的是古朴的野性气质，能"让人联想到太古的、进化前的或是光合作用的痕迹，与性毫无关联，它反而让人感受到了某种植物性的东西"（韩江，2021：83），但讽刺的是，正是英惠身上散发的植物性诱发了姐夫身上的兽性。从动物到植物的生成过程就是英惠解放自我人性的过程，是兽性逐渐隐退、神性逐渐显明的过程。

在社会性诸多向度二元对立的钳制下，人性如何定义自身？作者在最后一部分"树火"中通过对姐姐仁惠的内聚焦来完成对复杂人性的追寻之旅——在伦理困境中反思伦理。姐姐仁惠是从始至终最关心英惠的人，即使最后因为英惠和丈夫的丑闻切断与原生家庭的联系、忍受他人的非议，她依然选择独自承担起照顾英惠的责任。但是，在一次次探望的过程中，仁惠开始反思自己的人生，"她突然觉得自己仿佛从未活在这个世界上一样"（韩江，2021：166）。她反思自己的原生家庭，想到小时候和妹妹被父亲轮番扇耳光；反思自己的婚姻，想到或许只是因为男方的艺术家身份和婆家良好的家庭氛围才让她选择走入婚姻；反思自己"身为女儿、姐姐、妻子、母亲和经营店铺的生意人，甚至是作为在地铁里与陌生人擦肩而过的行人，她都会竭尽所能地努力扮演好自己的角色"（韩江，2021：142）。仁惠终于明白，被社会捆绑的她原来一直都未能活出真正的自己，她的个人身份探索伴随着妹妹漫长而艰辛的"生成"之旅一起展开。正是对妹妹、对儿子的责任感让仁惠守住了自己生而为人的独特性，不至于向人性光谱两端太过倾斜，英惠的死亡也指向姐姐仁惠的重生。姐姐是作者同理心的具象化，作者没有让这个社会全然误解英惠，姐姐理解英惠的过程也是理解自己的过程，"男性"与"女性"，"神性"与"兽性"，"理性"与"疯癫"最终变得模糊不清，人性与社会性最终达成了一定程度的和解。

5. 结 语

韩江（2018）曾在采访中表示，"我的写作主题，从大的方面来看确实就是人是什么，现在我也不断在思考这个主题，每次写小说时都会问自己这个问题……我写第三部长篇小说《素食者》时，思考的是人能不能完全地去除暴力，能不能在去除暴力的状态下生存下去"。可见，复杂人性始终处于《素食者》最关切的中心。医学叙事打破逻各斯中心主义的情节桎梏，突破二元对立的批评视角，发现《素食者》在以暴力下女性反抗为中心展开的情节发展背后，存在着多元阐释空间。医学叙事打破传统文学线性叙事的范式，与具有颠覆性质的隐性叙事不谋而合，从临床的视角透视性别、梦境与疯癫，消解了横亘在主要情节中的二元对立，通过不对等的经验文本、倒错的叙事文本以及缺失的知觉仪器文本，本文还原了英惠从食肉者变成素食者所受到的医学伦理压迫。可见，医学叙事不仅走入了全新的叙事场域，而且作为一种新型叙事观挑战了逻各斯中心主义，使文本的医学伦理价值得以释放。

参考文献

[1] 聂珍钊. 脑文本和脑概念的形成机制与文学伦理学批评 [J]. 外国文学研究，2017，39（5）：26–34.

[2] 聂珍钊. 文学伦理学批评：基本理论与术语 [J]. 外国文学研究，2010，32（1）：12–22.

[3] 聂珍钊. 文学伦理学批评导论 [M]. 北京：北京大学出版社，2014.

[4] 桑塔格. 疾病的隐喻 [M]. 程巍，译. 上海：上海译文出版社，2003.

[5] 汪民安. 福柯的界线 [M]. 开封：河南大学出版社，2018.

[6] 韩江. 素食者 [M]. 胡椒筒，译. 成都：四川文艺出版社，2021.

[7] 肖巍. 哲学与精神病学研究的新视野 [J]. 中国医学伦理学，2014，27（6）：762–766.

[8] 霍普. 牛津通识读本：医学伦理 [M]. 吴俊华，李方，裴劼人，译. 南京：译林出版社，2015.

[9] 赵丽. 从"被精神病"看精神病人强制医疗的伦理和法律问题 [J]. 中国医学伦理学，2015，28（3）：364–368.

[10] 朱光潜. 关于人性、人道主义、人情味和共同美问题 [J]. 文艺研究，1979（3）：39–42.

[11] 林华山. 试论人性问题的提出与反复 [J]. 新学术，2007（2）：67–69.

[12] 陈斯一. 阿基琉斯的神性与兽性 [J]. 外国文学，2019（4）：137–144.

[13] 专访国际布克奖得主韩江 韩国女作家和她的《素食主义者》[EB/OL].（2016–06–23）[2022–05–30]. https://www.takefoto.cn/viewnews-818120.html#

[14] Hunter K M. Doctor's stories[M]. Princeton: Princeton University Press, 1991: 10.

[15] Greenhalgh T. Narrative based medicine in an evidence based world[J]. British Medical Journal, 1999(318): 323–325.

The Medical Narrative of *The Vegetarian* from the Perspective of Ethical Literary Criticism

Abstract: *The Vegetarian* by Han Kang won the 2016 Booker International Prize for fiction, in which a vegetarian named Yeong-hye is ethically accused in the society until identified as a mad woman clinically in the end. But the critical attention has focused on the linear narrative of plot development tracing the conflict created by the female rebelling against domestic violence. In this case, the medical narrative behind the plot development is ignored, which undermines the medical ethical values of the fiction. Medical narrative breaks the conventional paradigm of the linear narrative in literature and coincides with the covert progression, an implicit dynamic behind the explicit. Medical narrative looks at gender, dream and madness from a clinical perspective, which deconstructs the binary opposition in the plot development as well as reveals the medical ethical oppression when Yeong-hye is converted to vegetarianism from a meat-eater. It can be seen that medical narrative not only enters a new narrative field, but also challenges Logocentrism as such a new narrative view that the medical ethical values of the text are revealed.

Keywords: *The Vegetarian*; medical narrative; medical ethics

翻译学与对外传播

少数民族译制片中的文化负载词翻译问题探微
——以哈萨克族电影《鲜花》字幕英译为例

新疆大学　黄钰涵

摘　要: 电影是文化的重要载体, 在文化的宣传和弘扬等方面发挥着重要作用, 而电影字幕中出现的文化负载词则从微观层面展示出一个民族特有的民俗, 对译制片的翻译质量构成挑战。本文以素有"中国哈萨克版《音乐之声》"的电影《鲜花》中的文化负载词翻译为例, 探究译制片中的文化负载词翻译问题, 并有针对性地给出解决策略, 旨在为学界对民族文化负载词的英译提供借鉴, 并呼吁业界提高对少数民族译制片文化负载词翻译质量的重视度。

关键词: 少数民族译制片; 文化负载词翻译; 问题与策略;《鲜花》

1. 引　言

2022 年 7 月 12 日至 15 日, 习近平总书记在新疆考察时强调, 要铸牢中华民族共同体意识, 促进各民族交往交流交融。哈萨克族自古以来就是中华民族的重要组成部分, 其文化内涵丰富且独具特色。21 世纪以来, 哈萨克族题材电影在获得业界好评的同时也传播了哈萨克族民族文化, 加强了各民族、各国之间的文化交流, 体现出新时代下的文化认同与文化自信。

少数民族译制片字幕翻译的重中之重是文化负载词的翻译。素有"中国哈萨克版《音乐之声》"的电影《鲜花》①的字幕中包含大量的哈萨克族文化负载词, 生动地展示了哈萨克族民俗, 成为观众了解民族特色文化的重要依托。遗憾的是, 字幕中的文化负载词翻译却未能充分地再现源语文化。本文将以此译制片为语料依托, 分析字幕中文化负载词翻译的问题并有针对性地提出改进建议, 以推动我国少数民族译制片翻译水平的提高, 促进少数民族文化"走出去"。

目前国内关于文化负载词的英译研究已经取得了一些成果。刘雨燃 (2013) 将蒙古族、

---

① 电影《鲜花》为新中国成立 60 周年献礼片, 通过讲述一个哈萨克族女阿肯的成长历程展现哈萨克族民间阿依特斯艺术的魅力和新疆少数民族地区人民和谐美好的生活画卷。2010 年 5 月 11 日,《鲜花》作为首部放映的中国影片出现在全球顶尖的戛纳国际电影节上; 2013 年该片荣获第 13 届韩国光州国际电影节"艺术电影奖"。

满族和鄂温克族的文化负载词进行分类，选取"对等"和"异化"的角度分析民族文化负载词的翻译策略；王月茹和吴晶晶（2020）采用了尤金·奈达的等效翻译理论，对广西特色民俗文化负载词的英译策略进行了研究；雷淑华和欧阳偶春（2022）从跨文化传播视角出发，探究客家民族文化负载词的英译策略。但大多数的学术研究都是以其他民族文化负载词的翻译为主，或是仅关注电影字幕翻译。郝晴和雷晴岚（2022）从目的论出发，介绍目的论在电影《花木兰》字幕翻译中的指导作用；王建国、徐婉晴和洛桑曲珍（2022）研究少数民族题材电影《唐卡》的字幕翻译。鲜有人探究哈萨克族文化负载词英译，结合电影字幕分析哈萨克族文化负载词翻译中出现的问题的研究也十分匮乏。基于此，笔者拟对哈萨克族电影《鲜花》中的文化负载词翻译开展问题研究，尝试提出有效的解决方法，拟将其作为电影字幕翻译和文化负载词翻译二者结合探讨的创新尝试。

2.《鲜花》字幕翻译中文化负载词英译问题

哈萨克族文化负载词是负载着哈萨克族文化的词汇，展示着哈萨克族的文化内涵与精神价值。哈萨克族自古以来就是一个游牧民族，长期以来哈萨克族聚集区的自然环境和哈萨克族人民的生产生活方式逐渐发展并固化，形成了哈萨克族所特有的物质文化和精神文化，民族特色明显。

电影《鲜花》将哈萨克族"阿依特斯"艺术和草原文化有机结合，字幕中出现"阿肯"、"冬不拉"和"毡房"等文化负载词，在绽放哈萨克民族魅力光芒的同时，也承载着弘扬哈萨克民族优秀文化的使命。

少数民族译制片文化负载词翻译的最终目的在于弘扬少数民族优秀文化，促进跨文化交流，让目标语观众在观看电影的同时产生了解少数民族文化的兴趣，为讲好中国故事、传播好中国声音争取更多的文化认同，助力于构建中国话语和中国叙事体系。然而，译制片文化负载词的翻译实际上仍然存在不少问题。

2.1. 文化负载词翻译标准不统一

电影《鲜花》中共出现了两个地理文化负载词，即"喀拉峻草原"和"赛里木湖"。

例1：

原文：对于自己她只有一个小小的心愿，就是能去看看第二天在喀拉峻草原举行的阿依特斯大会。尽管，她担心去那样的场合会遭人白眼。

译文：For herself she has only a small wish that she can attend the Ayitesi Show held in the Kalajun Grassland tomorrow. Although she is afraid that she will get the cold shoulder turned upon her.

例2：

原文：我会对心爱的人说，我不会对你索要别的东西，把赛里木湖的一半给我就行。

译文：I will tell my lover I don't need anything else, except the half of the Sayram lake.

同样是旅游景点地名的翻译，译者采取了"音译加直译"的翻译方法。在"喀拉峻草原"的翻译"Kalajun Grassland"中，译者将单词首字母均大写，但对于"赛里木湖"的处理，译者给出的译出语"Sayram lake"中"lake"却没有首字母大写。中华人民共和国国家标准《公共服务领域英文译写规范》中规定：短句字母全部大写或者所有单词的首字母大写。可以明显地看出，对"赛里木湖"这一文化负载词的翻译不符合标准，没有展现出明确的规范，导致字幕缺乏一定的严谨性和标准性。

2.2. 文化负载词漏译、缺译问题

哈萨克族民俗文化积存丰厚，文化色彩别具一格，也正是因为哈萨克族文化的独特性，加之中西方文化间的巨大差异，有些文化负载词在目标语中无法找到与其译出语相对应的表达，增加了译者对文化负载词进行翻译的难度，因此导致翻译中出现漏译或缺译的现象，未能传递出源语所要表达的信息，无法实现翻译的对等。影片中的"还子"习俗就是一个典型的例子。

例 3：

原文：在睡摇篮仪式之后，我也按照哈萨克族的还子习俗过继给爷爷奶奶，成为他们的女儿。

译文：After the Cradle Ceremony, I followed the traditional custom of Kazak. I left my home and was adopted by my grandparents, becoming their daughter.

"还子"习俗是哈萨克族一种历史悠久的特殊习俗。所谓"还子"，就是新婚夫妇将婚后所生的第一个孩子过继给男方的亲生父母，即孩子的爷爷奶奶。他们认为自己的生命是由父母给的，婚后离开父母，父母身边就少了一个可以照顾老人的亲人，把第一个孩子过继给父母，一是可以为老人的老年生活增添乐趣，二是待孩子长大后，能够同自己一起照料老人，以表示对老人的孝敬，尽到赡养老人的义务。"还子"习俗在过去哈萨克族的游牧生活中起到了解决劳动力不足、联系亲人之间的关系、赡养老人、保证社会人口的再生产等作用。20 世纪 50 年代前，"还子"习俗在哈萨克族社会生活中一度盛行。20 世纪 80 年代后，随着国家政策和社会发展的影响，"还子"习俗逐渐被淡化。

影片中，女主人公"鲜花"的母亲古莱依在分娩后将女儿过继给孩子的爷爷奶奶。在字幕翻译中，译者对"哈萨克习俗"进行了翻译，即"the traditional custom of Kazak"，但漏掉了对"还子"二字的翻译。值得一提的是，"还子"习俗在哈萨克族社会生活中发挥着不可估量的作用，并且这也是导演想要通过该影片向大众传播的重要文化内容之一。丢失了对"还子"的翻译，不仅未能实现译入语和目标语之间的对等，而且会令外国观众产生疑惑，极易造成与其他事物的混淆或引发错误联想。

2.3. 文化负载词翻译中文化缺省问题

哈萨克族文化内涵丰富，意蕴深厚，具有区别于其他少数民族的特有词汇，且涉及内容比较广泛，例如语言文字、音乐艺术、草原文化等方面。每个文化负载词都担负着传承

哈萨克族文化的使命，闪烁着独特的耀眼光芒。

译制片字幕翻译不仅是语言层面的转换，更是文化层面的传播，然而影片中出现的大部分文化负载词在字幕翻译中存在一个共性问题：文化缺省。

陆莺（2004：4）在《论异化翻译的最优化》中指出："不同国家和民族对世界有不同的观察角度和描述方式，他们在历史进程中又有着各自独特的经历，所有经历在社会发展的进程中不断积淀至语言文化的深层，从而成为语言中的'隐含知识'，但它们对于国外读者而言，就构成了'文化缺省'。"这里的"文化缺省"发生在不同民族的文化之间，包括不同文化间的语言空缺和社会活动空缺等。

例4：

原文：我们再一次向哈萨克阿依特斯的传承人表示祝贺。

译文：Let us congratulate the heritor Ayitesi of Kazak once more.

"阿依特斯"在哈萨克语中具有"争论""雄辩""对歌"等含义，是一种竞技式的即兴对唱表演形式，曲目种类多样，从歌词到音乐都充满了浓郁的哈萨克族民间口头文学和音乐艺术的特点，是哈萨克族历史文化和民风情感价值的真实写照，被誉为反映哈萨克人民社会生活的"一面镜子"和"百科全书"，2006年被列入第一批国家级非物质文化遗产代表作名录，堪称哈萨克民族的艺术瑰宝。

例4中，译者采用了"音译"的翻译方法，将"阿依特斯"音译为"Ayitesi"。

例5：

原文：阿肯活不到千岁，但他的歌声却能流传千年。

译文：Arkin can't live forever, but his songs can.

"阿肯"指哈萨克族民间弹唱艺人，他们既是即兴作诗的诗人，又是弹奏民族乐器的高手，阿肯们弹奏冬不拉进行"阿依特斯"对唱。他们知识渊博、思维敏捷，能瞬间对答如流，竭力让对手措手不及、难以招架。阿肯们不仅是才华横溢的民间艺术家，还是活跃在哈萨克族基层、占领基层文化阵地的骨干力量，在反映哈萨克族牧民幸福生活、赞颂向上的精神风貌、弘扬真善美的社会价值观、引领群众崇尚科学、传承文明等方面发挥着积极作用，深受人民群众的欢迎与爱戴。

例6：

原文：可是只要我一停下来，你的冬不拉就会在我的耳畔响起。

译文：Once I stop to have a rest, I can hear the sound of your dombura.

冬不拉是哈萨克族的一种传统弹拨乐器。冬不拉名字的由来与弹拨乐器时发出的声音有关，"冬"是指弹奏时发出的"咚咚咚"声，"不拉"是指乐器的定弦。冬不拉历史悠久，种类、造型多样，文化特色鲜明，为哈萨克族人民的生活增添了色彩，同时也展示出哈萨克族音乐艺术的魅力。通过阿肯的弹唱，冬不拉艺术不断发展，与不同时代和不同区域的文化相结合，并以其独特的历史文化价值及社会价值为中华民族优秀传统文化注入新鲜血液。2008年，哈萨克族冬不拉艺术被列入第二批国家级非物质文化遗产名录。

在例5和例6中，译者均保留了哈萨克语音译，分别为"Arkin"和"dombura"。

与文化负载词漏译问题不同的是，译者对三个文化负载词均采取了正确的翻译方法，但文化负载词背后隐含的文化知识并未得到全面、彻底的处理，文化负载词的内涵未被表达或体现出来，造成观众的理解障碍，导致观众不能够很好地了解哈萨克族"阿依特斯"艺术和把握作品的主题思想。

3. 文化负载词在电影字幕翻译中的困境

3.1. 字幕时空局限性

张春柏（1998：4）在《影视翻译初探》一文中指出："与文学作品不同，电影和电视剧是一门画面的艺术。这一根本特点就决定了影视作品与文学作品的区别。"

钱绍昌（2000：5）在《影视翻译——翻译园地中愈来愈重要的领域》一文中还指出，"文学翻译遇到读者难以理解之处可以在该页或该章节之处做注解。但影视翻译工作者却享受不到这种待遇。这就给译者带来很多的困难，也是影视翻译最难之处"。

受屏幕上演员动作和字幕字数的双重限制，电影中的翻译补偿也存在一定的局限性。字幕随着画面中演员讲话内容的切换而不断地被调整，并且字幕和画面中人物之间的对话必须在时间和空间上保持一致，这就意味着字幕呈现和停留的时间不能过长，否则会造成字幕与画面不对应，影响影片画面和信息的整体呈现。这就要求字幕翻译和所加注释必须在短时间内同时有效地把人物的思想情感和事物的象征意义传递给观众。

3.2. 文化负载词厚翻译的必要性

1993 年，美国哈佛大学翻译学者阿皮亚（Kwame Anthony Appiah）（1993：817）首次提出"Thick Translation"，并将其定义为"通过注释和伴随的注解，将文本置于一个丰富的文化和语言环境中"。厚翻译又称丰厚翻译、深度翻译等，旨在通过增加序言、脚注、尾注、文内释义等方法提供背景知识，从而保留源语言文化的特征，使源语言文化得到目标读者更全面的理解和更深刻的尊重。

对于影片中的文化负载词翻译来说，如果某一文化负载词为特定的民族所独有，那么该文化负载词的翻译则承载着向观众简单介绍这一词语背后所体现的文化内涵的使命。

但在通常情况下，观众观看和阅读字幕的速度远远低于影片中人物讲话的速度，再加上字幕时空的限制，对文化负载词加注也无法克服这一障碍。这就对译者的素养和水平提出了一定的要求，译者应尽最大可能协调好字幕时空局限性和文化负载词厚翻译之间的统一性，竭力向观众呈现较为完整的文化信息。

4. 译制片中文化负载词翻译问题的解决策略

4.1. 培养专业研究少数民族文化负载词的翻译团队

少数民族译制片是我国对外宣传中华民族优秀文化的一种重要形式，这就对译制片中文化负载词的翻译提出了一定的要求。

黄友义（2004）曾提出外宣三贴近原则，即贴近中国发展的实际、贴近国外受众对中国信息的需求和贴近国外受众的思维习惯。基于此，笔者认为译者在进行文化负载词翻译时需要始终保持三种意识：专业意识、文化意识和受众意识。专业意识是指译者在进行正式的翻译前须充分做好前期准备工作，通过具有权威性的官方渠道了解少数民族语言文化、风俗习惯和宗教信仰等专业背景知识，并获取官方提供的外语表达，避免望文生义、闭门造车。文化意识即译者须洞悉少数民族文化负载词背后蕴含的深层次内涵，同时还对译者的文化素养提出了一定的要求。译者在掌握译出语文化的基础上，还要了解目标语文化，力求在目标语中找到相应的文化对等词语，或采用相近的文化意象进行翻译补偿，从而实现文化间的有效交流。受众意识要求译者在进行翻译时将目标语读者考虑在内，时刻保持对读者感受的重视度，切忌将文化负载词译得晦涩难懂，使读者一头雾水，同时也不能直接省去文化负载词的翻译，给观众带来不好的观影体验。例 3 就形象地暴露出了这一问题。

该句台词在整部电影中意义重大，一是在故事情节发展中起着承上启下的作用，二是介绍了哈萨克族"还子"习俗，展示出哈萨克族历史悠久的民俗，因此在翻译该句字幕时，译者首先需要充分掌握"还子"习俗的概念，其次要厘清"还子"习俗中人物血缘关系的改变，最后在保证观众对该习俗的理解的基础上，采用恰当的翻译方法将其呈现出来。

必要时还可以联合文化或宣传等有关部门和翻译协会或者邀请国内外少数民族文化学者与我国译制片翻译团队合作，共同探讨少数民族文化负载词的翻译原则和译本，特别是弥补为某一民族所特有的文化负载词空缺。此外，相关研究人员和译制片制作者可以协同制定规范标准或者撰写有关少数民族文化负载词翻译的书籍。

4.2. 对文化负载词中的"文化缺省"进行翻译补偿

完善、统一的文化负载词翻译标准规范和高素质的译者是保证译制片翻译质量和水平的首要条件，而文化负载词翻译是否有效地将隐含的文化信息传递给目标语读者并被其接受则是进行译制片翻译工作的重中之重。

史霞（2019）认为，文化缺省是指在跨文化交流的过程中省略了相应的文化背景知识，包括地理、历史、风俗习惯、宗教信仰等方面。不可否认的是，在相同的社会背景下，文化缺省可以提高沟通的效率，但是在不同语言的国家或民族，文化缺省会导致双方理解和认知上的障碍，影响文化交流的效果。同样，译制片中文化负载词的文化缺省也会给不同社会文化背景下的观众带来理解偏差。针对这一问题，译者进行适当的翻译补偿可以最大限度地弥补这一现象带来的弊端，从而减少观众的困惑，给予观众最佳观影体验。

翻译补偿主要分为显性补偿和隐性补偿两种方式。显性补偿为增加注释，隐性补偿指采用归化、释义等翻译方法进行补偿。影片《鲜花》中的哈萨克族文化负载词翻译大多以哈萨克语音译为主，文化信息丰富，但未能将基本的文化信息呈现给观众。笔者拟以部分文化负载词的翻译为例，从显性补偿的策略出发，探究文化负载词中文化缺省的问题，并尝试给出解决办法，尝试进行翻译补偿。

以影片中出现的"阿肯""冬不拉""毡房""古尔邦节""阿依特斯大会"五个文化负载词为例，笔者提出了三种显性补偿方式。

4.2.1. 音译加注释

前文提到，译者将"阿肯"和"冬不拉"保留哈萨克语音译，加上它们分别在哈萨克语中具有多种含义，音译无疑是一种妥善的处理方式。然而，直接音译会使其他不了解哈萨克民族文化的观众产生困惑，造成文化负载词中的文化信息空白，使跨文化交流这一目的不能得以实现。

笔者建议可以根据词语的基本定义增加简短的注释。例如，"阿肯"是指哈萨克族民间弹唱的优秀歌者，可以解释为"an excellent Kazak singer"；"冬不拉"是一种传统的弹拨乐器，可以注明"a plucked stringed instrument"。采用音译加注释的翻译补偿既保留了源语的自身特点，实现了翻译的对等，又方便观众更好地理解文化负载词的内涵，也从侧面引导观众去了解冬不拉艺术，在一定程度上达到了传播哈萨克族的音乐艺术和优秀文化的目的，促进了各民族、各国间的文化交流与学习。

4.2.2. 直译加注释

例 7：

原文：你得嫁个好男人呢，不能让毡房的天穹塌下来呀。

译文：You should find a good husband to support the yurt.

哈萨克族是一个典型的游牧民族，毡房是哈萨克牧民的传统建筑，是适用于春、夏、秋转场搬迁的简易住房，在哈萨克族的游牧历史上占有重要地位。在字幕翻译中，译者采取直译的翻译方法将"毡房"译为"yurt"。需要注意的是，尽管目标语中有与"毡房"相对应的词语"yurt"，但在《牛津高阶英汉双解词典》第九版中，"yurt"的中文解释为"蒙古包（中亚和西伯利亚的圆顶帐篷）"而非"毡房"。另外，"蒙古包"与"毡房"在形状和修建方式等方面有一定的区别。因此，为避免目标语观众产生歧义，笔者认为适当地增补相关信息，例如"a type of Kazak traditional tent"，可以更好地解释"毡房"一词，再结合画面中多次出现的毡房形象，有利于向目标语观众还原毡房的真实面貌，更好地服务观众，促进跨文化交流。

例 8：

原文：在睡摇篮仪式之后，我也按照哈萨克族的还子习俗被过继给爷爷奶奶，成为他们的女儿。

译文：After the Cradle Ceremony, I followed the traditional custom of Kazak. I left my home and was adopted by my grandparents, becoming their daughter.

"睡摇篮仪式"亦称"摇篮仪式""摇篮礼"，是哈萨克族的一种人生仪式。哈萨克族十分重视新生命的诞生，特举行"摇篮礼"来庆祝婴儿的降生。作为少数民族所特有的重要传统仪式之一，其他民族或外国观众对该仪式缺乏一定的了解，电影单纯地将源语进行直译会导致观众的认知偏差，因此笔者建议适当地补充"to celebrate a new life"这一信息，帮助观众了解这一仪式，传播哈萨克族民俗文化。

4.2.3. 音译、直译与注释相结合

例 9：

原文：对于自己她只有一个小小的心愿，就是能去看看第二天在喀拉峻草原举行的<u>阿依特斯大会</u>。尽管，她担心去那样的场合会遭人白眼。

译文：For herself she has only a small wish that she can attend the <u>Ayitesi Show</u> held in the Kalajun Grassland tomorrow. Although she is afraid that she will get the cold shoulder turned upon her.

"阿依特斯大会"是阿依特斯文化的集中展现形式，由新疆维吾尔自治区政府主办，从新疆哈萨克族聚集区选出优秀的阿肯参加大会并进行创作表演，在传承阿依特斯文化的同时，也为全国乃至世界人民提供了一个了解哈萨克族民俗文化的机会。

译者将"阿依特斯"保留音译"Ayitesi"，"大会"直译为"Show"。笔者建议可以适当地在该镜头开始时加入对"阿依特斯大会"的注释，即"the Kazak competition of improvisation"。一是方便观众将电影画面与注释结合起来，对阿依特斯文化有一个更全面、更立体的了解；二是起到了宣传阿依特斯文化的作用，有助于哈萨克族优秀文化走出去。

例 10：

原文：我上次录音带上给你提的那个出版商他们非要让我<u>古尔邦节</u>前把音录完。

译文：The audio publisher I mentioned in my last recording wants me to finish the recording before the Corban Festival.

"古尔邦节"是伊斯兰教主要节日之一，亦称"宰牲节"。我国穆斯林又将其称为"忠孝节"。我国新疆地区各族穆斯林非常重视古尔邦节，是日皆盛装参加会礼，宴请亲友，举行丰富多彩的文艺联欢活动以示庆祝，有条件者宰牲。笔者建议增加"an Islamic festival"以简单地补充这一信息，便于目标语观众了解这一节日。

5. 结　语

电影《鲜花》是一部对哈萨克原生态文化形式"阿依特斯"的记录和传承的电影，激发观众了解哈萨克族文化，从而进一步弘扬中华优秀传统文化。其翻译通过语言间的转换，完成了传播哈萨克族文化和艺术等方面的使命，同时也展现出我国电影的魅力，增强影视从业人员的自信心，提高观众的文化认同和文化自信。

文化负载词是体现传统文化的一种重要载体，电影是传播文化的一种重要手段，因此，译制片中文化负载词的翻译质量和水平需要引起业界的高度重视。具有民族文化特色的词语在翻译中会出现"漏译"和"文化缺省"现象，这就对译者提出了更高的要求。因此，译者在提高自身专业素养的前提下，应该采取相应的翻译补偿策略来弥补这一文化空缺，这样既保留了源语的语言特点，又实现了文化的传播。但受电影自身特质的限制，译制片中文化负载词的翻译仍具有一定的局限性，亟待有效解决。

以草原游牧文化为主要特征的哈萨克族文化不仅是中华传统文化中的瑰宝，还是铸牢中华民族共同体意识的重要体现。从译制片字幕的角度探究哈萨克族文化负载词翻译问题

并提出解决方案，便于日后更好地对外传播哈萨克族文化，有助于中国在"一带一路"建设中进一步推动中华优秀传统文化"走出去"，让世界更深刻地认识真实的新疆。

参考文献

[1] 邴波 . 新疆少数民族题材电影国家形象建构研究 [D]. 济南：山东大学，2020.

[2] 郝晴，雷晴岚 . 从目的论角度看电影《花木兰》的字幕翻译 [J]. 齐齐哈尔师范高等专科学校学报，2022（3）：65–67.

[3] 霍恩比 . 牛津高阶英汉双解词典 [Z]. 9 版 . 北京：商务印书馆，2018.

[4] 黄友义 . 坚持"外宣三贴近"原则，处理好外宣翻译中的难点问题 [J]. 中国翻译，2004（6）：29–30.

[5] 雷淑华，欧阳偶春 . 跨文化传播视角下的客家民俗文化特色词英译策略研究 [J]. 文化创新比较研究，2022，6（10）：42–46.

[6] 刘雨燃 . 少数民族文化负载词翻译策略探微 [D]. 呼和浩特：内蒙古大学，2014.

[7] 陆莺 . 论异化翻译的最优化 [J]. 四川外语学院学报，2004（5）：150–153.

[8] 钱绍昌 . 影视翻译：翻译园地中愈来愈重要的领域 [J]. 中国翻译，2000（1）：61–65.

[9] 哈帕尔 . 新疆哈萨克族题材电影研究 [D]. 重庆：重庆大学，2018.

[10] 史霞 . 电影字幕翻译中的文化缺省问题及改进策略探究 [J]. 开封大学学报，2019，33（3）：37–40.

[11] 王建国，徐婉晴，洛桑曲珍 . 少数民族题材电影字幕翻译研究：以《唐卡》为例 [J]. 外文研究，2022，10（3）：76–82，108.

[12] 王银泉，张日培 . 从地方标准到国家标准：公示语翻译研究的新里程 [J]. 中国翻译，2016，37（3）：64–70.

[13] 王月茹，吴晶晶 . 等效视域下广西民俗文化负载词翻译研究 [J]. 汉字文化，2020（20）：126–127.

[14] 吴玉霞 . 民俗文化在新疆本土电影《鲜花》中的价值体现 [J]. 新疆艺术学院学报，2011，9（1）：58–61.

[15] 张春柏 . 影视翻译初探 [J]. 中国翻译，1998（2）：50–53.

[16] Appiah K A. Thick Translation[J]. Callaloo, 1993, 16(4): 808–819.

A Probe on Translations of Cultural Words in the Dubbed Films of China's Ethnic Groups
—A Case Study of the Subtitles Translation of the Kazak Film *Flower*

Abstract: Movies are an important medium of culture, playing a significant role in the promotion and dissemination of culture. The cultural-loaded words that appear in movie subtitles microscopically showcase the unique customs of a nation, posing a challenge to the translation quality of dubbed films. This paper takes the translation of cultural words in *Flower*, known as the "Kazak version of *The Sound of Music* in China", as an example to explore the translation problems of cultural words in dubbed films, and tries to offer corresponding solutions with the aim to provide references for cultural words translation in dubbed films of China's ethnic minority groups.

Keywords: dubbed films of China's ethnic groups; cultural words translation; problems and solutions; *Flower*

从生态翻译学"实指"研究视角
看《辛夷坞》的译介

南昌大学　李嘉怡

摘　要：近年来逐渐兴起的生态翻译学"实指"研究注重翻译对传递原作生态观的作用。中国山水诗中蕴含的人与自然非二元对立的思想为应对当今世界的生态危机提供了新思路，引起了西方国家的广泛关注。本文基于生态翻译学"实指"研究视角，以王维的《辛夷坞》的四个英译本为研究对象，从题目中生态信息的再现、原诗中"芙蓉花"及其蕴含的生态意象的移植和原诗中"天人合一"思想的译介等三个角度分析了这四个英译本对原作自然观的传递，对于修复人与自然的关系具有启发意义，有利于中国文化进一步走出去。

关键词：生态翻译学"实指"研究;《辛夷坞》英译；生态观

1. 引　言

近年来，生态学蓬勃发展，加之西方现代生态危机的爆发，包括翻译研究在内的很多领域都出现了生态导向的研究，在国内外译学研究界表现为对生态翻译学"实指"的研究，体现了翻译研究领域的生态关怀。

《辛夷坞》是唐代的著名诗人王维的诗作。"木末芙蓉花，山中发红萼。涧户寂无人，纷纷开且落。"描绘了充满生机、绚烂迷人的辛夷花在空无一人的山涧中悄然绽放又悄然飘落的景象。辛夷花在清幽无人的深谷中蓬勃盛放，这一动一静的对比体现出生命的强大，寥寥几字塑造了山中这一方充满生命力的小小世界，令人惊叹于大自然的恩赐和生命的奇迹。而山中无人，辛夷花只得自开自落，在表现出山中寂寞的同时，也暗含着诗人内心的苦闷和无人赏识的落寞。王维是唐代山水田园诗人中的代表，其作品中饱含诗意、禅意和"天人合一"的思想，其中蕴含的自然观受到很多西方人的青睐。

本文对这首诗的四种译本进行分析，探究不同译本的题目中生态信息的再现、原诗中"芙蓉花"及其蕴含的生态意象的移植和原诗中"天人合一"思想的译介，从这三个方面讨论四种译本对原诗生态观的移植，有利于生态翻译学"实指"研究的进一步发展，对于应对生态危机具有启发作用。

2. 研究现状

2.1. 生态翻译学"实指"研究现状

生态翻译学的"实指"在生态翻译学的建构初期就有涉及。生态翻译学的创始人胡庚申（2008：11）提出："生态翻译学既是一种'喻指'，也是一种'实指'。所谓'喻指'，指的是将翻译生态与自然生态隐喻类比而进行的整体性研究；所谓'实指'，指的是取向于译者与翻译生态环境相互关系的研究，特别是译者在翻译生态中的生存境遇和能力发展研究。"但"这里的'实指'和'喻指'几乎没有实质性的差异"（陈月红，2016：63）。生态翻译学初创期对于其"实指"和"喻指"研究的理解都基于生态系统中的自然、生态等术语和框架向翻译研究的迁移，与现实中的生态环境尚有一定距离。不过，胡庚申（2013：287–288）也认为，"生态翻译学研究，自然会包括这样一些草木鸟兽、山水土石方面的真正意义上的'绿色'翻译及其相关研究"。

然而，胡庚申教授（2013：11）还指出，对绿色翻译及其相关研究的研究"不一定是生态翻译学的主要指向"，并明确了"生态翻译学借助翻译生态与自然生态系统特征的同构隐喻和概念类比，即重在'喻指'，致力于揭示出其隐喻类比在翻译学研究上的意义。因此，虽然研究内容的'实指'也涵盖生态自然的'绿色'翻译问题，但此并非重点。"可见生态翻译学研究的重心在于"喻指"研究，对"实指"的关注不仅较少，而且多集中于绿色翻译研究，并未形成完整体系。

对此，有学者提出疑问，认为生态翻译学"借用的是'生态'之'名'曰一套话语体系、范式；而无'生态'之实——为了'濒危的世界'翻译"（苗福光等，2014：81）。这不仅指出了生态翻译学研究中对于生态、世界的关注不足，同时也提出了生态翻译学研究的新视角和新思路，把目光投向了生态问题。

陈月红（2016）摘录了胡教授在2016年的一场会议上对生态翻译学进行的重新定义。在此次会议中，胡教授明确地将"实指"纳入了生态翻译学的研究取向，并将生态理性、生态意义这类与现实世界中的生态问题直接相关的视角纳入了研究范围。

但这还不够。有学者对生态翻译学的"实指"研究给出了解释："关注话语和行为的生态审视和批评，即语言使用是如何折射出人与自然这个大的生态系统的关系的，语言对我们人类在建构与自然的关系方面所产生的影响等，属于非隐喻性研究，也可称为'实指'研究"，并明确指出了学界对"实指"研究并未给予足够的关注，认为翻译研究与实践应当在夯实人们的生态意识方面发挥应有的功能，并提出生态"实指"概念下生态翻译应遵循的原则，探讨了生态翻译在汉英翻译实践中如何传译"天人合一"思想及其在中华文化"走出去"过程中可发挥的作用（陈月红，2016：63–67）。该解释有助于为生态翻译"实指"研究搭建框架，并且明晰"实指"研究的现实意义，指出生态翻译学"实指"中可切入的研究角度，是"实指"研究迈出的一大步。

该学者后来又在另一篇文章中阐述了国内外"实指"研究的常用视角，指出生态翻译学"实指"研究的兴起充分彰显了翻译领域的生态关怀，并展望了"实指"研究的未来（陈月红，2022）。该文章对国内外"实指"研究的现有成就进行了系统梳理，有助于生态翻译学"实指"研究向系统化、理论化推进，并为其未来的发展指出了可行且具有现实意义的方向。

除此之外，还有学者将"生态翻译学"这一术语"切分为'生态翻译+学'，即关于生态翻译的学问，更具体地说，是生态的内容的翻译，'生态（内容）的翻译+学'可以成立，但目前可研究的量不大，'生态翻译'微乎其微，在人类翻译史上可以忽略不计"（曾婷等，2018：78）。可见学界对于生态翻译"实指"的研究尚处于初期，还存在许多空白。

在目前已有的翻译研究领域中，学者对于生态翻译学"实指"的研究大多集中在理论层面，对于译本的分析与研究还鲜有涉及，仅在上文提到的陈月红老师的两篇文章里分析了一些简单的词句，如"天人合一"和公益标示语。而王维作为山水诗人的杰出代表，其诗中蕴含的自然观极具研究价值。本文有助于填补生态翻译学"实指"研究的空白，对于"实指"研究的发展和生态危机的应对都有积极作用，并且有助于中国文化进一步走出去。

2.2. 生态翻译学角度的王维诗英译研究现状

人与自然的关系模式大致可分为两种，一种是人类中心，另一种是非人类中心。东西方长久以来遵循的人与自然的关系模式大体来说有所不同。西方世界主要遵循人类中心主义思想，认为人是世界的主宰，比如超验主义认为人的精神甚至可以超越物质世界。而现代生态危机的爆发引起了人们对于人与自然关系问题的注意与思考。有国外学者指出："生态危机的根源在于现代科学倡导的、同时也是因循基督教传统的人类中心主义，其本质是将自然看成供人利用的资源和工具……我们不能完全依靠科技来解决生态危机，更不能继续遵循二元对立思维主导下的人与自然之建构模式，而是需要找到一种新的宗教，或者重新反思旧的宗教"（White，1996：3–15）。由此可见，当今世界的生态危机惊醒了一些西方学者，他们开始质疑其长久遵循的人类中心主义，重新思考人与自然的关系。

他们在从外界寻求解决生态危机的方法时，将目光转向了东方非二元对立的自然观。顺应自然、"天人合一"是中国长久流传下来的思想观念，强调敬畏自然、实现人与自然的有机融合，而不是将人与自然置于有明确分界的对立位置。西方学者的这一研究转向"出现明显的向'东方生态智慧'回归的倾向。其中，中国传统的'天人合一'思想作为一种具有独到的深刻思想内涵的哲学命题，它所具有的现代生态伦理价值，即对于维护现代人类所处的整个生态系统的平衡，协调人与自然的关系所具有的现实道德意义，正越来越受到人们的重视"（王正平，2004：47）。

王维是山水田园诗人中的杰出代表，其诗中的道学思想、禅意和对宁静淡泊的人生状态的追求反映出人与自然和谐共生的观念和生活方式。他是一位崇尚非人类中心主义的诗人，诗作中蕴含着"天人合一"的观念。他不追求对自然的征服或对自然资源的攫取，而是力求在喧嚣世间寻一方清幽之地，享自然意趣，过禅意生活。

由此可见，王维的诗作恰好可以帮助西方学者找到东方古代哲学智慧中人与自然和谐共生的方式，可以为西方对于自然观的思考和重塑提供文学、美学和哲学基础，助力西方建立新的人与自然关系，这无形中也为生态翻译学"实指"视角下对于王维诗的研究奠定了基础。在山水诗歌的翻译中，"王维通常被认为是被译得最多的诗人，其中的主要原因是他诗歌中体现了天人合一的生态观"（Classe，2000：1485）。"西方在 20 世纪生态意识的增强直接影响了他们'译什么'的问题。在生态危机背景下，全世界都在重新思考人与自然的关系问题。我们必须充分意识到：我们目前向国外受众主动推介的翻译产品必须能够传达正确的生态观，而这一点在我们以往的对外译介中并没有得到重视"（陈月红，2016：65）。因此，向国外译介王维的诗作具有积极意义，有助于应对生态危机，也有利于对外传播中国的文学和文化。

关于王维诗的研究也有很多。在中国知网上以"王维"为关键字进行搜索，可以得到与王维诗歌研究相关的核心期刊文章 35 篇，学位论文 43 篇，其中对王维诗歌英译的研究共 14 篇，而在这 14 篇文章里有关生态翻译学的研究尚属空白。因此，从生态翻译学"实指"研究的角度看王维诗的英译，有助于填补相关领域的空白，推动王维诗相关研究的进一步发展。

3. 从生态翻译学"实指"研究视角看《辛夷坞》的译介

从生态翻译学"实指"研究视角来看，翻译应传递原作中蕴含的自然观，注重生态关怀，并且帮助译入语读者群体对原作自然观进行理解和内化。本部分将基于生态翻译学的"实指"研究视角，从题目中生态信息的再现、原诗中"芙蓉花"及其蕴含的生态意象的移植和原诗中"天人合一"思想的译介等三个角度探讨不同译本对《辛夷坞》中自然观的移植。

笔者搜集到了《辛夷坞》的十一个译本，译者分别是洪亦君，华卫，铁冰，许渊冲，王宝童，叶维廉，余宝琳，宇文所安，张心沧，杨宪益与戴乃迭二人，文殊、王晋熙、邓炎昌三人。笔者从原作生态信息的再现、生态意象的移植和"天人合一"思想的传递这三个视角出发，将这十一个译本进行归类，并从每类中选择具有代表性的译本进行讨论。

3.1. 对题目中生态信息的再现

辛夷坞是地名，因这里辛夷花众多而得名"辛夷坞"。王维这首诗的题目中提到了"辛夷"这种植物，本节将分析不同译本中对于"辛夷"这种植物的生态信息的英译。

《中国植物志》（1996：108–141）中对"辛夷"的定义是木兰科木兰属，英文为"magnolia"。由表 1 可见四个译本的题目中对"辛夷"的翻译有所不同。

表 1[1]

辛夷	译本
许渊冲（以下简称"许"）	magnolia
宇文所安（以下简称"宇文"）	magnolia
杨宪益、戴乃迭（以下简称"杨戴二人"）	hibiscus
文殊、王晋熙、邓炎昌（以下简称"文王邓三人"）	lily magnolias

许和宇文都将"辛夷"译为"magnolia"。大英百科全书（2022）对于 magnolia 的

解释是 "genus of about 225 species of trees and shrubs of the family Magnoliaceae native to North and South America, the Himalayas, and East Asia"（木兰科，约 225 种乔木和灌木的属，原生长地为南北美洲、喜马拉雅山和东亚）[2]。文王邓三人译本中将"辛夷"译为 "lily magnolias"，大英百科全书（2022）的解释是 "lily magnolia (*M. liliiflora*), a four-metre shrubby tree that has purple blossoms with white interiors and brownish fruits"（紫玉兰，一种四米高的灌木，花呈紫色，花蕊呈白色，果实呈棕色）。可见，许、宇文、文王邓三人都进行了查证，从植物学的角度入手，在植物科属方面找到了对"辛夷"较为准确的英译。译文读者在读到这三个译本的题目时就会对这个地方有一个初步的想象：一块低地中许多木兰花形状的花朵在树上竞相开放。虽然每位译语读者对于 "magnolia" 花形的具体想象会有差别，但对于整首诗场景的想象在读到题目时就已经可以初步建构起来。

杨戴二人将辛夷译为 "hibiscus"，大英百科全书（2019）解释为 "genus of numerous species of herbs, shrubs, and trees in the mallow family (Malvaceae) that are native to warm temperate and tropical regions"（锦葵科的许多种草本植物、灌木和树木的属，原产于温带和热带地区）。锦葵和辛夷是不同科的植物，"有的花卉观赏部位相同，但科属各异或生态条件、观赏用途有所不同"（佚名，2015：48）。选用不同科属的植物对应的英文名词来翻译原诗，对原作的生态信息没有进行较好的体现，这样的翻译与原诗距离较远，可能会影响对源语读者和译语读者所在地的生态因素异同的考查。

由此可见，许、宇文及文王邓三人对题目中的"辛夷"这种植物都进行了较为准确的翻译，从生态信息的传递这一角度来看，传达出了原诗中植物的基本信息，更能表达出原诗的原意；而杨戴二人的译本与原诗的生态信息还存在一定距离。

3.2. 对原诗中"芙蓉花"及其蕴含的生态意象的移植

"芙蓉花"在本诗中的第一句"木末芙蓉花"中出现。从原诗题目可以看出本诗描绘的是辛夷坞中的辛夷花，首联中却笔锋一转，写"芙蓉花"在树梢盛开，看似毫无关联甚至违反常理，实则有诗人自己的意图。芙蓉花"因辛夷花颜色与形态与莲花相似，莲花又名芙蓉，而辛夷花开在树梢，故以'木末芙蓉花'借指"（许渊冲，2021：14）。诗人如此下笔能让读者对辛夷花的形态有清晰生动的了解，在脑中勾勒出苍劲枝头上形似莲花的辛夷花绽放的场景。

除此之外，王维不直接写"木末辛夷花"，而是用芙蓉花代指辛夷花，还有其他深意。先从"声律上来说，在这首绝句中'辛夷'与'芙蓉'均为平声，平仄一致，显然并非王维以'芙蓉'替代'辛夷'的原因"（王廷法，2018：120）。但如果从莲花蕴含的意象入手会发现，王维看到辛夷而联想到莲花，是因为莲花蕴含的"佛教色彩才是王维心中所想，也因此被王维赋以佛理入诗……王维以佛禅观照世间，其眼中'辛夷开落'之态是在'顿悟'禅观中表现出的'自性清净'的禅境"（王廷法，2018：120）。如此看来，王维以芙蓉花代指莲花，是为了传达出自己漫步在辛夷坞时心中的禅意与宁静。心中有禅，因此观辛夷而想芙蓉，也就有了诗中的"木末芙蓉花"。辛夷坞在王维的描写下成了一方禅宗净土，诗人漫步其间，有物我两忘、"天人合一"之感。王维如此落笔所传达出来的境界自然而然令人联想到禅宗，其中蕴含的东方古代生态智慧正是如今西方正在探寻的，因此在译介中应当尽量传达出"芙蓉花"出现在"木末"的原因，并表达出"芙蓉花"蕴含的意象和原诗中的禅意。表 2 列举了四种译本中对于"木末芙蓉花"的翻译。

表 2[3]

木末芙蓉花	译本
许	The magnolia-tipped trees
宇文	On the tips of trees are lotus blossoms
杨戴二人	Hibiscus high on the tree
文王邓三人	On the branch tops they bloom like lotus flowers

许译本中沿用了翻译题目时的"magnolia"即辛夷花，能让读者清楚地明白这句诗中讲的是何种植物、描绘的是何种场景。然而，从原诗借"芙蓉花"代指"辛夷"来传达禅意这个层面上来看，许译本对于"芙蓉花"进行了删译处理，没有保留原诗中的手法和深意。这样翻译简单易懂，不会为处于不同文化语境中的译语读者带来困惑，但同时对于原诗中王维心中有禅，观辛夷而想芙蓉，进而享受辛夷坞这一方清净世界的境界没有进行很好的传达。此般处理顾及了东西方的文化差异，以特定的翻译技巧避免了译语读者阅读时可能出现的困惑，有译者自己的考量。

宇文译本中对原诗的"芙蓉花"进行了直译处理，直接写莲花在枝头盛开，这显然不符合常理，因为莲花生长在水中，这样处理可能会给译语读者带来困惑，一是为何诗人要写莲花生长在枝头，二是为何题目中提到的植物是"magnolia（辛夷）"，而诗文又在描绘"lotus（莲花）"。这样的处理没有点名这两种花之间的共性，也没有传达出原诗中的禅意。"虽然把花种类区分开了，但两花的相似性却不能显而易见，不容易使读者领悟作者的心意，容易产生误读的情况"（刘思佳，2018：25）。可见，这样的翻译可能会拉长译作与译语读者之间的距离。

杨戴二人的译本沿用了在翻译题目时的"hibiscus"，如上节所说，在生态信息与生态意象的传递上与原诗仍存在一定的距离。

但宇文译本和杨戴二人译本带来的这种译诗与原诗、译诗与译语读者之间的距离恰好需要译语读者自行查证才能缩短，在这个查证过程中译语读者对"芙蓉花"蕴含的生态意象会有进一步的了解。这种由于译语读者自行阅读时产生的好奇而带来的自觉主动的查证行为更能引起译语读者对于中国文学、文化的兴趣，这也为中国文化走出去提供了极大的助力。

文王邓三人译本中运用比喻的修辞，将盛开的辛夷花比作莲花，首先，从自然常理的角度来看清晰明了，不会让人产生类似于"为何莲花长在树上"这样的误解；其次，对于辛夷花的花形也做出了简单易懂的描述：枝头盛放的花朵如莲花一般；最后，也方便了读者脑海中对于辛夷坞的自然场景的构建，即与莲花外形相似的花朵在树梢盛开。而从莲花代表的意象的译介来看，由于译语读者对于佛教禅宗可能并不了解，不知道莲花代表的意象和内涵，所以译语读者可能只是了解辛夷花的花形，但无法真正感知王维在此处写莲花的真正意图。但在原诗生态信息和自然观的传递上已经尽量做到了准确，并且较为完整。

综合看来，对于"芙蓉花"及其所蕴含的意象的译介，许译本删译了"芙蓉花"的生态信息，做到了简单易懂，便于处于不同文化体系中译语读者对原诗基本信息的理解；宇文和杨戴二人的译本与原诗生态意象距离较远，译语读者想要弄懂其中深意则需自行进行查证，从这个角度上看，引起译语读者的兴趣有助于中国文化的传播；文王邓三人的译本对于原诗中"芙蓉花"的翻译较为准确。

在此笔者认为，也可以在翻译此句时加入注释，解释芙蓉花在中国文化中具有的特殊内涵。虽然注释可能会影响译作的流畅性，影响译语读者的阅读体验，但是可以完整准确地传达原诗的意象和内涵，并且引起部分译语读者对于中国古代禅宗等文化的兴趣，推动中国传统文化走出去。

3.3. 对原诗中"天人合一"思想的译介

在禅宗、道教的影响下，中国的山水诗歌中往往蕴含着"天人合一"、物我两忘的思想。然而，将这些诗歌翻译成英文时，这种意境难免就会遭到破坏。"如中国山水诗歌中通常没有主语，能很好地体现出'情景交融''物我两忘'的境界，但译成英文时，囿于英语语法的限制，必须明确主语，从而使得译诗中的主语瞬间变成了物质世界的旁观者，人与自然的关系瞬间变成了二元对立模式。"（陈月红，2016：67）因此，如何用英语这种暗含二元对立之感的语言传达出中文作品中常见的"无我"之感值得讨论。

《辛夷坞》全诗无一字提到王维本人，但描绘的都是诗人在辛夷坞的所见所闻。诗人在诗文中隐去自己的存在，将自己作为景色的一部分去看、去感受。尤其是颈联、尾联中写"涧户寂无人，纷纷开且落"，山涧中的小屋空无一人，只有辛夷花在此绽放、凋零。诗人看似写景，更为抒情，还暗含了物我两忘、"天人合一"的境界。本节通过此诗的颈联、尾联的四种译本（见表3）来分析四个版本对原诗中蕴含的"天人合一"思想的译介。

表 3[4]

涧户寂无人，纷纷开且落	译本
许	The mute brook-side house sees Them blow and fall in showers.
宇文	Silent gate by a torrent, no one there: In tangled masses they blossom and fall.
杨戴二人	To this secluded valley no man comes, Yet the flowers bloom and fall year after year.
文王邓三人	Not a soul is visible in the quiet gully, Flowers all of themselves open and fall.

许的译本中巧妙地使用了动词"see"，将"mute brook-side house"（静默的溪流旁的房子）拟人化了，是这座无人的房子"看"到了花开花落。这样处理，以物观物，如入无"我"之境，隐去了真正观看溪畔小屋和花开花落的"我"的存在。许老没有直译这两句诗，而是在翻译中加入了自己对王维"天人合一"思想的理解，并对原诗中的意象进行了再创造，在做到符合英语中需要明确主语的语法规范的同时，将诗人的视觉和感受巧妙地寓于"house"这个静默且无意志的物体之中。这样的翻译没有拘泥于与原诗的字字对应，在对

原诗场景的描绘和原诗境界的传达上做到了真正的"译介"，形象地向译语读者移植了原诗中"天人合一"的思想，不禁令人拍案叫绝。

宇文、杨戴二人和文王邓三人的译本中都是直译了原诗中山涧小屋寂静无人、只有辛夷花开开落落的场景。虽然遣词造句有所不同，但都对原诗中的景象进行了再现，并且没有直接写出赏景之人（诗人）的存在，也做到了传递原诗中的"无我"境界。但在传达原诗以物观物、"天人合一"的思想这一层面上，这三个译本还是较为注重与原文的字词对应，没有使原诗的传神描写得到最好的体现。

由此可见，在生态信息的再现上，许译本和宇文译本传递的生态信息较为准确，杨戴二人和文王邓三人的译本与原诗存在一定距离。在"芙蓉花"的翻译及其生态意象的移植上，许译本做到了简单易懂，便于处于不同文化体系中译语读者对原诗的理解；宇文和杨戴二人的译本与原诗生态意象距离较远，有助于引起译语读者的兴趣，促进中国文化的传播；文王邓三人的译本对于原诗中"芙蓉花"的翻译较为准确。在原诗"天人合一"思想的译介上，许译本十分传神，同时富有创造性，符合译介的标准，其余三个译本译出了原诗的"无我"境界，但对于原诗以物观物、"天人合一"的思想尚未做到最好的体现。这些译本在传递原作自然观、夯实读者生态意识、彰显生态关怀等方面都在不同程度上发挥作用，符合西方读者的阅读需求，也有助于向外推介我国的古典文学作品。

4. 结 语

综上所述，生态翻译学"实指"研究在当今生态学发展、生态危机加重的背景下有重要的实际价值，对于促进生态学和翻译学的跨学科交叉融合、应对生态危机和推动中国文化走出去都极具意义。而生态翻译学"实指"研究仍处于初步发展阶段，还有很大的研究空间，存在很多空白。其中，王维山水诗歌的译介就是很好的研究对象，其诗歌中蕴含的生态观对应对世界生态危机具有启发性的意义。

王维的《辛夷坞》作为一首杰出的山水诗歌，译本众多。本文选取了许渊冲、宇文所安、杨宪益戴乃迭夫妻二人和文殊、王晋熙与邓炎昌三人的四种英译本为研究文本，探讨了原诗生态信息的传递、生态意象的移植以及中国传统生态智慧的传译。笔者得出结论，在生态信息的传递上，许译本、宇文译本和文王邓三人的译本较为准确地传递了原诗的生态信息，杨戴二人的译本与原诗存在些许距离。在"芙蓉花"的翻译及其生态意象的移植上，许译本简单易懂，宇文和杨戴二人的译本与原诗生态意象有一定距离，有助于引起译语读者的兴趣并进一步促使其查找相关资料，促进中国文化走出去；文王邓三人的译本较为准确。在原诗"天人合一"思想的译介上，许译本传神且富有创造性，符合译介的标准，其余三个译本也译出了原诗的"无我"境界，但对于原诗以物观物、"天人合一"的思想尚未做到最好的体现。这些译本在传递原作自然观、夯实读者生态意识、彰显生态关怀等方面都能于不同程度上发挥作用，符合西方读者的阅读需求，也有助于向外推介我国的古典文学作品，对于生态问题解决和文学作品译介都具有启发意义。

本文从生态翻译学"实指"的角度展开研究，但研究内容聚焦在词句的翻译上，尚未从语用、篇章等角度进行研究。除此之外，本文的研究文本还局限于诗作，生态文学领域中还有许多不同体裁、类型的优秀文学作品，生态翻译学"实指"研究在未来也可以将其他生态文学文本作为研究对象。

生态翻译学"实指"研究才刚刚起步，还有很长的路要走。笔者认为生态翻译学"实指"研究的进一步发展需要纯理论研究与译本分析并重，做到"两条腿走路"，在推进理论体系进一步完善的同时，也要将眼光放在对中国优秀生态作品的译介上，做到既具有生态关怀，也注重其中的文学文化价值。

注 释

1. 笔者在对比后发现，对于题目中"辛夷"的翻译，王宝童译本、许渊冲译本、余宝琳译本、宇文所安译本和张心沧译本都将其译为"magnolia"，杨宪益、戴乃迭译本译为"hibiscus"，文殊、王晋熙、邓炎昌译本译为"lily magnolias"。笔者从网络上已有的论文中搜集到了这十一个译本，由于笔者能力有限，除上述译者的译本外，没有找到其余四位译者所翻译的原诗题目，因此仅从已有的译本出发进行讨论。

2. 本文引用的大英百科全书中的"magnolia"、"hibiscus"和"lily magnolia"为英文，括号内的中文为笔者自行翻译的版本。

3. 笔者在对比后发现，从原诗中"芙蓉花"及其蕴含的生态意象的移植的角度来看，华卫译本（The magnolias on the treetop）与许渊冲译本（The magnolia-tipped trees）属于同类；宇文所安译本（On the tips of trees are lotus blossoms）单独成一类；杨宪益、戴乃迭译本（Hibiscus high on the tree）与叶维廉译本（High on the tree-tips, the hibiscus）属于同类；铁冰译本（Like lotus blooms on boughs they 'ppear），王宝童译本（Magnolias, "lotus-trees", how you shine in bud there），文殊、王晋熙、邓炎昌译本与洪亦君译本（As if lotus flowers on the bough, / Magnolias…），余宝琳译本（On the tips of trees "lotus flowers"）和张心沧译本（Like the lotus flower grown on a tree, / The pink magnolias…）属于一类。因此，笔者从每一类中选择具有代表性的译本——许、宇文、杨戴二人与文王邓三人的译本进行讨论。

4. 笔者在对比后发现，从原诗中"天人合一"思想的译介的角度来看，洪亦君译本（In the secluded dale they bloom. / To the fullest, then slowly doom.）、许渊冲译本（The mute brook-side house sees / Them blow and fall in showers.）与张心沧译本（Hidden in a gorge, unnoticed, / A thousand buds flower, then wither and die.）属于一类；华卫译本（Nobody is in the dale so still, / They blossom and then drop.）、铁冰译本（The vale serene sees none at all / But them in time who flower and fall.）、王宝童译本（Around the untrodden dale there's none to stare / At you who bloom and fade and drop to rest.）、文殊、王晋熙、邓炎昌译本（Not a soul is visible in the quiet gully, / Flowers all of themselves open and fall.）、杨宪益、戴乃迭译本（To this secluded valley no man comes, / Yet the flowers bloom and fall year after year.）、叶维廉译本（A steam hut, quiet. No one around. / It blooms and falls,

blooms and falls.），余宝琳译本（The mouth of the valley is silent without men. / In all directions they open, then fall.）和宇文所安译本（Silent gate by a torrent, no one there: / In tangled masses they blossom and fall.）属于一类。因此，笔者在考虑到 3.1 与 3.2 章节中选择的四个译本的基础上，选择了具有代表性的许、宇文、杨戴二人与文王邓三人的译本进行讨论。

参考文献

[1] 陈月红. 生态翻译学"实指"何在？[J]. 外国语文（双月刊），2016，32（6）：62–68.

[2] 陈月红. 生态翻译学"实指"研究的生态关怀：现状与展望 [J]. 中国翻译，2022，43（4）：13–21，190.

[3] 佚名. 几种易混淆花卉识别法 [J]. 农村实用技术，2015（1）：48.

[4] 胡庚申. 生态翻译学解读 [J]. 中国翻译，2008（6）：11–15.

[5] 胡庚申. 生态翻译学：建构与诠释 [M]. 北京：商务印书馆，2013.

[6] 刘思佳. 英译王维诗对比研究：以许渊冲、宇文所安译本为例 [D]. 大连：辽宁师范大学，2018.

[7] 苗福光，王莉娜. 建构、质疑与未来：生态翻译学之生态 [J]. 上海翻译，2014（4）：77–82.

[8] 王廷法. 王维《辛夷坞》与禅宗唯心净土思想 [J]. 集美大学学报（哲社版），2018，21（3）：119–124.

[9] 王正平. 环境哲学：环境伦理的跨学科研究 [M]. 上海：上海人民出版社，2004.

[10] 许渊冲. 许渊冲译王维诗选 [M]. 北京：中译出版社，2021.

[11] 曾婷，黄忠廉. 翻译研究创新术语逻辑化问题：以"翻译生态学"VS"生态翻译学"为例 [J]. 外语教学，2018（4）：75–79.

[12] 中国科学院中国植物志编辑委员会. 中国植物志：第 31 卷 [M]. 北京：科学出版社，1996.

[13] Classe O. Encyclopedia of literary translation into English[M]. London: Taylor & Francis, 2000.

[14] "Hibiscus." Britannica Academic, 2019. Encyclopædia Britannica[OL]. [2022–10–27] http://academic.eb.cnpeak.com/levels/collegiate/article/hibiscus/40355.

[15] "Magnolia." Britannica Academic, 2022. Encyclopædia Britannica [OL]. [2022–10–27] http://academic.eb.cnpeak.com/levels/collegiate/article/magnolia/50050.

[16] White L Jr. The historical roots of our ecologic crisis[C]//Glotfelty C, Fromm H. The Ecocriticism Reader: Landmarks in Literary Ecology. Athens: University of Georgia Press, 1996: 3–15.

On the Translation of *Xinyi Wu* from the Perspective of the Literal-Sense Studies of Ecotranslatology

Abstract: The rising literal-sense studies of ecotranslatology emphasize the role of translation in transmitting the ecological views of the original text. Chinses landscape poetry, containing the non-binary view of relations between the nature and humanity, provides new ideas for coping with the current ecological crisis, thus catching world's recognition. From the perspective of the literal-sense studies of ecotranslatology, this paper, taking four versions of translation of Wang Wei's *Xinyi Wu* as an example, analyses the dissemination of the ecological views of the original text in three aspects: the transmission of the ecological information in the title, the migration of the image of "furonghua" and the translation of the thought of "tianrenheyi" in the poem, enabling the repair of nature-humanity relations and the introduction of Chinese culture to the outside world.

Keywords: Literal-sense studies of ecotranslatology; English translation of *Xinyi Wu*; ecological view

"大翻译"视域下刘三姐山歌英译

广西大学　唐　艺

摘　要： 如今中国比以往更注重文化软实力建设，正大力推进中华文化走出去。中国各民族文化都富有其特色，壮族是中国人口最多的少数民族，文化底蕴深厚、内容丰富，取壮族文化之精华向外传播有助于"讲好中国故事"。其中，刘三姐山歌又是壮族文化的一大名片，其旋律和歌词都承载着壮族人民的文化记忆，字里行间书写的是壮族人民的周边环境、价值观念。山歌延伸至相关的神话传说、历史故事、艺术作品等，各要素之间环环相扣，共同构成刘三姐山歌体系。以大翻译理论指导山歌的翻译，译者需深入理解、阐释山歌背后的文化，以更开放包容的方式将山歌融入各个领域和学科，多模态、跨学科发展和传唱山歌，发展刘三姐山歌相关文本成体系的翻译，促进中国文化在世界的传播。

关键词： 大翻译；刘三姐山歌；文化记忆

1. 刘三姐山歌英译意义与现状

1.1. 刘三姐山歌英译意义

首先，刘三姐山歌是广西壮族自治区的一张名片。相传刘三姐生活在广西宜州地区，是一位长相秀美、歌声婉转的女子，被誉为壮族的"歌仙"。刘三姐的故事和山歌中讲的大都是壮族劳动人民的朴素生活，以及壮族人民的正直勇敢，他们以唱山歌的方式和强权势力斗智斗勇的故事。刘三姐，通过山歌来传唱真善美不屈服权势，智斗地主阶级，是"广大劳动人民的化身和希望"（黄达武，1990：56），是代表着穷苦大众的无产阶级英雄。山歌由一代代后人传唱至今，其中早已蕴含着中华民族优秀传统文化的基因，歌曲中智慧勇敢的壮族人民形象，是中国广大劳动人民的缩影。

其次，刘三姐山歌是少数民族优秀文化的代表，而刘三姐又是古时男权社会中的农家女形象，具有一定的边缘性。"当下，东西方的艺术文化学者都将目光投向少数民族文化、女性艺术、沉默群体、边缘群体和殖民地的诗歌。"（黄少政，2021：viii）刘三姐山歌恰好将以上数种要素揉为一体，山歌中蕴含了浓厚的民族特色、女性意识和中华传统文化，山歌外译则可以让国外希望了解中国文化、壮族文化、中国女性形象的读者有机会从中窥得一二。

最后，刘三姐经典的外译不仅有利于文化对外传播，也有助于深挖本国传统文化遗产。在翻译中发展和传播刘三姐山歌，能唤醒民族音乐基因，增强中华民族的内在凝聚力；并以山歌为出发点，把目光引向其他少数民族文化。

现阶段中国文化话语权正不断提升，打造文化强国需要我们将传统文化之精华摆上世界舞台，让世界人民品鉴。"中华文化具有鲜明突出的民族特色，'越是民族的，越是世界的'，但只有通过翻译，才能把'民族的'变成'世界的'。"（杨庆存，2014：6）外译中国文化作品，要选择翻译那些有民族特色的、能代表中国先进文化的经典作品。在百花齐放的文学作品中展现中华民族的个性特点，呈现出多元的中华儿女形象。基于此，刘三姐山歌就是一个很好的选择。

1.2. 刘三姐山歌英译研究现状

刘三姐山歌于 2006 年入选第一批国家级非物质文化遗产名录，是壮族文化的重要组成部分。截至写作本文之时，刘三姐山歌仅有两个英译本，一本是 1962 年外文出版社出版的 *Third Sister Liu: An Opera in Eight Scenes*（《刘三姐》歌舞剧），另一本是 2021 年广西师范大学出版社出版的《刘三姐歌谣英译与演唱》（*Liu Sanjie: Her Free and Undying Mountain Songs*）。关于刘三姐山歌英译主要聚焦于："一带一路"倡议背景下，刘三姐山歌外译促进中国文化的交流与传播；以许渊冲"三美论"、生态翻译理论及功能对等论为指导的刘三姐山歌翻译策略；刘三姐山歌传达的文化形象及其跨文化传唱；以及上述两版译本的比较讨论。总的来说，与刘三姐山歌相关的翻译研究与实践仍较少。不过得益于现在中国的"文化走出去"战略和"一带一路"倡议，广西作为东盟博览会的永久举办地，相比之前得到了更多关注，因此越来越多的学者也将目光投向了广西壮族的山歌。本文将讨论如何把文化记忆和大翻译的理念应用于刘三姐山歌的英译，并通过大翻译来进一步构建和完善与刘三姐相关的文化体系，推动相关文化记忆的延续和传播。

2. 大翻译与文化记忆

2.1. 何为大翻译

罗选民教授认为大翻译是一种集体性、协调性的翻译行为，包括了雅可布森（Jacobson，2000）提出的三类翻译：语内翻译、语际翻译、符际翻译。罗选民教授于 2015 年起多次公开阐释大翻译概念，到 2017 年该理论首次得到书面阐释（转引自马明蓉，2022）。后有付添爵等作者结合大翻译理论，讨论该理论在文化文本的翻译应用，结合文化记忆概念对大翻译指导下文本的翻译范式不断深挖阐释。文化记忆与大翻译息息相关，罗选民（2014：114）说道："文本的翻译始终需要依靠集体文化记忆来完成。"而以前的学术研究未曾重视集体文化记忆的重要性，因此译作带来的是碎片化的、历时性的记忆，无法形成完整的体系，甚至会对典籍外译与传播造成影响。

少数民族典籍文化气息浓厚，文本中承载了文本之外的厚重的文化记忆，罗选民

（2012）认为典籍外译需要具备文化自觉，充分认识两种语言的价值理念，把握两种思维方式的差异，这个观点同样可以应用到山歌翻译上来。山歌翻译不仅仅是文本上的翻译，其中还包括"原作背后形形色色的因素，如前文本、语义场、社会习俗、评论。此外，译者还要考虑译入语的社会文化因素、以前的译本、目标语读者的文化心理期待等"（罗选民，2014：41）。在翻译中储存记忆，通过译作文化记忆的塑造来延长作品的生命。"我国当代翻译研究绝大部分是个体的、碎片化的、短时性的，虽具有共时性特点，但缺少文化记忆层面的历时性研究。大翻译从文本和文化传播的有效性出发，强调各类翻译之间的互动性和建构性，旨在建立一种深层的集体文化记忆，通过模仿、改写、重译、改编等手段，将文学作品经典化、全球化。经典化和全球化是大翻译的试金石。"（罗选民，2019：99）大翻译倡导多视角历时地阐释作品，促进文化记忆的保留和文化传播。通过翻译来沟通不同的文化，畅通文化对外传播。跨学科地深度理解山歌文字异于其他文学之处，挖掘内在文化基因，并以多种载体的翻译传播构建本国的文化记忆。

刘三姐山歌是壮族人民音乐智慧的结晶，歌词向听众、读者们展示了他们的日常生活和所见所闻，中心思想是不畏强权，反对地主阶级，虽萌发于古代但具有十足的先进性。壮族人民的文化记忆和中国的文化记忆都融于其中。山歌中意象的选择很能体现文化间差异，不同文化中同一意象可能有不同的引申义。在语际翻译阶段，如山歌中地主莫进财奸诈狡猾，外国一般会把这样的人物形象喻为狐狸，而山歌中却把其喻为西南山区中更常见的"花猴"，表面的喻体不同，但实则暗示了壮族人民和外国读者生活环境的差异。翻译时译者应深度理解、深度阐释，译文中不可述尽之处可用加注的方式，说明原文文化中的生活习惯和思维模式，而不应一味贴近目标语读者的口味。译文中应将"花猴"的形象显化，让读者在文中确实能"看"到一只狡猾阴险的猴子，如此方能被带入源语文化和自然背景中。

文本中要处理的文化负载词仅是大翻译理论所指导的实践的一小部分。译者需要超脱字面内容的束缚，进一步寻求历时的、跨学科的、多模态的方式来表达作品。刘三姐山歌从古时一直传承至今日已经很好地说明了自身的文化价值。原先刘三姐山歌是由壮族人民发明的，源语言自然是古壮语，后由学者们不断挖掘、阐发，经语内翻译为汉语后被人们传唱开来。现为推动文化走出去，译者要把山歌译为英语，完成语际翻译能让更多读者有机会领略刘三姐山歌的优美歌词和旋律。除此之外符际翻译也是必不可少的，可以各类戏剧、音乐、教材、绘本、游戏等多种表现形式来展现刘三姐山歌。人们能在书本中、银屏里看到刘三姐山歌，从而可以窥见壮族文化的一隅，再进一步了解中国古代百花齐放的少数民族文化。以此，丰富的刘三姐文化才能通过翻译活动逐渐构造起一座刘三姐文化宫殿，近看是马赛克式的，远观方能见其全景。刘三姐山歌是壮族文化瑰宝，正不断走向国际。

2.2. 文化记忆与大翻译

某个社会中的民族、宗族或个人会在成长过程中拥有的一种集体记忆可被称为"文化记忆"。文化记忆这一概念由德国的扬·阿斯曼首次提出，指向一个群体的文化认同性问题。对于每一种文化来说，只要文化记忆能延续，那么该文化就能持续不断发展下去；同样地，随着文化记忆的消解褪色，文化的主体性也会逐渐消失得无影无踪（王霄冰，2007）。文化记忆依赖于集体的传播和交流，这种交流可以分为"仪式类"和"文字类"。山歌的演唱就是"仪式类"交流，歌词以及一些相关故事和剧本就是"文字类"交流。通过曲调、歌词、相关传说故事、歌舞剧和彩调剧等方式可以唤醒壮族人民乃至全体中华儿女体内的民族文化基因。文化记忆实则是一个庞大的整体，仅从歌词的只言片语中就可以让人们了解到壮族人民的语言习惯、生活环境、日常习俗等，再深入一些便能让观众和读者们从现存的相关资料中窥得各发展时期的壮族文化信仰、壮族价值观等。既然称之为文化记忆，不同文化间是不共享同样的文化记忆的。例如，从宏观来看，东西方在服饰、食物、建筑风格等方面大相径庭，不同的环境自然而然会塑造出不同的生活习惯和价值观念。文学作品就能很好地体现二者的思维差异。东西方语言中同一物品的意象天差地别，如东西方文化中的"龙""狗"等象征的形象就截然不同。从微观来说，即使在同一片国土，相邻不过数里的部落的生活环境都是不同的，他们习惯吃的食物、四周的景色或多或少都有差异，也因此导致两地山歌的唱词中惯用的腔调、土话、意象不同。中西双方本就存在巨大的文化鸿沟，因而将中国文化中极具民族特色的山歌译为英文，必定面临重重障碍。

大翻译理论与文化记忆的概念息息相关。罗选民（2014）认为，翻译和文化记忆之间是共生关系，翻译活动依赖于文化记忆。经典化的译作将文化从个人的记忆逐渐拓展为集体、国家乃至全人类的记忆。例如提到莎士比亚时，人们的脑海中出现的不单是莎士比亚的样子，更有他笔下的四大悲剧、四大喜剧，人们会想起同名舞台剧和音乐影视作品，想起文艺复兴时代的欧洲等由一系列相关元素组成的庞大文化体系。莎士比亚系列影响力之大和其作品成体系的翻译活动是分不开的。刘三姐山歌蕴含特定的民族性、民俗性和地域性，也就是说，山歌文化对于广西壮族人民来说尤其能指向自身家庭、宗族的历史，是他们建立本民族自我认同感的一段重要文化记忆。山歌的外译，不仅是语际上的转换，更涉及文化的阐释、表达和传播。"大翻译"视域下刘三姐翻译也同理，我们应将目光同样放到刘三姐山歌之外的相关作品，如人物志、壮族志等，在文本间形成一个相呼应的庞大体系，让读者听到山歌便可忆起壮族的山山水水。

3. 刘三姐山歌中的文化记忆

刘三姐山歌中蕴含了丰富的文化记忆。付添爵（2018：34）认为"一个文本的形成就是一个人的某种记忆的'凝结'"。以山歌为例，一开始它仅是一两个唱者专属的记忆。随着传唱范围日益扩大，山歌的唱词和曲调在壮族人民中日益流行和推广开来，变成了壮族人民的一大标志性文化。

不同地区的歌曲曲调风格各异，刘三姐山歌旋律充满力量、欢快悦耳，和壮族人民豪爽大方的个性一脉相承。一听到洪亮悠扬的山歌，仿佛就能看到壮族人民在田间地头劳作的身影，看到刘三姐以及一众壮族人民不畏强权勇敢反抗的光辉事迹，这便是山歌中的文化记忆让人们产生的联想。山歌由旋律和唱词共同组成，唱词同样也是文化记忆的载体。

首先，刘三姐山歌形似诗歌，一般为五字或七字一小句，行数不定，多为四句。歌唱时则辅以特定的曲调，一人起头，另一人或几人按照同样的曲调应和。押韵、比兴是山歌中常用的修辞手法。山歌每句歌词第一个字被称为"头"，中间几字被称为"腰"，最末一字被称为"脚"，山歌中有"脚腰韵、脚头韵、脚韵、勒脚韵和自由韵五大类"（任旭彬，2011：159）。山歌歌词在形式上类似七言诗，在音韵上则多是压腰脚韵，明显受到汉族诗歌的影响（任旭彬，2011）。

其次，歌词中的用词体现了壮族人民的生活环境、风俗习惯等文化记忆。山歌的歌词一般取材于演唱时的环境、所面对的人或事，唱山、唱水、唱动植物。用作歌词的事物通常都颇具本民族的色彩，多为壮族人民生活中的事物，其中又以与自然界相关的生物、日用品占大多数，如："绣只蝴蝶采鲜花，绣个葫芦配金瓜"；"箩筐上圆下四方，筷子下圆上四方"等。壮族人民主要生活在两广的山区，且刘三姐所在的桂林正是山水秀丽、自然风光宜人之地，所以歌词中会出现大量有关自然界的意象，如动植物、河流等，歌词中蝴蝶、鲜花、金瓜都是生活在西南地区的人民常见的昆虫和植物。葫芦、筷子和箩筐在我国大部分地区都有使用，尤其以西南地区为盛。

最后，唱词中意象的选择隐含着中国道家哲学思想：体现了男阳女阴、人和自然一体的思想。道家认为事物有阴阳之分，二者相辅相成，对立统一，这种阴阳之间的平衡关系可以在歌词中找到线索。"山中只见藤缠树，世上哪见树缠藤"一句中，藤喻女，树喻男，二者相偎相依便象征了一段美好爱情的佳话。藤柔软纤细，象征女性的性格温婉，身体相较于男性更柔弱；大树则是顶天立地，象征男性健壮威武，人类就是自然界中的一环，自然界的生物也象征着人类。从大山深处的山歌中，也能窥得中国古代道家的哲学思想，山歌暗示了从古至今华夏大地上各种文化和思想的交流。普遍的哲学理念渗入小众的民族山歌，不断被传播、阐释、理解，最终扎根在一个群体的思维当中。

今天，人民的生活水平已大大提高，生产劳作方式也有了翻天覆地的变化，从农耕走向多样化，壮族人民依旧热衷于演唱山歌。现在，部分壮族人民仍劳作于田间地头，会在耕种时唱上几曲山歌，此外，在一些当地礼俗仪式中如"诞生礼、婚礼、寿礼、丧礼等""本民族村寨特有的祭祖、庙会等"（周信杉等，2021：119）也常见山歌身影。由此可见，唱山歌不单是唱歌一项活动这么简单，它往往连带着或大或小的仪式，交织于民间的礼俗文化之中。通过书面的或是影音作品的传播，刘三姐为越来越多的中国人所熟知，一幅文化记忆的图景已在刘三姐山歌的传播中不断构建、完善。当然，这种记忆的形成不仅仅是一成不变的复述和继承，除了人们对已有文本的反复巩固和回忆，还需要对记忆进行深度的阐释以使其不断充盈（其中可能会有所创新），需要"因时而异、因地制宜的阐释与翻译"（付添爵，2018：34）。译者可以通过大翻译来深入阐释并广泛传播文化，将其凝结成大众认同的文化记忆。

4."大翻译"下的刘三姐山歌英译

独木不成林，几首广为流传的山歌仅是刘三姐文化的冰山一角。刘三姐山歌语言外部要素还涵盖山歌从古时至今的发展历程，大到包含整个发展史中涌现的各式人物形象、创作者所处的自然环境、价值观念、风土人情、节庆祭典以及一系列的艺术创作，小到壮民族常用的工具、周边环境常见的物种等。有关壮族山歌的各要素相互关联、环环紧扣，近看如砖石一般紧密结合在一起，相辅相成地共同构建刘三姐文化记忆的宫殿。

　　大翻译倡导的是多方面、多途径的文本"翻译"，通过语内、语际、符际翻译将刘三姐山歌及其相关文本的影视剧等外译，有利于刘三姐山歌经典化。也就是说让刘三姐山歌走向全世界，我们的目光还要看向山歌以外的文本。如刘三姐的个人传记、壮族发展史、地方历史、相关传说故事等一系列材料，如《刘三姐纵横》、"壮学丛书"等。这些史料文本相互关联、相互印证，将读者的目光从一首山歌延展到刘三姐传说、壮族发展乃至中国传统文化。以大翻译促进对壮族山歌历史的挖掘探索，可以更深入地探寻山歌创作的时代背景和山歌在今天的时代意义。此外，还应发展刘三姐山歌在文字层面以外的翻译，将刘三姐"译"为系列图书、拍成电影、编成舞台剧，并设立相关节日庆典等，让人们不仅能从书中看到刘三姐文化，也能从各式壮族庆典和艺术作品中联想到刘三姐山歌。值得一提的是，大翻译不等同于语内、语际和符际翻译，而是在这三类翻译的基础上要求文本之间存在一定的文化联结，不局限于单一文本的、双语文字间的转换，而是要把山歌和相关文本联系起来，形成一个相互间补充说明、相辅相成的体系；并且注重将源文本深层的文化挖掘、阐释出来，在翻译中不断深入探索源文本遣词造句和行文特点的渊源，以新视角来表达、重现文本中所包含的记忆。

4.1.　为何译

　　要发展文化强国就需要改变话语权的透明现状。施莱尔马赫的《译者的隐形：翻译史论》中提到，异化翻译首先体现在所译文本的选择上，可以通过翻译边缘化的文本来打造中国的文化体系，从而抵抗英美文化的主流话语。壮族文化不属于主流文化，且刘三姐山歌属于少数民族文化典籍，山歌聚焦于古代社会的劳动妇女的形象，是处于边缘地位的文本。通过翻译边缘化的、异于主流文化的文本来深挖中国文化。

　　此外，壮族是中国人口最多的少数民族，拥有着极为丰厚的人文历史。广西又是全国壮族人口最密集的地方，作为东盟博览会的永久举办地，在商业和文化方面沟通东盟各国，是很好的文化传播平台。刘三姐是壮族歌仙，代表着壮民族不畏强权、勤劳勇敢的正面形象。英译与传播刘三姐山歌，不断巩固和增强相关文化记忆，为中国文化典籍英译开辟了道路。

4.2.　如何译

　　从个人传播至群体、全国乃至全世界离不开大翻译的指导。大翻译不仅限于字面上的翻译，更强调译作经典与其相关文化记忆的结合，持续地、动态地、跨学科地、多模态地诠释与发展，构建相应的文化体系，使得各要素间相互勾连，共同打造一幅远观方能看清全貌的文化图景。在翻译中讲述刘三姐的故事，在翻译中重现刘三姐文化记忆，不断深入阐释其内含的文化要素，让刘三姐山歌典籍走向全球化。同时，将刘三姐文化融入各类学科以及庆典和活动中，如现在广西每逢农历三月初三便会全区放假，举行"三月三"歌节，学校和单位会开办各种活动，让民众真正融入山歌文化，真正拥有属于自己的山歌记忆。

而若要把山歌进一步推广到全国乃至全球，就需要更多的译作和多模态融合，让更多人共同拥有相似的文化记忆。大翻译需要通过语内翻译、语际翻译、符际翻译三种形式对刘三姐山歌进行深入的阐释，本文将重点关注刘三姐的语际翻译。

4.2.1. 语内翻译

1998 年出版的《宜州市志》中有记载：1828 年的《庆远府志》和 1918 年的《宜山县志》中都提到了一位喜爱歌唱的壮族女子，文中称之为"刘三女大"，即现在我们所熟知的刘三姐（任旭彬，2011：162）。刘三姐是壮族人，所唱山歌原本也是壮族山歌，但现在我们所熟知的刘三姐山歌都已转换为了汉语，其中实则已经历过语内翻译，将壮语译为了现代汉语。

所谓语内翻译就是同种语言间不同语言变体的翻译。语内翻译发生的原因，有以下几点：首先，整理刘三姐山歌的学者对壮语不熟悉，于是便采用了汉语对歌词进行记录。其次，壮族支系繁多，不可能一一记录，且在以前刘三姐传说并非主流，受关注度小（任旭彬，2011）。同时，即使是在广西壮族自治区内，能熟练运用壮语的人也是少数，会说壮语的人大多聚集在壮族山区部落，纯正的壮语山歌受众小，因此难以向外传播。刘三姐山歌的语内翻译有助于集体记忆进一步拓展为国家记忆。

4.2.2. 语际翻译

经历语内翻译阶段之后，汉语化的刘三姐山歌得到更大范围的传播，为越来越多的中国人所熟知，现在正处于语际翻译阶段，而语际翻译则是两种语言之间的翻译。英译版的刘三姐山歌帮助刘三姐走出国门，进入英语读者世界，为刘三姐文化体系的建立提供了良好土壤，同时也有越来越多的学者开始关注刘三姐山歌的翻译以及跨文化传播。

中外语言本就有诸多差异，再考虑到少数民族文化的边缘性，刘三姐山歌已经算是"异化"的文本，若是译文也存在过多的异化处理则会变得晦涩难懂，不利于传播（Venuti，2009）。但是同时，翻译时也应该充分尊重文本中蕴含的文化要素，不可一味迎合外国读者的审美需求。翻译活动的本质就是不同文化间的交流，需要处理的是一系列文化因素。文化气息浓厚的文本中承载了文本之外的厚重的文化记忆，山歌的翻译必定会伴随着对文化传递的思考。译者是否充分认识到源语和目标语二者之间的文化差异、文化地位的差距，以及最重要的一点——译者的文化态度，都会影响译者对翻译策略和译文的偏好。弱化原文中的文化内涵，贴近读者；或是充分展现文化间的差异，尽可能保留文本中的文化记忆，表面上是翻译方法的不同，实际上是文化态度的差异（王东风，2000）。山歌是壮族人生活劳作时唱的歌，他们在创作时显然未将外国读者是否能够理解考虑在内，因此文本中存在大量文化缺省。若译者未能填补好文化的缺省，语篇中便会有意义"真空"的节点，令读者摸不着头脑（王东风，1997）。如果说文字是沟通作者与读者的桥梁，那么在译作中译者扮演的则是修补桥梁的角色，将缺省的文化知识提供给读者。因此，译者既要在翻译时充分保留文字中的文化要素，又应为读者们提供充分的文化背景知识以期填补文化空缺。译者要找准自己的文化态度，从源语文化的视角出发，深入解读、深入阐释，才能在翻译中构建文化记忆，加强山歌与中国传统文化的整体联系，打破其他文化读者原有的"审美偏好"（王东风，1998：6），用翻译展现中国风、中国味。

例1： 你同老爷两相配，好比山猪配花猴。

歌词是刘三姐讽刺媒婆和莫老爷蛇鼠一窝，一人如山猪、一人如花猴，正好相配。壮族人民生活在山野地区，生活环境中有很多野生动植物，读者在读到这句的"山猪"和"花猴"时，脑海里则会相应地浮现出在生气勃勃的山地森林里，人们和野生动物和谐生活。而现有译本《刘三姐歌谣英译与演唱》中是将其译为了"an ideal pair"，不仅大大削弱了原文的朴拙之感，也抹杀了原文中有关壮族人民生活环境的文化记忆。山猪即山中野猪，花猴通常指西南山区的金丝猴，此时的翻译不妨直译，让读者一眼便能读到山歌的独特生趣。

例2： 雨里蜘蛛来结网，想晴唯有暗中丝。

这句山歌用雨里结网的蜘蛛暗示一名暗恋中的女子。蜘蛛在雨中织网只盼天快快放晴，晴天的"晴"音同情爱的"情"，蜘蛛等"晴"即女子等"情"；壮族女子擅长女红，会编绣球、绣箭袋，女子编织正如蜘蛛吐丝知网，且"丝"音同"思"，象征女子一边做绣工一边思念自己的情郎。无论是英语还是汉语，都极少将恋爱中女子的形象比作结网的蜘蛛，但汉语读者能够根据同音字词来理解这一意象，而这对不熟悉汉语的外国读者来说几乎是不能理解的。不同于例（1）直译能让读者读到文中情趣，这个例子采用直译反而会导致读者难以理解。因此，要想展现文本中的文化，翻译策略的选择需要对症下药。结网蜘蛛的意象即便是在中国文化中也极少与情爱联系起来。文化间的差异和特殊便是文化记忆的源头，因此翻译时同样应帮助读者填补不同文化间认知的差异，多加注释说明，从而架起理解的桥梁，解释"结网蜘蛛"和痴情阿妹的联系才能让不同文化的读者理解。

例3： 青藤若是不缠树，枉过一春又一春。

用藤缠树比喻男子与女子相恋、相互依靠、难分难舍的样子。藤为女子，虽看起来脆弱，但柔韧易生；树为男子，高大挺拔，遮风挡雨。二者一个象征柔软一个象征力量，在句中形成鲜明对比。通常人们更爱将一对爱侣比作鲜花绿叶、太阳月亮、公主骑士等，而将爱情比作藤缠树可以说是壮族山歌所独有，同样，译文中应酌情保留这一比喻，可以附上副文本以对这一比喻进行解释。

综上例子，山歌用词灵活生动，是壮族文化的结晶。译者以译文来传递歌词含义是翻译的第一层，还需通过译文来展现差异，表达文化，从而绘制出一幅囊括各要素的文化图景。不仅要让读者们听到刘三姐的歌声，也要让读者们"看到"邪恶的地主莫进财、狗腿子秀才和勇敢的小牛哥，帮助读者从字里行间切身感受到壮族人民生活在险滩旁、山地中。这些要素对于一首歌的翻译来说也许并不是那么重要，但要做好文化记忆的保护与传承，就要求我们充分尊重原文化中的表达并根据不同的文本选用合适的翻译策略，让读者们能够从译本、相关翻译作品之间中得到充实而连贯的信息，这才将文化也融进了译文。

4.2.3. 符际翻译

刘三姐山歌的符际翻译阶段则是将语言符号转化为非语言符号。大翻译倡导的不单是文本层面的翻译，更是跨学科、多模态的文化翻译。基于刘三姐的传说故事和山歌，人们创作出了各式各样的文艺作品，受众可从多渠道了解刘三姐山歌文化（见表1）。

表 1　刘三姐山歌符际翻译汇总表

表现形式	名称	年份	出品方
电影	《刘三姐》	1961 年	长春电影制片厂
	《刘三姐》	1978 年	广西电影制片厂
歌曲	《山歌好比春江水》	1960 年	
画本	《刘三姐》连环画	2003 年	连环画出版社
电视剧	《刘三姐》	2010 年	中共广西柳州市委、北京天星亿源影视文化公司
节日庆典	"三月三"歌节	2014 年	
剧目演出	桂林山水实景演出《印象·刘三姐》	2017 年	山水盛典文化产业有限公司
	舞剧《刘三姐》	2018 年	南宁市艺术剧院有限责任公司
	彩调剧《刘三姐》	2018 年	中国歌剧舞剧院、桂林市文化新闻出版广电局

　　刘三姐山歌的符际翻译实例包括但不仅限于以上表格所展示的这些，从纸面到银幕，越来越多的传播形式相互交融，促进刘三姐山歌唱响全世界。同时，在一次次以不同方式展现刘三姐文化的过程中，或多或少都会存在与时俱进的创新，刘三姐的形象也随之一步步变得鲜活立体。歌舞剧、影视剧通常会附有对相关背景的阐述，作为附带信息传送给读者。刘三姐山歌能被传唱至今，且以多种方式展现在人们面前本身就是对其内在文化吸引力的最好证明。

5. 结　语

　　全球化为各国提供展现本国文化的机遇，同时对各国来说，如何将文化传播好也是一大挑战。刘三姐山歌是壮族文化的一块瑰宝，以三姐对抗地主等邪恶势力为主线，歌曲中穿插了人民生活的点点滴滴。山歌中别具一格的比喻折射出壮族特有的文化记忆。作为译者，我们应明确自己的文化态度，以大翻译为指导，深入解读和阐释歌词，跨学科、多领域地发展刘三姐山歌，在翻译中保护和发展刘三姐文化记忆。将山歌唱响全中华，唱响全球，讲好广西故事，推动广西文化走出去，从而打造一系列中国民歌翻译的内在文化记忆框架，展现出中国异于其他国家的独特民族风。

参考文献

[1] Venuti L. 译者的隐形：翻译史论 [M]. 张景华，白立平，蒋骁华，主译. 北京：外语教学与研究出版社，2009.

[2] 付添爵. 历史·文化记忆·翻译：从"郢书燕说"谈起 [J]. 亚太跨学科翻译研究，2018（2）：27–42.

[3] 黄达武. 刘三姐的双重身份：歌仙和巫神 [J]. 中南民族学院学报（哲学社会科学版），1990（4）：56–60.

[4] 黄少政 . 刘三姐歌谣英译与演唱 [M]. 桂林：广西师范大学出版社，2021.

[5] 罗选民 . 大翻译与文化记忆：国家形象的建构与传播 [J]. 中国外语，2019，16（5）：95–102.

[6] 罗选民 . 文化记忆与翻译研究 [J]. 中国外语，2014，11（3）：41–44.

[7] 罗选民，杨文地 . 文化自觉与典籍英译 [J]. 外语与外语教学，2012（5）：63–66.

[8] 马明蓉 ."大翻译"范式下的《浮生六记》经典化 [J]. 山东外语教学，2022，43（2）：114–124.

[9] 任旭彬 . 刘三姐歌谣的跨文化传唱 [J]. 广西民族研究，2011，104（2）：156–163.

[10] 王霄冰 . 文化记忆、传统创新与节日遗产保护 [J]. 中国人民大学学报，2007（1）：41–48.

[11] 王东风 . 翻译文学的文化地位与译者的文化态度 [J]. 中国翻译，2000（4）：3–9.

[12] 王东风 . 论翻译过程中的文化介入 [J]. 中国翻译，1998（5）：7–10.

[13] 王东风 . 文化缺省与翻译中的连贯重构 [J]. 外国语（上海外国语大学学报），1997（6）：56–61.

[14] 杨庆存 . 中国文化"走出去"的起步与探索：国家社科基金"中华学术外译项目"浅谈 [J]. 中国翻译，2014，35（4）：5–7.

[15] 周信杉，罗江华，李献庆 ."刘三姐"歌谣何以实现跨文化传唱：论共性记忆与共同情感交织中的共同体形塑 [J]. 广西民族研究，2021（1）：117–125.

[16] Jacobson R. On linguistic aspects of translation[C]// Venuti L. The Translation Studies Reader. 2nd ed. London: Routledge, 2000: 113–118.

Translation of Liu Sanjie's Mountain Songs into English from the Perspective of "Big Translation"

Abstract: China pays more attention to the construction of cultural soft strength to promote Chinese culture to go global. The cultures of all ethnic groups feature their own characteristics. As the most populous ethnic minority in China, the Zhuang ethnic minority group is rich in cultural heritage. By introducing the Zhuang culture to the outside world we can better "tell a good Chinese story". The Liu Sanjie folk songs is a good representative of Zhuang culture. The melody and lyrics carry the cultural memory of the Zhuang people, reviewing surrounding environment and values of the Zhuang people between the lines. From folk songs, to related myths and legends, to historical stories and artistic works, all these elements are linked together to form the Liu Sanjie folk song system. The translation of folk songs should be guided by the theory of big translation. Translators need to deeply understand and interpret the culture behind folk songs, integrate folk songs into various fields and disciplines in a more open and inclusive manner. They should develop and sing folk songs in a multi-modal and cross-disciplinary way and systematically translate texts related to Liu Sanjie folk songs to promote the spread of Chinese culture in the world.

Keywords: big translation; Liu Sanjie folk songs; cultural memory

史料学视野下《中华英文周报》翻译栏目的描述性研究

重庆大学　管浩然

摘　要：创刊于民国时期、地址位于上海的《中华英文周报》作为对学校英语课程的教学补充，为当时中国的英语学习者提供了有价值的学习资料，开阔了读者的视野，故该刊对于研究民国时期的双语教学及翻译普及情况有重要价值。由于当时的英语教学主要采用双语翻译教学法，《中华英文周报》的英文栏目都会相应地附有中文翻译和注释。因此，本文基于史料学视角，采用历史档案研究中的文献法，按照报刊时间顺序梳理其中涉及的中英翻译内容，列举和对比分析《中华英文周报》主要栏目的特点及作用。研究发现，尽管相较于同期英语教育类读物订阅和售卖量较低，但中华书局《中华英文周报》翻译栏目时代特色鲜明，原文选材及译文质量较高，有助于近代民国英语人才的培养。

关键词：翻译史研究;《中华英文周报》; 民国英语教学

1.引　言

民国初期，随着中西交流日趋频繁，翻译各类英文材料、向西方学习之势蔚然成风，英语作为一门全球通用型语言开始在中国广泛传播。翻译文学在这一时期也逐渐繁荣，各类报纸及杂志上的翻译专栏如"译文""名著"等也于此时出现，并且得到充分发展（李轩，2019）。然而，当时英语类教材匮乏的状况引起中华书局、商务印书馆等出版机构的关注，编写出既适合中国国情又符合英语教学规律的读本成为其努力的方向。以服务教育为己任的中华书局审时度势，在开业之初便发行了如《中华教育界》《中华童子界》《中华妇女界》等八大杂志，也对创办英文刊物做出了积极尝试（郝雨，2012）。1919 年 4 月 5 日第 1 期《中华英文周报》诞生，其创刊词清楚表明了办刊宗旨：一是为提高城市英语教育水平，二是为丰富城市市民的外语生活。

《中华英文周报》，英文名"Chung Hwa English Weekly"，是中华书局民国时期印刷发行的教育类周刊，1919 年 4 月创刊于上海，先后由马润卿、桂绍盱、王翼廷等担任主编（喻永庆，2011）。1929 年后，根据读者英语能力层次的不同，报刊分为《初级中华英文周报》和《高级中华英文周报》。由于抗日战争的全面爆发，该刊于 1937 年 9 月出版 808/809 期合刊后停刊。1944 年复刊，改名为《中华英语半月刊》，由钱歌川担任主编，该刊于 1949 年 12 月出版第 10 卷第 12 期后停刊，停刊原因不详。

作为一份专供中国读者学习英文、培养双语能力的刊物，《中华英文周报》出版时间跨度长，内容丰富且质量高，涉及英语世界的各个方面，以帮助学习者掌握社会各领域的英文用法。该报创刊初期便将英语学习与国际政治、城市文化、经济发展、社会思潮紧密联系起来，由其丰富的"人文性"可概览当时民众的整体外语生活状况。此后随着英语课程教育的普及，在校正规学习英语的人数激增，尽管报刊的时事性与实用性有部分保留，但主要功能还是转为学校英语教学的补充，转向了"工具性"的道路。作为学生英语学习的教辅材料，《中华英文周报》也成为适合民众自学英语的课本式杂志。

2.《中华英文周报》翻译生产出版活动综述

在翻译史的研究方面，将翻译和出版两者紧密结合在一起考察出版机构的翻译出版活动至关重要。翻译出版生产是重要的翻译生产活动，包括发起、翻译、编辑、出版等一系列过程，构成了翻译研究、报纸杂志研究须考查的宏观网络。《中华英文周报》每一期刊登着大量双语栏目，间接反映出同时期部分翻译活动的动机、过程、质量和接受效果。因此，《中华英文周报》虽然主要是作为教辅材料对学校英语课程的教学进行补充，但也刚好反映了民国时期市民生活中英语的使用情况，对该时期英语教学的研究及翻译活动对社会反响的考察具有一定程度的史料参考价值。

2.1. 栏目设置

《中华英文周报》内容丰富、层次清晰、主题鲜明，既包含传播英语语言知识的内容、启发初等教育的问题，也涉及对中外文化的介绍。栏目设置、内容创新都大体依照报刊初创时的宗旨和原则，刊载相应文章，为英语爱好者和广大翻译学习者服务（见表 1）。周报前 20 期的大部分内容是纯英文记录各国时政新闻的报道和英文应用文写作技巧，故在此不做讨论。本文主要针对中英文对照文本和翻译相关内容进行研究，因此省略报刊中部分栏目环节。以下表格仅列举本报刊中常见的涉及翻译的双语栏目。

表 1 《中华英文周报》栏目

栏目名称	主要内容	备注
英汉译丛（Translation）	各类题材文章的中英文对照	自第 7 期开始每期连载的《国际同盟修正案》；从第 30 期开始连载的《长江水力利用说》
初级英文学生之友（Student's Companion Junior Grade）	简单的学习型对话的中英文对照；短文翻译的文本包括英文、白话文和文言文	自第 21 期开设；自第 105 期开始改名为《初学良友》

栏目名称	主要内容	备注
高级英文学生之友（Student's Companion Senior Grade）	实用型对话的中英文对照，设定不同的语境	自第 21 期开设；自第 105 期开始改名为《进学规范》，新增《名人文选》栏目，开始连载《金甲虫》
一周间之时报（Current Events）	对于国内外一周以来的时政新闻进行简短报道	自第 53 期开始有中英文对照；自第 274 期开始再次恢复纯英文版，无中文译文
女学生之友（The Girl Student's Friend）	中英双语为向女性介绍护肤保养的健康技巧、独立女性故事等热门话题	自第 53 期开设；自第 105 期开始改名为《妇女丛谈》
普通文件（Documents）	列出票据、账单、广告、通告等文件的中英文模板	自第 53 期开设
集益录（The Subscriber's Page）	读者投稿的各类文章，如果是单语通常会被编辑翻译成目标语言	自第 79 期开始由原来的《征文》栏目改名而来
戏剧（Plays）	报刊首次引入戏剧文体形式，包含中英双语剧本台词	自第 132 期开设
文坛（Editorial）	编者撰写的一些社会评论类文章	自第 142 期开始有中英双语对照版
青年训言（Advice to Young Men）	一些写给当时年轻人的忠告和警言，鼓励他们改掉不良品行，争当民族希望、国之栋梁	自第 142 期开设
唐诗英译一首（A Chinese Poem Translated）	列举出了一些西方译者英译的唐诗版本	自第 149 期开设
英文成语研究（A Study of English Idiomatic Phrases）	给出常用英文习语或短语的例句，并附有中文翻译	自第 171 期开设，至第 208 期共计 806 条短语
侦探小说（Detective Story）	分期连续刊载以《福尔摩斯探案集》为代表的侦探小说	自第 211 期开设，栏目设置在《高级英文学生之友》下
名人轶事（Biographical Stories）	用英文和文言文讲述西方一些贵族、科学家、思想家等名人的传记故事	自第 212 期开设，如第 221 期开始介绍克伦威尔（Cromwell）
名人语录（Famous Quotations）	每期列出西方作家、政治家等名人的思想语录的中英文版本	自第 212 期开设，所选名人名言如爱默生、俾斯麦、王尔德等

2.1.1. 文章选材意识鲜明

《中华英文周报》十分重视文章来源的权威性和正规性，并且几乎在每篇选文的前后都会规范地标注出处。作为周更类报纸杂志，新闻类的栏目《一周间之时报》，毋庸置疑占据报纸最大板块，是本报的核心内容，且消息大多转自英国最大的通讯社"路透社"，报道及时、准确。该栏目从第 53 期开始由英文转变为双语报道，内容涉及国内外发生的各大事件，涉及一些和中国在政治、经济、军事上密切相关的西方国家。例如，英文原文和中文译文的国际同盟修正案是关于政治外交的。办报初期的中国正值巴黎和会谈判失败，民族到了生死存亡的关键时刻，报纸新闻内容的选取对唤醒民众的救亡抗争精神产生了重要影响，因而发挥了舆论动员的作用。之后各地学生开始抵制日货和罢课以及商人开始罢市等，这一系列报道紧扣实事热点，反映了当时的人民爱国情绪高涨，体现出报刊选取题材的意识形态层次。从 1925 年第 320 期开始，《中华英文周报》单设专栏报道五卅惨案，大量相关新闻的报道将爱国浪潮迅速推向全国，对中华民族的意识觉醒和国民运动的发展起到了巨大的推动作用。就语言学习来说，这些报道中涉及的政治、外交、军事热词，也能在一定程度上拓展学生读者的词汇量，帮助他们了解英文新闻语体的表达方式和语言风格。

女性主义意识在本报中体现得也较为明显，从办报不久就独占一席的《女学生之友》栏目到第 392 期之后再次单独出现的女性板块（Woman's Section）都是围绕女性读者热衷的护肤、保养等健康话题选材。除此之外，周报还会对一些女性代表的模范故事进行介绍。这些栏目既突显出女性识字、会英语、受教育的重要性，也在字里行间中呼吁女性读者要自立自强，打破传统的性别二元对立的观念；女性不应再被禁锢为男性的附属，要懂得为维护自己的权益而抗争。区别于同时期常见的妇女杂志或者纯英文学习报纸，《中华英文周报》巧妙地将二者紧密结合在一起，这是一项大胆而先进的创新之处。

2.1.2. 语言技能应用强化

除选材所体现的文学性和思想性外，《中华英文周报》主要还是用作课外双语能力培养的资料和辅助工具，目标是强化语言的实用技能，因此实用型板块也占了举足轻重的地位。近代以来，中西经济贸易来往频繁，商贸洽谈也成为一种重要的交流形式，因此，《中华英文周报》大量介绍了商务贸易英语的应用文体的正确书写格式。由于《中华英文周报》主要面向英语自学者、中学生和同等受教育程度的民众，所以刊载的商务英语类文章的词汇表达简洁，专业性不是特别强，属于知识普及类，在初学者的接受能力范围内。因此，文章整体行文简要，重要概念附有注释，基本上剔除了冷僻的词汇和深奥的语句，该刊物符合大众期待与需求。那些基本掌握中英双语的翻译人才，在学习此版块后能够适当地掌握贸易术语和书信格式。商务英语板块的出现，满足了当时贸易双方克服语言障碍的需求，在一定程度上缓解了当时国家急需商业人才以及翻译人才的局面。

2.1.3. 阅读平台互动便捷

《中华英文周报》对民众阅读的另一个重要意义在于，它自身也是一个舆论空间，是读者阅读交流的平台，所有读者均可投稿来信，这也为编辑们了解读者的阅读需求和阅读习惯提供了便利。就翻译活动来说，早期周报举办了小规模的翻译竞赛活动，试题为一段英译，译文语言用白话、文言皆可，最后将获奖选手的译文刊登在报纸上。据统计，参赛选手基本都是采用文言作答，且所投译文质量较高，译者语言功底深厚。周报还精心设计了大量的编读互动活动，如中英双语的征文栏目（第 79 期后改名为《集益录》）。《中华英文周报》一直录用读者原创或翻译的文章。通信栏目的出现，对读者长期学习英语的意义非同小可。在遇到棘手的问题时，读者们可及时向编辑部求助，对所学内容能够理解得更加透彻。通信栏目的设置也将读者对刊物知识的接受情况及时反馈给编辑，对完善栏目内容、调整布局具有重要意义。相对稳定的编辑队伍和读者群对刊物的编辑和出版也具有深刻的影响。为鼓励读者投稿，周报还设置了相应的奖励。不同领域读者的投稿和来信扩展了编者们的知识面和业务范围，周报质量得以提高，发行量也有所上升。不到一年时间，

《中华英文周报》就迅速成为在海内外信息传播领域颇有影响力、国内学生用来补习英文的杂志。

2.1.4. 排版布局与时俱进

值得一提的是，《中华英文周报》一直以来都做到了推陈出新、与时俱进。从第 131 期周报开始改版，彻底打破了之前的栏目分类模式，不再仅仅分初级和高级板块，而是单独将"会话""翻译"等模块分出来，目录也改到了报纸的首页，并且由之前的中文详尽目录换成了全英文简洁目录。从这个阶段开始，周报各栏目的划分也不再固定不变，文章体裁也更加多样，从原来的小说、散文扩展到各类领域如生物科普、地质地理、人物传记等。各文章直接按顺序在报纸上排版，不再划入单独的板块。同时，这一阶段报纸的读者受众更侧重于高水平知识分子，而非传统意义上的中小学生。

从第 210 期后，周报目录和排版再次改动，从之前的通俗消遣小说向经典文学过渡。这次报纸每期分为初学者、中级、高级三个模块，中级的内容依然是短篇故事和商务信件，而高级模块更偏向于文学，刊载了欧·亨利等名家的小说选以及福尔摩斯探案集，还有戏剧、诗歌这些高雅艺术。历史文化沉淀的结晶满足了读者了解西方人文社会思潮的需求，启迪民智，推动社会全面发展。

1928 年至 1929 年，《中华英文周报》由原来的每期三十多页的杂志正式转变为每期八页的报纸。作为真正意义上的报纸，周报不再设计目录，对重点内容有所保留和强化，并按照之前的顺序对文章及新闻进行排列、印刷、出版。这一时期周报的质量和发行量已经大大下降，在 1937 年第一次停刊前逐渐走向衰败。

2.2. 翻译模式

1920 年至 1924 年这五年是《中华英文周报》刊登译文占比最多的年份，换句话说，这五年是该报翻译活动最频繁的阶段。因此，本文选取该时间段发表的译文作为研究对象，考查周报译文的翻译模式，分析、评估周报的翻译文本。

2.2.1. 文言与白话并行

20 世纪第二个十年正是白话运动蓬勃发展的时期，而当时文学语言规范尚处于变动的过渡阶段，文言与白话并行甚至杂糅的现象普遍存在，翻译的语言也围绕着白话与文言的争议而展开。《中华英文周报》汉译英部分原文选录的就是古代著名文言篇，如 1923 年第 221 期英译了《战国策》中的《邹忌讽齐王纳谏》（"Zou Ji exhorts King of Qi to take advice"）；1924 年第 247 期英译了唐代柳宗元的《永某氏之鼠》（"The Yung Gentleman's Rats"），这些都是人们熟悉的富含警示哲理的古文名篇，在当时用英文重新阐释叙述，给人耳目一新的感觉。而周报的英译汉部分，文言与白话并行体现得更为明显。如 1922 年第 170 期开始连载的小品文 "Success Is a Complete Circle—Not a Mere Segment"（《成功为完全之圆圈——非仅圈中之一部分》）译文使用了半文言的语言对原文进行了再创作；1923 年第 221 期的 "A Gold Medal"（《金奖牌》）一文，采用几近白话的语言进行翻译，从以上语言的过渡和转变可以看出彼时译者致力于推行白话的努力，文学家和翻译家不再把白话文仅仅视作宣传的工具，而是将其作为整个新文学创造的有机组成部分（廖七一，2010）。

2.2.2. 编译与合译共存

1922 年第 171 期至 173 期连载的《纳德哈姆生传略》（"Life Story of Knut Hamsun"）明确指出："此篇译文为张文壮君投稿，雅而能达，爱极登之，以公同好，惟文中数处与原文颇有出入，曾经本社梁鋆立君改译，又本报各栏例载注释，张君之稿，独付缺如，兹亦由梁君加入，以便初学。"以此可以看出，周报中的文章大多出于读者接受程度考虑，会由编辑人员对原文进行编译，这一过程相当于投稿的原译者与编辑进行的合作翻译，打造出贴合读者知识背景与语言水平的文章。并且，此例中的哈姆生（现普遍译为克努特·汉姆生）于 1920 年凭借《土地的成长》获得诺贝尔文学奖，《中华英文周报》选取他的传记进行介绍，紧跟时事，向中国读者介绍西方的作家和作品，突出了该刊的国际意识。

2.3. 定价与发行

定价与发行是出版活动中非常重要的步骤，也是实现刊物价值的重要途径，适当的价格是发行量及购买量的前提和保障。《中华英文周报》预计半年出版 26 期，全年共 52 期，但实际上每年只有 40 期左右（包含周年或者节日特辑）。

从整理的每年实际的定价表表 2 中我们可以看到，尽管考虑到印刷成本、运输成本、发行费用等因素，《中华英文周报》前期和同类型的英语教育类读物相比，价格还是稍低一些。主要是由于英文周报是中华书局作为出版机构进行的一次大胆尝试，是作为课外补充读物服务于学校的，地位低于中华书局及商务印书馆发行的英文类教科书，因而需要以低廉的价格吸引固定读者群体。从周报的价格变动情况可以看出前几年的订阅价格是逐年递增的，说明《中华英文周报》处于正向发展阶段，并且在 1924 年和 1925 年价格达到顶峰值，足以见得周报受人们欢迎程度之高；然而，后几年的价格骤然下跌，甚至免除订阅的邮费，可以看出周报正在日渐走向衰落。根据表 2 可以看出 1925 年是关键的转折点，从外部宏观因素来看，当时动荡不安的社会环境会阻碍教育、文学、文化传播的发展；而从《中华英文周报》内部微观层面来看，周报正是于这一年大规模取消了中文翻译板块和注释，包括将最重要的双语新闻调整为英文新闻，这对于当时英文水平普遍较低的学习者们来说是一个很难适应的改变，因此部分读者会选择放弃续订。

表 2　1919—1930 年《中华英文周报》定价表

每册		全年		年份
价格	邮费	价格	邮费	
四分	半分	一元七角四分	二角六分	1919、1920、1921
五分	半分	二元	二角六分	1922、1923
六分	半分	二元五角	二角六分	1924、1925
四分	半分	二元	（包邮）	1926、1927
三分	（包邮）	一元	（包邮）	1928、1929、1930

综上所述，《中华英文周报》相对稳定且丰富多样的栏目架构造就了语言教学与文化传播并重、"知识性"与"人文性"并重的编辑思想。同时，栏目的编排除了具有内容上的广泛性，也有对内容深度的长期规划，注意到各部分之间的衔接关系，排版设计精良又符合当时的大众审美。值得肯定的是，栏目设置的成功是《中华英文周报》质量的有力保障。

3.《中华英文周报》对民国翻译教学的影响

1922 年 11 月，民国政府正式设置新学制，即"壬戌学制"。在新学制中，初高中的外国语学分高居首位，国人对英语学习的重视程度也随之越来越高。不容忽视的是，除了传递国内外各种信息，作为教育类刊物中的代表之一，《中华英文周报》也致力于营造良好的教育氛围，积极借鉴国外优秀教育经验，在阅读材料中融入西方教育理念，并针对教育问题展开了许多讨论，不失为民众耳濡目染接受新式教育的一条新渠道。翻译作为语言学习的一种基本技能，也是快速掌握语言的必由之路。事实上，中国近代意义的翻译教学还是在英语教学的框架下进行的。

3.1. 因材施教：内容难度分布呈阶梯式

针对不同层级的学习者，《中华英文周报》专门设置了《初级英文学生之友》和《高级英文学生之友》两个栏目（第 105 期后分别改名为《初学良友》和《进学规范》）（何朝辉，2020），这也为之后周报分化为初级、高级做了铺垫，可以说这两个栏目是《初级中华英文周报》和《高级中华英文周报》的前身，给读者提供适合自己的学习材料，做到因人而异。周报的栏目设置配合初高中英语学习目标，翻译教授内容主要涉及汉译英、英译汉，用不同形式翻译文章，讲解部分由原文、译文、注释组成。《初级中华英文周报》各类题材阅读量均衡，对文章增加了详细的词义和语法注释，将文中句子单独拎出来，附上汉语意思，作为特殊讲解的例子。此外，为了帮助读者更好地练习对话和翻译，报纸中新增练习模块对内容进行巩固，也辅助了老师在课上的翻译教学。《高级中华英文周报》为高中学生英语学习的补充刊物，刊中内容均以英文发表，不涉及翻译以及中英文对照的内容，同样仅有相关对汉英翻译技巧的讲解，故本文不加以研究和说明。

3.2. 双管齐下：阅读和口语训练并驾齐驱

民国时期的中小学英语教科书及读物多采用翻译法，翻译法着重教书面语和文学名著，偏重阅读，其特点是：在外语教学过程中本族语与所学外语经常并用，突出对学生双语阅读能力的培养。并且，翻译教学法非常重视语法，把语法当作培养阅读能力必不可少的重要方面，尽管中文和英语句法结构大不相同，但它还强调逐词逐句地切合原文的翻译，以此忠实于原文。《中华英文周报》选材的文章内容逻辑清晰、语言表达地道，十分适合用作语法、翻译方法讲解的材料。

初级和高级周报中都涉及的中英双语会话环节，体现出该报不仅注重阅读和写作的学习，同时，周报区别于学校教科书的最大特点就是其强调口语表达的实际运用，读者可以利用英语来进行跨文化交际（董立政，2015）。高级的会话每期设定在不同的场景中，如服装店、理发店、食品店等地点，与日常生活较贴近，符合英语口语的表达习惯，让读者有真实且有趣的体验。流利的口语和标准的发音也为日后的与简单口译相关的学习打下了良好的基础。《初级英文学生之友》独有的翻译环节的文章大多数是小品文或短篇故事，内容简洁清晰，富含哲理，能让初级学习者在阅读过程中驾轻就熟，同时双语对照也是练习英汉互译很好的材料。在排版设计上，文章中英文分居左右两侧，便于读者在阅读时进行中英对照，并对生僻词语著有注释。

3.3. 以小见大：翻译渗透的跨文化交际思想

翻译不仅仅是对两种语言在内容和形式上做的转换，更是对语言背后蕴藏的思维差异和文化差异的弥合，可以说，翻译是文化的翻译。中华书局以"开启民智"为办报宗旨，深知英语教辅读物作为一种大众媒介对世界各民族的文化起着承载与传递的作用。改版后重新复刊的《中华英文周报》文章选材多样，多选择国外名著，如《基督山伯爵》《鲁宾逊漂流记》等小说，同时也会选取国内知名作家如茅盾和朱自清散文的英译本，供读者选择性阅读和更好地体会两种文学风格在语言上的差异。在西方文学的选择和译介上，周报一方面极为注重原著的艺术价值，另一方面特别注意读者的接受程度、翻译的精准性和文笔等。《中华英文周报》以英语为基石，架起了中西文化传播的一座桥梁。学生通过对周报上西方国家的风土习俗、宗教信仰、历史地理、生活方式、文学艺术、行为习惯等方面的了解来加深对外国文化的理解与英语的使用。

4. 结 语

《中华英文周报》诞生于一个时局动荡、新旧交替的时代，其栏目设置、文章选材、语言特征都能体现出鲜明的时代特色与意识形态。在发行期间，《中华英文周报》通过大量编译热门新闻、摘录国外文学名篇，积极向读者介绍西方先进的思想与文化，开拓了他们的文化视野。周报作为教学辅助工具，设置了大量的翻译、对话和阅读练习，对青年学生与翻译爱好者的语言习得过程起到了重要的辅导作用。虽然由于各种原因《中华英文周报》的发展历程一波三折，但该刊物持续时间较长，保存较为完整，是研究民国时期中学生等青年群体英语学习和西方文化传播的重要材料。

参考文献

[1] 李轩 . 民国《英语周刊》研究（1915—1937）[D]. 保定：河北大学，2019.

[2] 李欣荟 . "壬戌学制" 颁行期间中学英语教育研究（1922—1927）[D]. 长春：东北师范大学，2016.

[3] 廖七一 . 翻译与现代白话规范 [J]. 外国语文，2010，26（3）：81–86.

[4] 刘微 . 近代教育期刊与英语学科教育研究：以《教育杂志》《中华教育界》为中心的考察 [J]. 中国出版，2020（17）：45–48.

[5] 吴晨烨 . 民国初期的英语课外阅读本：从上海市历史博物馆藏《英文杂志》创刊号谈起 [J]. 都会遗踪，2020（2）：78–90.

[6] 夏天 .《中华英文周报》与民国时期城市外语生活 [J]. 都市文化研究，2015（1）：229–237.

[7] 郝雨 . 我国期刊刊名设计形式研究 [D]. 武汉：湖北工业大学，2012.

[8] 喻永庆 .《中华教育界》与民国时期教育改革 [D]. 武汉：华中师范大学，2011.

[9] 何朝辉 . 五四时期美国文学在中国的传播 [D]. 长沙：湖南师范大学，2020.

[10] 牟英梅 . 民国时期我国自编初中英语教科书研究 [J]. 兰台世界，2015（22）：92–93.

[11] 董立政 . 民国时期小学语文教科书的美育观念研究 [D]. 济南：山东师范大学，2015.

A Descriptive Study on Translation Columns of *Chung Hwa English Weekly* from the Perspective of Historical Data

Abstract: *Chung Hwa English Weekly*, founded in the Republic of China period and located in Shanghai, as a supplement to school English courses, provided valuable learning materials for Chinese English learners at that time and broadened readers' horizons. Therefore, the journal is of great value for the study of bilingual teaching and the popularization of translation in the Republic of China period. At that time, the English teaching method was mainly bilingual translation, and the English columns of *Chung Hwa English Weekly* would be accompanied by Chinese translations and annotations. Based on the historical data, this paper adopts the document method of historical archives research, sorts out the Chinese-English translation contents published in *Chung Hwa English Weekly* in the chronological order, lists and compares the characteristics and functions of major columns. It is found that although the subscription volume of English educational newspapers is lower than that of the same period, the translation column of *Chung Hwa English Weekly* has distinctive characteristics, and the original materials and translation quality are higher, which is conducive to the training of English talents in modern Republic of China.

Keywords: translation history study; *Chung Hwa English Weekly*; English teaching in the Republic of China

从世界主义到民族主义：林语堂自译研究

贵州大学　孙佳雪

摘　要： 本研究以林语堂旅美前后两个时期为时间轴，并从自译文本/行为、个人社会经历、个人文学文化思想三个纵向递进式维度，对林语堂的自译活动进行考量。本研究基于传记、书信、学界同人对林语堂的评价和回忆等材料，试图探究个人政治活动、教育经历、经济状况、身份地位、历史背景等因素对林语堂自译动机、自译选材、自译过程的影响。本研究认为，林语堂在两个时期的自译活动中分别表现出了世界主义倾向与民族主义情结，而两者最终合二为一，构筑成他的有根世界主义思想。

关键词： 自译；林语堂；世界主义；民族主义；有根世界主义

1. 引　言

自译是指原作者自己将原作翻译成另外一种语言作品的行为（Popovic，1976），此外，自译也指翻译行为导致的结果，即自译作品（Grutman，2020）。关于自译是不是翻译，学界有过相关讨论。自译可能是双语作家在同一主题下用两种语言创作的作品，两个文本之间呈相互补充的关系，而非原作–译作的关系，此时的自译不属于翻译（Cordingley，2013）。此外，在即时自译（simultaneous self-translation）中，创作与翻译交替进行，作中有译，译中有作，界限模糊（Cordingley，2013），没有文本享有绝对的原创性（originality），因此也不属于翻译。但在延时自译（consecutive self-translation）中，创作先于翻译，两个文本之间的时间差使得原文的原创性得以保留，因而构成翻译中原作–译作的关系。

在自译研究领域，自译者在翻译过程中享有较大的自由度，这一点学界已达成共识。现有研究大多以译文为导向，通过语料库的研究方法来证实，或从接受美学视角来解释自译文本中的创造性翻译现象。很少有研究以译者为导向，探讨自译者个体或群体的自译动机、自译选材和自译过程。林语堂作为我国优秀的自译者，其自译作品得到学界的广泛关注，已有研究大多通过林语堂某部自译作品中的具体翻译策略，来探讨他的读者意识、创造性翻译和翻译思想，尚未见到对他的自译全貌进行研究的专论，也未见到探究林语堂的自译与其个人经历和个人思想关系的相关研究。本研究试图通过挖掘传记、书信、学界同人对林语堂的评价和回忆等材料，以林语堂旅美前后两个时期为时间轴，并从自译文本/行为、个人社会经历、个人文学文化思想三个纵向递进式维度，对林语堂的自译活动进行考量。

2. 林语堂的自译作品

林语堂的作品版本问题较为复杂，不少出版商和编辑将林语堂的译作误认为创作，将其他译者的译文误认为林语堂的创作或自译（高健，1994），因此，在研究林语堂自译活动前有必要确定研究对象的范围。目前，可以确定的林语堂自译作品有：（1）1928年发表于《奔流》的《子见子南》自译为1936年上海商务印书馆出版的《子见子南及英文小品文集》（*Confucius Saw Nancy and Essays about Nothing*）（子通，2003）；（2）林语堂20世纪30年代创作并自译的散文作品，后由香港学者钱锁桥收录到《林语堂双语文集》；（3）1943年约翰·黛公司（The John Day Company）出版的 *Between Tears and Laughter*，自译为《啼笑皆非》，并于1945年由重庆商务印书馆出版（子通，2003）。本研究的语料集中于上述（2）[①]和（3）[②]两部分自译作品。

其中，《林语堂双语文集》收录了50篇林语堂双语作品，包括其自译作品。这些作品都是林语堂在20世纪30年代旅美之前所作，绝大部分是英文作品先于中文作品，大部分英文作品都刊于《中国评论周报》，而中文作品则刊于林语堂所创办的《论语》《人间世》和《宇宙风》。作品内容关注现代社会日常生活的方方面面，就生活小事抒发个人感言；而《啼笑皆非》是林语堂旅美后的自译作品。全书分为"局势""道术""征象""治道"四卷，共二十三章，其中第一、二卷中前十一章由林语堂自译，剩余章节由林语堂委托徐诚斌他译。

林语堂旅美前曾自称"两脚踏东西文化，一心评宇宙文章"（林语堂，1991：112），旅美后又称"我的头脑是西洋的产品，而我的心却是中国的"（林语堂，1991：102），前后两种态度为何不同？这与林语堂的自译活动又有何种关系？下文将引入"世界主义"和"民族主义"两个概念进行论述。

3. 概念辨析

世界主义的概念核心是一切人类，不论国籍，都属于同一个比国家或民族更大的社群单位。历史上第一位提出世界主义的哲学家是犬儒派的第欧根尼（Cynic Diogenes），当被问及他来自哪里时，他回复说"我是世界公民"。犬儒派认为个人有义务服务全人类，而不仅局限于其所属城邦的同胞。随后，世界主义概念的发展可分为文化、道德、政治和经济四个领域。（1）在文化上，世界主义指对不同文化兼收并蓄，倡导文化多元而非单独依附于某一文化，且不带任何文化偏见，做到不偏不倚。（2）在道德上，继承并发扬犬儒派的世界主义观点，并认为世界主义和爱国主义并不冲突。（3）在政治上，康德在《论永久和平》（*Perpetual Peace*）中提出只有当各国对内实行共和制，对外共同构成维护和平的联盟，尊重本国和他国公民的人权时，才能实现真正的世界和平。（4）在经济上，亚当·斯密等人倡导自由贸易，取消关税等外贸限制，构建全球市场（Zalta，2007）。

---

① 仅包含其中自译作品，不包含其余主题相同但内容不同的双语作品。

② 仅包含第一、二卷林语堂自译的前十一章，不包含其余他译部分。

民族主义通常指某个民族群体对自身民族身份的态度，或为实现、维护政治主权而采取的行动。民族或民族身份强调共同的种族渊源和文化背景。关于民族起源，有学者认为民族很早之前就已存在，也有学者认为民族最初出现在近现代。而在后者中，民族被认为是真实存在的，或是通过想象联结的共同体。民族主义可分为狭义和广义：（1）狭义的民族主义追求建立并维护一个完全独立自主的国家，该国由某一民族群体成员共同拥有，而成员的首要任务就是维护国家主权。（2）广义的民族主义可以是态度、主张或行动指令，赋予某一民族基本政治、道德和文化价值，而民族基于这些价值对群体成员施加责任和义务。相较之下，广义的民族主义要求较低，且时常与爱国主义混用（Zalta，2007）。

世界主义和民族主义在文化和道德层面并非相互抵触。美国学者阿皮亚（Kwame Anthony Appiah）提出了"有根世界主义"（rooted cosmopolitanism）。在他看来，首先，在文化层面，有根世界主义者既扎根于本国文化，同时也承认并接受其他不同形态的文化（Appiah，1998）；其次，在道德层面，世界主义和民族主义共同强调对除自身和自身家庭以外的群体持有道德关怀，不同之处在于范围大小。在具体实践中，相比起更大范围的世界，"有根世界主义者"所处的位置（祖国或其他国家）是对他人实行人文关怀更为合理恰当的群体单位。从这一视角审视世界主义和民族主义，我们发现两者属于包含与被包含的关系，民族主义是世界主义的子集（Appiah，2005）。

4. 林语堂旅美前后自译活动历时研究

本文的研究对象包括林语堂旅美前创作并自译的双语作品与林语堂旅美后创作并自译的政治著作《啼笑皆非》，二者在时间上存在先后关系。下文将对其做历时性的解读。

4.1. 旅美前：世界主义倾向的形成

林语堂在20世纪30年代旅美之前（1930—1936），创作并自译了相当一部分双语作品。笔者基于文本细读，发现林语堂在自译选材和自译过程中表现出了具有自由主义色彩的世界主义倾向。

长期以来，学界缺少对林语堂自译文本选择的探讨。是否存在某种因素制约或影响到林语堂自译文本的选择？若想对此问题给出一个圆满答案，则有必要首先对林语堂自译作品做一纵览式审视，但限于篇幅，以下仅举几例说明（见表1）。

表1　林语堂旅美前主要自译作品内容与主题

作品名	作品内容 / 主题
If I Were a Bandit — 假定我是土匪	作者假想以土匪的身份在现代生活中的晋升之路
Ah Fong, My House-Boy — 阿芳	作者与童仆间的生活趣事
My Last Rebellion Against Lady Nicotine — 我的戒烟	作者"误入歧途"的戒烟经历
Do Bed-Bugs Exist in China? — 中国究有臭虫否？	关于中国是否有臭虫的十类见解

续表

作品名	作品内容 / 主题
How I Bought a Tooth-Brush — 我怎样买牙刷	作者通过回忆买牙刷的趣事讽刺现代生活中虚假的广告问题
I Committed a Murder — 冬至之晨杀人记	以气象、天文、史学、政治学识类比中国人托人办事四步骤且以谋杀类比婉拒请求，讽刺社会中不必要的繁文缛节
What I Want — 言志篇	以幽默的口吻讨论代阿今尼思和作者的个人理想

从上述 7 组林语堂自译作品的内容与主题分析来看，不难发现林语堂自译文本选择的共同特征：（1）以个人为中心：以幽默轻松的笔调记录个人的生活经历，抒发个人思想感情；（2）脱离现实生活：不带党派色彩，持中间立场，与其所处的政治环境形成强烈的反差。从以上两个特征可发现林语堂的自由主义倾向对其自译文本选择的影响。

此外，以往围绕林语堂自译过程的探讨，多集中于林语堂的读者意识和翻译思想对翻译决策的影响。除此之外，可否从其他角度审视林语堂惯用的替换、详/略述等自译方法？[①] 本文以下通过文本分析，举例说明。

例 1：

萨拉图斯脱拉来到鹘突之国鲁钝之城，拜见国君佣，太子儒，宰相颛蒙，太傅鹿豕，主教安闲及御优东方曼倩，觉得这鹘突国中鲁钝城里，只有曼倩一人最聪明。

Zarathustra had just been to the court of fools, had spoken with His Majesty, the King, the Prime Minister, the Archbishop, and the King's Jester, and had found the Jester the wisest of them all.

例 2：

这种人除了洗脸，吃饭，回家抱孩儿以外，心灵上是不会有所要求的。晚上同俭德会女会员的太太们看看《伊索寓言》也就安眠就寝了。辛稼轩之词，王摩诘之诗，贝陀芬之乐，王实甫之曲是与他们无关的。庐山瀑布还不是从上而下的流水而已？试问读稼轩之词，摩诘之诗而不吸烟，可乎？不可乎？

For them, smoking is a physical act, like the washing of their faces and brushing of their teeth every morning—a mere physical, animal habit without any soul-satisfying qualities. I doubt whether this race of matter-of-fact people would ever be capable of tuning up their souls in ecstatic response to Shelley's Skylark or Chopin's Nocturne. These people miss nothing by giving up their smoke. They are probably happier reading *Aesop's Fables* with their Temperance wives.

例 3：

上海就有许多太太姨太太，她们在社会上唯一的贡献，就是坐汽车，买熏鱼，擦粉，烫头发，叉麻雀，度此一生。

There are today running around Shanghai wives and concubines whose only contribution to society is in powdering themselves and making up parties on the majong table.

---

① 虽然《林语堂双语文集》中的双语对照文章大部分是英翻中，但没有提供具体文章翻译方向的相关信息，因此以下不标注原文和译文。

例 1 中以英语国家文化中的官职名（His Majesty, the King, the Prime Minister, the Archbishop, and the King's Jester）替换中国文化中的对应官职（国君、太子、宰相、太傅、主教及御优）（或相反）；例 2 中除了以英语国家文化名人（雪莱和肖邦）替换中国文化名人（辛稼轩、王摩诘、王实甫）（或相反），中文比英文更为详细，引用了中国诗人诗作中的具体内容；例 3 中中文对上海女性生活有详细的描述，而英文中省去部分英语国家文化缺失或不了解的信息，例如"坐汽车""买熏鱼""烫头发"。林语堂常用的替换、详/略述方法类似于社会语言学里的语码转换（code-switching）[①]，在此特指同一语言使用者在不同的语言文化环境中使用不同的语言策略。林语堂在其自译作品中灵活使用替换、详/略述方法，使源文和译文分别契合各自的文化背景和社会风俗，体现了他对中英语言和文化的掌握程度和两者间的转换能力，而这正是世界主义者的重要特征之一（Vertovec，2010）。由上可知，林语堂在其自译作品中体现出了明显的世界主义倾向。

至于林语堂自译文本选择和自译过程受何因素影响，下文将结合其个人经历对其展开分析。

首先，林语堂的经济状况影响了他对自译文本的选择。林语堂 1930—1936 年在上海期间收入丰厚。据林语堂编辑助手徐吁回忆："语堂先生在上海的收入很高，主要的是开明书店英文教科书的版税（每月七百元）。那时林语堂在中央研究院也有薪金，在《天下》月刊也有报酬，《论语》《人间世》也有编辑费，合起来当不会少过七八百元，当时普通一个银行职员不过六七十元的月薪，他的收入在一千四百元左右，以一个作家来说，当然是很不平常的。"（子通，2003：146）高额的收入和主编的身份使得林语堂在为《论语》《人间世》《宇宙风》撰稿（包括其自译作品）时，无须跟随大流或考虑销量等问题，而是追求他的个人文学喜好。据发行《论语》的时代书店经理章可标回忆："《论语》的出刊，当时不过由于大家的同好，趣味相投，兴之所至而偶然办起来的……当时一般同人杂志都是这样，只要能出版就好，别的则非所记也，有的甚至愿意贴一点钱也要出版。"（子通，2003：119）（《人间世》和《宇宙风》同属此类刊物）由此可知，林语堂在其自译选材中表现出以个人为中心的自由主义倾向，是以丰厚的个人经济条件为前提的。

其次，林语堂的政治活动影响了他对自译文本的选择。20 世纪第二个十年，林语堂在北京大学等校任教时，曾参与当时新文化阵营反帝反封建的斗争，曾被称为鲁迅发起的"打狗运动"的"急先锋"。到 20 世纪第二个十年结束时，林语堂从这场斗争中退缩下来，总结大革命失败的教训。到 20 世纪 30 年代，在中国共产党领导的反帝反封建革命力量与国民党反动势力的剧烈斗争中，林语堂既不满于反动势力，又畏惧无产阶级革命，试图在这两种对峙力量中走一条中间道路（陈安湖，1997）。林语堂在《有不为斋丛书序》中说："东家是个普罗，西家是个法西，洒家看不上这些玩意儿，一定要说什么主义，咱只会说想做人罢。"（转引自张明高等，1990：410）由此可见，林语堂在其自译选材中表现出不带党派色彩的自由主义倾向，这是受其政治活动的影响。

最后，林语堂的教育背景影响了其自译过程。林语堂接受的教育是一半西式一半中式。林语堂在教会学校接受西式教育，进入圣约翰大学学习西方语言和文化知识，后在美国哈佛大学和德国莱比锡大学留学。其中圣约翰大学对林语堂有特殊意义，他在自传《八十自

---

① 语码转换指同一语言使用者在不同的社会场景或对话环境中使用不同的语码（包括语言或方言等）。

叙》（1991：102）中说："我仍觉圣约翰对于我有一特别影响，令我将来的发展有很深的感力的，即是他教我对于西洋文明和普通的西洋生活具有基本的同情。"而林语堂接受的中式教育则来自家庭和自我教育。林语堂的父亲担任家庭教师，教林语堂古诗、古文和一般对句的课程（林语堂，1991）。之后，林语堂在圣约翰大学经历了文化和语言上的离散，完全舍弃了学习中国文化和语言，到清华教书时"为自己半生不熟的中文知识感到羞愧，要洗雪前耻，认真专研中国学问"（林语堂，1991：29），于是向旧书铺的书商讨教，并大量阅读中国历史、文学相关书籍。林语堂中西杂糅的教育经历使得林语堂深谙中西语言、文化之差异，并为其跨语际和跨文化转换能力打下了坚实的基础。

通过上述对林语堂个人经历的考查，本研究发现，林语堂的经济状况、政治活动和教育背景对其自译文本选择和自译过程产生过重要的影响。就自译文本选择而言，（1）雄厚的经济实力和主编兼自译者的特殊身份使林语堂享有极大的自由，无论是作品主题还是文学审美，林语堂总是从个人趣味和喜好出发，很少受外界影响，无须为了卖文而刻意迎合读者市场，也无须服从其他编辑或出版商的安排；（2）林语堂在政治斗争中的失败导致其中间派的立场，进而影响其选择自译脱离社会政治现实的作品。林语堂的自译文本选择具有以个人为中心和脱离现实两大特征，反映了林语堂的自由主义。而就自译过程而言，林语堂的中西教育经历为其打下了牢固的双语和文化根基，使其可在两种语言和文化间自由穿梭，其语言转换和文化适应能力强，透露出林语堂世界主义者的特点。总之，林语堂的经济状况、政治活动和教育背景使其旅美前的自译活动具有明显的世界主义倾向。

4.2. 旅美后：民族主义情感的产生

林语堂最终选择离开上海旅居美国，与其 20 世纪 30 年代遭到批评不无关系。也正是在这个时候，林语堂接到美国女作家赛珍珠的邀请，于 1936 年前往美国写作（林语堂，1991）。林语堂在旅美期间创作了《生活的艺术》《京华烟云》《孔子的智慧》《老子的智慧》《啼笑皆非》等大量有关中国文化的作品。

为什么林语堂旅美后的文学创作和自译活动从抒发个人情感转向对外宣传中国文化？这与其身份地位的变化有很大关系。关于身份地位对文学创作或翻译活动的影响，勒菲弗尔（Lefevere，1992）认为作者/译者既受到文学系统内部专业人士（包括评论家、学者、译者等）的影响，也受到文学系统外部赞助人（包括出版商、机构、权威人物等）的影响。林语堂旅美前曾担任《论语》《人间世》《宇宙风》等刊物的主编，到了美国则变为一般作家，要受到其出版商理查德·沃尔什（Richard Walsh）的制约。理查德·沃尔什对林语堂在美国的定位是中国文化代表，他在 1942 年 3 月 9 日给林语堂的信中写道："你是个中国人。虽然你用英文写作，但你在这个国家的名声全靠你以中国的方式代表中国的观点。"在理查德·沃尔什给林语堂设计的中国文化智者形象下，林语堂转而向西方世界宣扬中国文化。从林语堂个案反观勒菲弗尔的改写理论，可知：（1）个人可在文学系统内外部具有多重身份；（2）个人在文学系统内外部的身份也并非处于停滞状态，而是动态状态。多重身份以及身份变化问题使得林语堂的创作和自译活动变得更加复杂。

《啼笑皆非》是林语堂旅美期间唯一一部自译作品，在其众多作品之中，林语堂为何偏偏选择自译这部作品？这与当时的社会背景和林语堂的自译动机有关。《啼笑皆非》的创作和自译背景是中国在第二次世界大战期间遭到日本侵略且受到英美等国不平等对待，林语堂对此感到极为不满，如中文译本序言里"当时骨鲠在喉，不吐不快。盖一感于吾国遭人封锁，声援无方，再感于强权政治种族偏见，尚未泯除，三感于和平之精神之基础未立……"（转引自李平等，2014：267）在此背景下，林语堂产生了以中国文化弥补西方文化不足的自译动机，如中文译本序言里"以现代文化为世界共享共有之文化，本国文化，亦不熔铸为世界文化之一部，故能以己之长，补人之短。"（转引自张明高等，1990：366–371）

除以上社会背景和自译动机外，林语堂在《啼笑皆非》发表前后的一系列活动中，同样表现出强烈的民族主义情结。在《啼笑皆非》发表前，"林语堂在美国积极为国宣传……林语堂还亲自投书《纽约时报》，指责美国政府的两面手法：对中国冷淡，却把汽油、武器和大量军用物资卖给日本，发战争财……他利用自己在美国读者中的声望，频频向多家刊物投稿，谈论中西关系、中日关系、西方对亚洲的策略等问题。"（施健伟，1992：76）在《啼笑皆非》发表后，"林语堂带着译成中文的《啼笑皆非》……于重庆、宝鸡、西安、成都、桂林、衡阳、长沙、韶关等地多次发表演说……对久违的同胞高谈东西文化互补，推出了以文化建设和心理建设来治世的药方。"（施健伟，1992：86–87）例如，林语堂在重庆中央大学发表演讲说："要一般社会有自信心，必须国人对吾国文化及西方文化有一番相当正确的认识……最要与外人接触时，有自尊心，不必悖慢无礼，也不必卑恭逢迎，不卑不亢，是为大国风度。"（转引自施健伟，1992：88）

结合上文对民族主义概念的界定可知，在中国于第二次世界大战期间遭受日本侵略和英美等国不平等对待的社会背景下，在政治层面，林语堂通过发表作品对外宣传中国抗战并指责英美国家对华政策，以争取美国政府援助中国，维护中国国家主权，此举符合上文狭义民族主义的定义；在文化层面，林语堂自译《啼笑皆非》"以己之长，补人之短"的动机及通过演说激励国人文化自信心的行为，充分体现了林语堂对中国文化的肯定与维护，我们或可称其为广义的民族主义情结。

4.3. 民族主义与世界主义的融合——林语堂的有根世界主义思想

在以上几节，笔者就林语堂旅美前后自译活动中呈现出的世界主义倾向和民族主义情感两个方面进行了阐述，本节尝试在上述论述的基础上探索二者之间的关系。

前文曾论述到，通过表1中林语堂自译作品的内容与主题分析，笔者发现林语堂自译文本选择特征包括以个人为中心、以轻松幽默为基调，正如《人间世》的发刊词中写道的"以自我为中心，以闲适为笔调"（子通，2003：119）。这与林语堂在20世纪30年代大力提倡"表现""性灵""幽默""闲适"的个人文学观不谋而合。究其本质，林语堂选择自译记录个人生活经历、抒发个人思想感情的文本，以凸显自我中心，是以西方展现个性的"表现主义"反观中国抒发自我的"性灵说"；而林语堂选择笔调幽默轻松的自译文本，是以西方从容不迫、超脱达观的幽默反观中国闲散自在、隽逸轻松的闲适（陈平原，1986；张明高等，1990）。由此可知，林语堂在自译文本选择中展现出的自由主义源自其个人文学观，而其个人文学观是东西方文学中"表现主义"和"性灵说"、"幽默"与"闲适"的杂糅，这种对中西文学思想的接受与融合又反映了林语堂在文学层面的世界主义倾向。

此外，在当时社会背景的影响下，林语堂的民族主义情结显现于"以己之长，补人之短"的自译行为。在《啼笑皆非》的中文译本序言中，林语堂以"强权政治"为切入点，论证西方文化的病根乃物质主义，并企图以老庄的哲理思想，"打破唯物观念，改造哲学基础，复建精神与物质之平衡配合，使人道主义得超越自然主义之上"（张明高等，1990：366–371）。由此可知，林语堂在自译行为中展现出的民族主义情结实则意在将中国传统文化融入世界文化之林。

林语堂旅美前后在自译作品和行为中表现出的世界主义倾向和民族主义情感在方向上虽有不同（前者以西方文学思想丰富中国文学思想，后者则以中国文化弥补西方文化之不足），但两者的共同之处在于兼收并蓄，既立足于中国文学文化，又吸收外来文学文化，而非二者只取其一。前后交融，最终构成了林语堂有根世界主义的文学观和文化观。

5. 结　语

本文以林语堂旅美前后两个时期为时间轴，并从自译文本／行为、个人社会经历、个人文学文化思想三个纵向递进式维度，对林语堂自译活动进行考量。

第一，社会、经济、政治、教育因素对林语堂的自译活动产生了影响。旅美前，林语堂雄厚的个人经济实力、政治斗争失败的经历以及中西杂糅的教育背景使其自译文本选择和自译过程具有以个人为中心、脱离社会现实的特点；林语堂旅美后身份地位发生变化，进而影响其自译、创作活动走向。从主编变为普通作者的林语堂，在出版商的影响之下，从倡导小品文转而对外宣扬中国文化；而旅美之后特殊的社会背景，即第二次世界大战期间中国遭受日本侵略并受到欧美国家不平等对待，促使林语堂形成以中国文化弥补西方文化之不足的自译动机。

第二，个人文学文化观在其自译活动中得到充分体现。旅美前，林语堂创作并自译的小品文融合了西方的"幽默""表现主义"与中国的"闲适""性灵说"；旅美后，林语堂的自译动机是要实现以老庄思想抗衡物质主义的理想。林语堂旅美前以西方文化反观中国文化，旅美后以中国文化反观西方文化，如此中西融合的文学文化观共同构成其有根世界主义思想。

从文学史的视角加以审视，林语堂旅美前的自译活动推动了中国现代随笔散文的发展。在中国现代随笔散文由欧化到中国化的发展过程中，林语堂将西方论说文精神与中国小品文的特质有机地结合起来，是西方论说文"中国化过程的关键一环"（王兆胜，2001：70）。

而从文化史的角度来看，林语堂自译活动承载的"中西融合"文化观，实为中国现代化进程提供了一个折中的解决方案。不同于全盘西化或极端守旧，林语堂在其自译活动中表现出有根世界主义思想，既传承民族传统，又主张吸收西方文化。这种相互借鉴、和而不同的文化相对主义在强调文化多元的今天仍具有现实意义。

参考文献

[1] 陈安湖 . 中国现代文学社团流派史 [M]. 武汉：华中师范大学出版社，1997.

[2] 陈平原 . 林语堂的审美观与东西文化 [J]. 文艺研究，1986（3）：113–122.

[3] 高健 . 近年来林语堂作品重刊本中的编选、文本及其它问题 [J]. 山西大学学报，1994（4）：42–50.

[4] 林语堂 . 八十自叙 [M]. 北京：宝文堂书店，1991.

[5] 施建伟 . 林语堂在海外 [M]. 天津：百花文艺出版社，1992.

[6] 王兆胜 . 论中国现代随笔散文的流变 [J]. 学术月刊，2001（9）：67–73.

[7] 张明高，范桥 . 林语堂文选 [M]. 北京：中国广播电视出版社，1990.

[8] 子通 . 林语堂评说七十年 [M]. 北京：中国华侨出版社，2003.

[9] 李平，杨林聪 . 林语堂自译《啼笑皆非》的 "有声思维" [J]. 中南大学学报（社会科学版），2014，20（1）：267–272.

[10] Appiah K A. The ethics of identity[M]. New Jersey: Princeton University Press, 2005.

[11] Appiah K A. Cosmopolitan patriots[J]. Cultural Politics, 1998, 14: 91–116.

[12] Cordingley A. Self-translation: Brokering originality in hybrid culture[C]. London and New York: Bloomsbury Publishing Plc., 2013.

[13] Grutman R. Self-translation[C]// Baker M, Saldanha G. Routledge Encyclopedia of Translation Studies. London and New York: Routledge, 2020: 514–517.

[14] Lefevere A. Translation, rewriting and the manipulation of literary fame[M]. London and New York: Routledge, 1992.

[15] Popovic A. Dictionary for the analysis of literary translation[M]. Edmonton: Department of Comparative Literature, the University of Alberta, 1976.

[16] Qian S. Liberal cosmopolitan: Lin Yutang and middling Chinese modernity[M]. Boston: Brill, 2011.

[17] Vertovec S. Cosmopolitanism[C]// Knott K, McLoughlin S. Diasporas: Concepts, Press Intersections, Identities. London and New York: Zed Books, 2010: 63–68.

[18] Zalta E N. The Stanford encyclopedia of philosophy[M]. Standford: Standford University Press, 2007.

From Cosmopolitanism to Nationalism: A Study of Lin Yutang's Self-Translation

Abstract: This research is an investigation into Lin Yutang's self-translation divided by the time before and after he left China for the U.S. and based on three dimensions of his self-translation as product and process, individual experience in the social context, and his literary and cultural thoughts. With extracts from biographies, letters, and memoirs, the study demonstrates that the motive, choice, and process of self-translation by Lin Yutang is influenced by his political campaign, educational background, financial situation, social status, and historical events. The study also shows that self-translations by Lin Yutang in the two periods reflect his literary cosmopolitanism and cultural nationalism, with the two combined into rooted cosmopolitanism.

Keywords: self-translation; Lin Yutang; cosmopolitanism; nationalism; rooted cosmopolitanism

论丹·布朗小说汉语译本中译者与读者的意识凸显

广西大学　黄寒越

摘　要： 极富影响力的后现代小说家丹·布朗创作了多部评价极高的科幻悬疑类小说（《数字城堡》《骗局》《达·芬奇密码》等），从 21 世纪初开始朱振武等译者就一直在持续努力，完成了丹·布朗多部小说的中文译介工作。本文以马萧于 2012 年提出的翻译适应变异论为框架，重点讨论了丹·布朗小说翻译中译者对于源语以及读者对于译本的意识凸显（salience）行为，并分析了其重要作用，深入探讨了这两个方面中意识凸显的动态特征，拓宽了这一理论在译本接受度上的应用，提供了丹·布朗小说翻译研究的另一视角。

关键词： 丹·布朗；意识凸显；译者－读者关系；小说翻译

1. 引　言

作为 21 世纪以来颇具影响力的悬疑小说家，丹·布朗的新型文化悬疑小说一直在推理悬疑小说界占有重要的一席。而完成了多部丹·布朗小说汉语译本翻译工作的朱振武（2006：299）先生，也对丹·布朗的小说如此评价："丹·布朗的小说迷住了无数的读者，当他们好不容易从悬念迭起的情节中回过神来，揣测着作者是如何将包罗万象的学科知识运用自如时，丹·布朗早已悄然躲到了幕后。""他灵活而又创造性地运用多种后现代小说的创作手法，但又完全摒弃了许多后现代小说令人难以卒读的痼疾，并成功地将谋杀、恐怖、侦探、解密、悬疑、言情等许多畅销要素融入小说，从而在更广阔的空间实现了与读者的心灵沟通。"（朱振武，2005：45）与此同时，丹·布朗的小说在被译为中文后，也是市场广阔，比如其代表作《达·芬奇密码》在出版后未过多久便突破了 60 万册的销量，其余几部译作也在出版后常年位列热销榜。

基于耶夫·维索尔伦（Jef. Verschueren）语用顺应论（1987）的框架，马萧（2012）构建了"翻译适应变异论"理论体系，用以解释翻译过程中普遍存在的翻译变异现象。翻译适应变异论认为："译者是翻译活动的中心，是翻译行为的唯一操作者和执行者。"（马萧，2012：2）而译者在进行具体的翻译实践时，会有不同的翻译语境要素参与其中。马萧（2012：2）认为"只有那些进入译者视域线（lines of vision），被译者大脑加工的要素才能成为真正的翻译语境要素"。在上述过程中，对于那些进入视域线的翻译语境要素，译者的意识凸显（salience）便发挥作用，从中充当翻译选择的机制。在这一过程中，"只有那些进入译者大脑并引起译者高度重视的意识突显程度极高的语境相关因素才会对翻译过程产生决定性作用"（马萧，2012：2）。译者在翻译过程中作为信息的接受者，会对众多的因素做出反应，而这些相关因素便在这一过程中自然而然于译者的心理上进行了等级划分，得到译者重视的因素对翻译活动起决定性作用，其他因素则发挥次要作用或是被忽视。同时，这一意识凸显具有动态的特征，在马萧（2012：97）理论著作中原文便如此写道："On the one hand, by the text producer with a special communicative need which is salient to the reader. On the other hand, the priority order can also be changed with a clear translation brief, which is the most salient to the translator."。在笔者看来，"一方面，文本作者的创作带有特殊的交际需求，这一需求会凸显于读者的意识中；另一方面，译者也会对翻译语境因素的优先级做出相应调整，这便由译者的意识凸显而定"，这两句话表明译者意识凸显的内容彰显着重要性。

以朱为首的各位译者在进行丹·布朗小说的翻译工作时，确实在译文中展现了自身在原文理解上不同方面的意识凸显，而这一动态性不仅仅呈现在翻译过程中。在以往，无论是对于语用顺应论（桑薇，2015）还是翻译适应变异论（张新生，2015）的相关研究，都注重翻译文本的对比研究，而笔者认为，对于翻译适应变异论中意识凸显动态性的理解，可以进一步深化，即译者在翻译过程中对翻译语境因素做出不同反应也是作为创作者展现交际需求的表现，以此为结果，目的语读者作为译本信息的接收者，也会对译者通过译文发出的信息做出反应，"从文本这一'信息提供者'身上选择自己感兴趣和自认为重要的方面进行着重吸收"（诺德，2001：31）。如此，不仅是丹·布朗小说汉语译本的高质量得到了解释，其在国内取得的空前成就也不言自明，并对丹·布朗小说翻译活动中的译本接受度有所启示。

2. 丹·布朗小说翻译中译者的意识凸显

如前文所述，译者对于源语的意识凸显主要体现在：翻译过程中会有不同的翻译语境要素进入译者的视域线，译者对此做出选择，从而对翻译产品产生影响。在对丹·布朗几部小说的翻译中，作者的背景、创作理念以及审美理念无一不在朱等译者的译本中留下了深深的烙印。

2.1. 对原作者背景及创作理念的意识凸显

21 世纪伊始，许多悬疑小说改变了以往依赖于奇闻趣事与天马行空的猜测来构建文本结构的方式，它们将文化、历史、宗教、科学等背景知识融入作品，从而让自己从一个新的角度来解构并重新构建那些被大众所熟悉的文化现象。而丹·布朗就在一个宗教与科学和谐共处的家庭中长大，所以他得以对西方经典文化了如指掌，能够在最近的距离感受和观察世俗文化，上可与高雅文化零距离接触，下可融入世俗文化，形成了自己高雅与通俗相结合的文学创作道路。丹·布朗等人所创作的新式文学作品，都是受西方"新时代运动"影响而产生的。这些作品就像一面镜子，不断反映着这一运动，作品中各处都能发现人们渴望从异教思想中解放出来，也渴望对基督教理念进行新的解释，这种反叛精神在作品中表现得尤为突出（叶舒宪，2005：66–67）。

正是因为丹·布朗身处这样的时代背景，朱等译者为了更好地让目标语读者获得相关背景知识，在进行翻译活动时便有意将相关因素纳入了自身的视域线。丹·布朗的小说作品，不仅包含了凶杀、恐怖、侦探、解密、悬疑、追踪、爱情等要素，而且融合了不同的文化符号和现代高新科技（朱振武，2006）。例如《骗局》这本书在包含了海洋、天文、地质、冰川、古生物学等多个学科相关知识的基础上，更是以美国国家航空航天局、国家勘测局、北极科考基地、三角洲特种部队等为题材，加以作者自己的奇思妙想，创造出了许多独一无二的高科技兵器，例如冰弹、蚊子大小的机械人等等，体现了丹·布朗无与伦比的科技洞察力与强大的知识储备。笔者在这里节选两个《骗局》朱译本（2006）中的示例：

原文：

"We've got twenty minutes until show time, and I'm telling you, there is no way the President is going **Dumpster-diving** tonight."

(*Deception Point*, 2001: 274)

"Can you get us clearance to land at **GAS-AC**?"

(*Deception Point*, 2001: 397)

译文：

"我们离播出时间还有二十分钟，听我说，总统今晚绝不可能进行'**垃圾搜索**'（这里是黑客用语，是密码破解中的一种蛮力技术，指攻击者将垃圾搜索一遍以找出可能含有密码的废弃文档）。"

（《骗局》，2006：232）

"你能给我们弄到在 **GAS-AC**（即海岸警卫队的亚特兰大航空站，英文全称为 Coast Guard's Group Air Station Atlantic City）的着陆许可吗？"

（《骗局》，2006：335）

从上文译文可以看出，对于原文文本中的两个术语（Dumpster-diving 和 GAS-AC），译者都选择使用做注解的方式进行解释说明。可见译者对丹·布朗小说极具科技、国家政治参与度的创作风格有着较为深入的了解，同时，也考虑到了目的语读者顺畅阅读的需要，于是这两个术语的翻译便成为他们关注的重要翻译语境因素，处理好这些因素便能保障目的语读者的阅读体验，所以这里译者的意识凸显就如此显现了出来。

在丹·布朗的小说创作中，历史、宗教的不少内容也成为他笔下的养料，就在《骗局》出版之后，他又耕耘于创作之中，写出了另一部传世之作——《达·芬奇密码》。这部小说对西方传统历史与宗教中的经典进行另类解说，引发了文学与非文学之间的激烈论战，多部"解码"书籍相继问世，更有美国神学教授雷尔·博克在《破解〈达·芬奇密码〉》（2005：36）中用几十页的篇幅来驳斥丹·布朗小说中关于耶稣曾有过婚姻历史的说法："耶稣结婚的可能性到底有多大？此处的回答是简短而有力的——绝无可能。"在这一倒悬式思考方式的影响下，"丹·布朗获得了一个类似于'第三只眼睛'的角度"（朱振武，2006：304），表达了他对宗教以及世俗社会关系的思考。在《达·芬奇密码》的汉语译本里，这些对于西方宗教、名人的戏剧性改编也得以保留下来，因为译者留意到了《达·芬奇密码》的版权页上写有"本书中所有人物及事件皆出于杜撰，如与现在或已不在世之人有任何雷同之处，则纯属巧合"。为了能向目的语读者展现丹·布朗独特的艺术手法，译者特意呈现了这一翻译语境因素。

丹·布朗的处女座《数字城堡》则集中反映了当时人文与科技的相互碰撞所产生的各种心理危机，涉足了公民隐私与国家安全的领域。而朱（2006）认为丹·布朗对这一矛盾体持一个暧昧的态度，因为他既讨论了国家安全局工作的重要性，又提到了其对公民个人隐私的侵犯还是有增无减，所以丹·布朗也是采取了一种俯视的视角来看待这一问题。而这在《数字城堡》的汉语译本中也有所体现：

原文：

But each time he gave them a translation, **the cryptographers shook their heads in despair**.

(*Digital Fortress*, 1998: 9)

译文：

但每次他把译文交给密码破译员，**他们的头都摇得像拨浪鼓**。

(《数字城堡》，2004：9)

在这一例子中译者用"拨浪鼓"这一具体意象代替了原文的抽象意象，不仅使译文更加形象，也符合丹·布朗对于信息时代与隐私相关的观望者态度。译者在翻译活动中便是对这一翻译语境要素产生了共鸣，捕捉到了丹·布朗对于小说中密码破译员的无奈心境，借用拨浪鼓的形象特点表达出了人们在当时社会环境中的摇摆不定，用这种翻译方法使得目的语读者可以深入体会小说及作者的表达意图。

2.2. 在原作品审美理念上的意识凸显

对于丹·布朗的作品，我们无法回避对其进行文学翻译范畴的研究。文学翻译属于艺术化的翻译，是译者对原作的思想内容与艺术风格的审美把握，这就要求译者用另一种文学语言，恰当地、完整地、真实地重现原作的艺术形象和艺术风格，使译文读者获得与原文读者同样的鼓舞、感动以及美的感受（龚光明，2016）。正因为文学翻译突出艺术性，所以在丹·布朗小说的翻译过程中也同样强调译者对原作的审美把握。

首先，译者在理解原文的基础上，会对原文的一些意象进行重组，从而用目的语构建出一个新的意象，使读者更容易体会到与原文读者相似的美感体验。例如：

原文：

Somewhere along the way, she had developed a willowy grace—slender and tall with full, firm breasts and a perfectly flat abdomen.

(*Digital Fortress*, 1998: 16)

Dangling there on its cables, dripping wet, the meteorite's rugged surface glistened in the fluorescent lights, charred and rippled with the appearance of an enormous petrified prune.

（*Deception Point*, 2001: 127）

译文：

这些年来，苏珊出落成一个袅袅婷婷、杨柳细腰的婀娜女子——苗条的身材，高高的个头，挺实的乳房，还有其平无比的腹部。

（《数字城堡》，2004：16）

这块陨石悬垂在钢丝绳上湿漉漉地滴着水，粗糙的表面在荧光灯的照射下泛着亮光，表面已被烧焦，一层层地现出一片石化造成的深紫红色。

（《骗局》，2006：109）

该两处的译文在句子语序上基本与原文相似，同时准确把握了原文中的相关比喻，在重构意象时也没有过于脱离原文，基本实现了与原文相仿的美感。在这一翻译过程中，译者对于原句中的意象审美便成为最主要的翻译语境因素。对此朱振武（2006：28）的看法是："译家主体应通过现有的知识结构和审美能力认知文本的意义，尽可能建构与作者相近的审美感受，并用目的语进行创造性转换。"在很多时候，关注源语的美感，并致力于将其重构，达到广受目标群体欢迎的境界是十分难能可贵的，在这一过程中，译者经常需要采用特定的美学手段或翻译技巧进行处理，让这些审美因素进入自身视域线，在翻译活动中对其多加留意。虽然想要取得与原文对等的美感几乎不太可能，但在翻译过程中注重审美情趣的意识十分重要。

其次，在不同的文化背景下，给予读者相似的审美体验也是很有必要的。译者应对英汉两种语言的不同与相似之处有敏感度，在翻译过程中注重体现源语的神韵，让译入语读者得到最原始的审美体验（朱振武，2006）。因此，在这一情形下，原文的文化内涵和其与目的语的对应将处于翻译语境因素中的支配地位。就像这一译例：

原文：

Sophie felt a knot tighten in her stomach. She was certain of it too. For ten years she had tried to forget the incident that had confirmed that horrifying fact for her. She had witnessed something unthinkable. Unforgivable.

（*The Da Vinci Code*, 2003: 113）

译文：

索菲觉得心揪得更紧了。她也可以肯定这一点。十年来，她一直想忘记那个能确认这一事实的事件。她目睹一件出人意料的、让人无法原谅的事。

（《达·芬奇密码》，2004：102）

若是仅仅将译文做直译处理为"索菲感到自己胃打结了"，那么这种译文只会让读者产生理解误区，无法传达原文所表现的紧张感。因为完全的对等是不可能的（巴斯内特，2004），所以译者在翻译过程中通过自身意识凸显捕捉到重要的文化现象，并根据目的语的文化环境做出适应性调整，便能最大限度地让目的语读者拥有相似的审美体验。

3. 目的语读者对译本的意识凸显

一些翻译观念往往认为译者是处于中心地位的。译者主体性是译者在翻译活动中表现出的一种主观能动性，是指译者处于翻译活动的中心地位，对翻译的走向与结果起着决定性作用（刘云虹，2022）。在这种思维的影响下，甚至萌生了一些表示创作和翻译应当不考虑或不去迎合大众品味的声音。而如同前文所提到的，目的语读者作为译本信息的接收者，也会对译者通过译文发出的信息做出反应，从文本这一"信息提供者"出发选择自己感兴趣和自认为重要的方面进行着重吸收，以此对译本的好恶做出自己的判断。笔者认为这在很大程度上能够决定一个译本的阅读和传播价值。接受美学也强调一部文学作品如果只是写出来发表，而没有人去阅读的话，便是没有完成，因此，只有经过接受过程才是作品的最后完成（王宏印，2009）。丹·布朗的小说译本之所以能够取得巨大的成功，与译本中的文化解构保留以及雅俗共赏的语言表现息息相关。

3.1. 读者对译本的共鸣异常强烈

《达·芬奇密码》的汉语译本由上海人民出版社于 2004 年出版发行，其发行的前三个月内就卖出了 30 万本，而在这一年中，汉语译本的《达·芬奇密码》更是被重印了 18 次。在 2004 年 9 月，他的第一部作品《数字城堡》出了汉译本，这一作品当时在美国出版后也是迅速霸占畅销电子书的榜单之首。并且，作为《达·芬奇密码》姐妹作品的《天使与魔鬼》，也在 2005 年以惊人的速度于两个月内突破二十万册销量，将中国丹·布朗热再次推上了一个新的高度（朱振武，2005）。

回顾丹·布朗小说译本的畅销之路，不难看出丹·布朗的小说在引入中国后确实引起了不小的反响，而这离不开他在小说中对西方传统文化大胆地颠覆性使用和解构。汉语译本在经过翻译后也保留了丹·布朗后现代主义小说的特色——读者不仅是在看一部小说，更是在和作者进行一场紧张刺激的游戏，这一过程中充分调动了读者阅读的积极性。他在作品中大量引用艺术史、宗教知识乃至野史，并对它们进行改造、消解、颠覆，真正做到了历史与想象的结合。在这一影响下，读者在译本的阅读过程中，也会对上述方面留有深刻印象，所接收到的信息也以这些为主，从而形成读者自身的意识凸显，并通过各种评价显现出来。纽约书评家珍妮·麦斯琳（Maslin，2003：42）就充满赞赏地写道："自从《哈利·波特》出版以来，还没有哪部小说作者像丹·布朗这样'罪大恶极'地用跌宕起伏的故事情节令读者喘不过气来，用一个又一个圈套哄得读者晕头转向。"

除媒体评论家外，大众目的语读者的评价也大多强调了自己在阅读时身临其境的感受。在亚马逊《骗局》汉语译本的评价中，"情节悬念十分吸引人""无痕迹地融入宇宙学、物理学、生物学等""情节丝丝入扣，引人入胜""这些情节犹如就在眼前"等语句频繁出现，恰恰与原文的写作目的以及原语读者的感触不谋而合，直接反映了目的语读者对译本显现出的意识凸显，检验了译本在信息传递上的有效性。

与此同时，21 世纪初正值世纪之交，是国际形势、经济形势都处于急剧变化的不稳定阶段，而不论是丹·布朗几部小说的初次出版还是其在我国的译入都为动荡中的 21 世纪居民带来了一丝人文主义关怀。比如《天使和魔鬼》就对当时社会文化层面的焦虑问题提出了自己的设想，引领人们走出生活的困境，寻找属于自己的"天堂"。因此，这一层面便充分体现了读者在阅读译本后表现的意识凸显，他们得到了与原文读者相一致的感受，在享受悬疑大作盛宴的同时，也慰藉了自己的心灵，这一反应不仅对作者、译者发出了评价信号，也丰富了读者自身的精神生活。

3.2. 雅俗共赏的译本风格引人入胜

对于普罗大众，"俗"译更能拉近读者生活与原作的距离。这里所说的"俗"译并不是俗气之类的意思，而是指翻译中的口语归化处理。在《天使与魔鬼》的汉语译本中，不少口语化的表达就焕发着光彩，比如下例：

原文：

He was seated in the shadows out of sight. "Were you successful?"

"Si," the dark figure replied, "Prefettamente." His words were as hard as the rock walls.

"And there will be no doubt who is responsible?"

"None."

(*Angels and Demons*, 2000: 25)

译文：

他坐在阴影里，看不出长得什么样子。"你得手了吗？"

"当然。"另一个人在黑暗中答道。"活儿干得漂亮极了。"这人的话像四周石头壁一样冰凉坚硬。

"没有留下什么蛛丝马迹吧？"

"干净极了。"

(《天使与魔鬼》，2005：6）

上述译本使用的口语表达就是对原文情景的一大生动再现。这里的情节是一位杀手执行任务后进行汇报的场景，通过这种翻译方式，杀手和雇主对话中神秘而又令人感到可怕的氛围便很好地传达给了读者，占据了读者的视域线，译者的意识凸显体现在口语表达和人物性格的塑造上，使读者更易有身临其境之感。

与之相对，朱译丹·布朗的小说也时常体现出文雅的一面，使得读者在阅读中能够意识到某处精细的环境描写或心理描写，以这种形式的意识凸显更好地把握小说的文学性。比如下面这首诗的翻译：

原文：

From Santi's earthly tomb with demon's hole,

'Cross Rome the mystic elements unfold.

The path of light is laid, the sacred test,

Let angels guide you on your lofty quest.

（*Angels and Demons*, 2000: 252）

译文：

你从桑蒂的土冢举步，那里有个魔鬼之窟。

穿越古代的罗马之城，揭开了神秘的元素。

通向光明的路已铺就，这是神对你的考验，

在那崇高的历险途中，让天使来为你指南。

（《天使与魔鬼》，2005：170）

在上述翻译过程中，译者注意到了原文的押韵结构，自己也在译文中进行了近似的调整。朱伟芳（2021：134-135）对朱振武译文"雅"的方面的主要评价为："译者在'雅'译环境描写时巧妙化用了诗词，采用具有中文美的四字格，并善用叠词，将音律美转化为环境美，增强了读者对小说中不同环境的感知力和想象力。"在这一条件下，读者的意识凸显展现出了新的可能性，更关注翻译中的"雅"译，由此突显小说的文学性，英中双语的无限魅力，并在此基础上学习更多的语言知识，对译文中语言美感做出自己的评价。

通过尽力去向作者靠拢，丹·布朗小说译者以其自身独特的魅力吸引了更多的读者。此外，他们也没有过度修改原文本，遵守了基本的翻译规范。例如，小说中人物的名字是字面意思呈现的，译者没有把它们改编为中国风格，没有过度驯化。读者在阅读这样的译本时，也在向译者靠拢，由此，译者和读者的意识凸显更趋向于同步，译者主要关注的和读者主要关注的具备了更高的相似度，二者之间相互灌输、相互学习，在一种意识凸显的动态转化中达成相互的理解。

4. 结　语

"翻译是一种创造性的工作，好的翻译等于创作，甚至可能超过创作。这不是一件平庸的工作，有时翻译创作要有生活经验，翻译却要体验别人所体验的生活。"（郭沫若，1983：649）而在翻译适应变异论的指导下，通过意识凸显，译者在翻译丹·布朗的小说时深知何种翻译语境因素在何时要"特殊对待"——将其作为翻译的中心思想。而在关注意识凸显对翻译活动的影响的同时，也应当深入考究这一概念，从读者的角度转换思维，发挥逆向思维，即读者在接收译者所提供的信息后也会形成意识凸显，而这里的意识凸显更多的是进行反馈和评价，积极的反馈能够给予译者肯定，也能让译者由此观察读者反应，从而确定译文在文化、思想传播上的效果。双方这一动态的意识凸显，既努力将译者关注的重点传达给读者，也让读者通过这一承载着译者寄托的信息熟识更多还未探知的领域，给予译者反馈，双方相辅相成，共同推动翻译质量的提升。这对今后的丹·布朗小说翻译发展提供了新的思路，即关注作者、译者、读者三者间的信息交流，在不断交流中取得各自领域的优质情报，更多地从意识凸显方面分析三大主体间的信息交流，尝试为丹·布朗悬疑小说的翻译提供启发，优化该类文本的翻译策略，推进翻译接受效果的提升。

参考文献

[1] 布朗 . 达·芬奇密码 [M]. 朱振武，吴晟，周元晓，译 . 上海：上海人民出版社，2004.

[2] 布朗 . 数字城堡 [M]. 朱振武，赵永健，信艳，译 . 北京：人民文学出版社，2004.

[3] 布朗 . 天使与魔鬼 [M]. 朱振武，王巧俐，信艳，译 . 北京：人民文学出版社，2005.

[4] 布朗 . 骗局 [M]. 朱振武，信艳，王巧俐，译 . 北京：人民文学出版社，2006.

[5] 郭沫若 . 郭沫若论创作 [M]. 上海：上海文艺出版社，1983.

[6] 博克 . 破解《达·芬奇密码》[M]. 朱振武，周元晓，译 . 上海：上海译文出版社，2005.

[7] 刘云虹 . 文学翻译生成中译者的主体化 [J]. 外语教学与研究，2022，54（4）：590–599，640.

[8] 桑薇 . 语用顺应论视角下《大地》两中译本翻译研究 [D]. 淮北：淮北师范大学，2015.

[9] 王宏印 . 文学翻译批评概论 [M]. 北京：中国人民大学出版社，2009.

[10] 叶舒宪 . 谁破译了《达·芬奇密码》[J]. 读书，2005（1）：60–69.

[11] 朱振武 . 解码丹·布朗创作的空前成功 [J]. 上海大学学报（社会科学版），2005（4）：42–46.

[12] 朱振武 . "倒悬"的写作：换个角度看世界的小说家丹·布朗 [J]. 世界文学，2006（2）：299–309.

[13] 朱振武 . 相似性：文学翻译的审美旨归：从丹·布朗小说的翻译实践看美学理念与翻译思维的互动 [J]. 中国翻译，2006，27（2）：27–32.

[14] 张新生 . 翻译适应变异论视角下《在路上》三个汉译本的对比研究 [D]. 赣州：赣南师范学院，2015.

[15] 朱伟芳 . 游刃在"俗""雅""趣"中：评朱振武译《天使与魔鬼》[J]. 中国翻译，2021，42（5）：131–139.

[16] 巴斯内特 . 翻译研究 [M]. 3 版 . 上海：上海外语教育出版社，2004.

[17] 诺德 . 目的性行为：析功能翻译理论 [M]. 上海：上海外语教育出版社，2001.

[18] 龚光明 . 翻译美学新论 [M]. 上海：上海交通大学出版社，2016.

[19] 马萧 . 翻译适应变异论 [M]. 武汉：武汉大学出版社，2012.

[20] Maslin J. Spinning a thriller from the louvre[N]. The New York Times, 2003–3–17.

On Salience of Translators and Readers in the Chinese Version of Dan Brown's Novel

Abstract: The highly influential postmodern novelist Dan Brown has written a number of highly rated science fiction suspense novels such as *Digital Fortress*, *Deception Point*, *The Da Vinci Code* and so on. As time goes by, his novels have been continuously rendered into Chinese with the efforts of translators led by Zhu Zhenwu since the beginning of the 21st century. Based on the theory, translation as adaptive variation, proposed by Ma Xiao in 2012, this paper focuses on translators' salience towards the source language and readers' salience towards the translated version of Dan Brown's novel and discusses dynamics of salience in these two aspects in depth to analyse its important role, which broadens the application of this theory in translation acceptance study and provides another perspective on the translation studies of Dan Brown's novel.

Keywords: Dan Brown; salience; translator-reader relationship; novel translation

交际翻译视角下建筑典籍书名英译探讨
——以《园冶》书名翻译为例

广西大学 李 鑫

摘 要： 随着中国越来越重视中华文化的对外传播，近年来典籍外译成果突出。建筑典籍融合了古人对科技、文学、艺术和哲学的思考，对其外译是传播中华文化的有效途径之一。然而，当前建筑典籍流传不广，外译研究成效甚微。为更好助力建筑文化"走出去"，建筑典籍外译工作需从书名翻译做起。本文通过考查建筑典籍专著《园冶》书名翻译的具体情况，从交际翻译理论出发，提出四种翻译方法：（1）音译加副标题，（2）直译加文内注释，（3）借词对应，（4）改写加图像副文本，为建筑典籍书名英译提供借鉴。

关键词： 建筑典籍；《园冶》；书名；交际翻译

1.引 言

在中华文化外译的大背景下，相较于文史哲的传播交流而言，中华传统文化科学层面的内容外译有所欠缺，削弱了中华文化的感染力和说服力（李孝英等，2021）。建筑典籍是古建筑文化遗产的载体，也是中外建筑界互鉴的理论源泉，因其创造性、客观性、有形性、科学性受到国际广泛认可（肖娴，2018）。当前，大多建筑典籍流传不广，有些只剩残卷，又由于术语含义晦涩、翻译过程复杂、人才缺失等原因，建筑典籍外译研究成效甚微。书名是建筑典籍内容的高度概括和总结，建筑典籍英译名的准确与否将对建筑文化的对外传播产生较大的影响，值得进一步深究。

《园冶》是中国造园理论之本源，其英译本在海外流传甚广（陈福宇，2017）。该书在海外读者中受欢迎的程度亦反映了其书名翻译的可行模式，对其英译名进行研究有助于推出行之有效的书名翻译方法。本文以《园冶》书名翻译为例来考查目前建筑典籍书名翻译的现状，探讨其书名翻译中存在的问题和值得借鉴的方法，结合交际翻译理论尝试对富含文化因素的建筑典籍书名提出参考译文。

2. 交际翻译理论

英国著名翻译理论家彼得·纽马克在《翻译问题探讨》中提出交际翻译和语义翻译理论，为翻译实践尤其是翻译中的文化问题提供了理论依据。纽马克（Newmark，2001：39）认为，语义翻译是"使译文停留在源语言文化中，要求译文接近原文的形式，并要求译文在结构和语序安排上接近原文"，即译者更关注源语言文化，只解释原文的意思，强调与原文内容的一致性。建筑典籍书名多以"事/人＋经/记"命名，其名虽短，但背后蕴意极深。同时，书名中富含的文化信息在西方文化中有所缺失，无背景知识容易引发歧义。若采用语义翻译，得到的译名又相对冗长、烦琐且过于详细，需选取适宜的手段解决这一问题。

交际翻译与之不同，其目的是译者对目标语言读者的影响与原文对源语言读者的作用相同（Newmark，2001）。译者可以根据目标语言、文化和语用方法传递信息，而不是试图忠实于原文。在交际翻译策略的指导下，译者有更大的自由来决定如何解读原文，调整风格，消除歧义，甚至纠正原作者的错误，从而消除目标语言读者的阅读和交流障碍。交际翻译产生的译文一般较多使用便于理解的常用词，阅读起来十分通顺。基于建筑典籍书名的特点，本文将从交际翻译的视角出发探讨和分析建筑典籍的书名翻译。

3.《园冶》书名翻译

《园冶》是世界上最早的造园艺术专著，以理论著作的形式保留了中国古典园林的精粹，为建筑学领域留存了丰富的专业术语和深邃的建筑哲学理念（肖娴，2018）。《园冶》书名中的"冶"字，含义丰富，生动体现了建筑典籍书名翻译的复杂性。

《园冶》初名并非《园冶》，而是《园牧》。张家骥先生在《园冶全释》中写道："冶，铸炼金属。"（转引自金学智，2012：33）将冶字引申为造就、培养的意思。陈植是最早对《园冶》进行系统性研究的学者，他认为《园冶》："其立论皆从造园出发，其命名'园冶'，盖别于普通住宅营建者也。"将"冶"注为"熔铸"，意为园林建造、设计之意。王安石在《上皇帝万言书》中说："冶天下之士而使之皆有君子之才"，这里的"冶"有培养造园艺术人才的意思。园林学者王绍增（2013：38）坦言，"过去，我对《园冶》书名的含义，一直采取大概、马虎、差不多的态度，以其昏昏，不敢使人昭昭，知其难而自守，未敢深涉"。各学者对"冶"字的含义缺乏一致的认识，加上译者各行其是，造成《园冶》英译名的多样化。

笔者以"《园冶》"为关键词在中国知网进行搜索，得到7种《园冶》的英译名，统计如表1所示，所采用的翻译方法可总结为音译法、意译法、综合法三类。在选取的50篇论文中，高达45篇论文取其音译名，可见音译法已受到国内学者的普遍认可。但从另一角度来看，这也反映出当前专家学者对于建筑典籍书名翻译的重视不足，造成音译法泛滥。音译法是对源语言的语音转写，看似便利和"保真"，实际上由于文化信息丧失，将导致交际上无效的问题突出（李孝英等，2021）。若要提高书名的交际性，翻译书名时不宜使用音译法。王绍增采用直译法，根据"冶"的"锻造"之义，提出将《园冶》翻译成 *Garden Forging* 或 *Forgoing of Chinese Classical Gardens*。从交际翻译角度来看，"Garden"和"Forge"二词虽然通俗，但甚少连用，该译名局限于字面，仅对书名进行语义翻译，未能译出书的内在含义。通常来说，由于源语言和目标语之间难找到完全对等的词语，典籍书名翻译不宜单独采用直译法。

表 1 《园冶》书名翻译

序号	《园冶》英译名	来源	翻译方法
1	*Yuan Ye/Yuanye*	《〈园冶〉中的水景理法探析》等 44 篇期刊文章	音译
2	*Garden Forging*	《〈园冶〉书名英译之刍议》	直译
3	*Forging of Chinese Classical Gardens*		
4	*Garden Design*	《计成〈园冶〉的园林美学体系》	意译
5	*Yuan Ye*（《园冶》）	《〈园冶〉中的水景理法探析》《自我、景致与行动:〈园冶〉借景篇》	音译+原文复现
6	*Yuan Ye (The Crafts of Garden) / The Craft of Gardens (Yuan Ye)*	《从〈园冶〉到〈园衍〉的思考: 中国风景园林学觅径》《建筑典籍术语英译撝议: 以〈园冶〉为例》	音译+意译
7	*The Craft of Gardens (Yuan Ye): The Classic Chinese Text on Garden Design*	《园冶》英译本书名（Hardie Alision）	意译+音译+副标题

1988 年，英国汉学家哈迪·夏利森（Hardie Alison）出版了《园冶》英译全本，受到国内外读者的广泛欢迎。她以 *The Craft of Gardens (Yuan Ye): The Classic Chinese Text on Garden Design* 作为《园冶》英文版的书名，采用综合译法，结合了意译、音译、副标题三种方法。意译传达了书名的含义；音译使读者快速地辨识原著书名，了解其文化承载。添加副标题兼顾了普通读者的需求，向普通读者明确该书的来源和内容。三种翻译方法的结合，有效兼顾了书名的交际功能，为其他建筑典籍书名的英译提供了良好的指导和借鉴。

4. 建筑典籍书名翻译方法

一部作品的书名是作者"经过深思熟虑、反复推敲后选定的关键词，具有重要的表意功能"，"书名不仅是作品的'品牌标识'，更是主题旨趣的指示牌"（虞建华，2008: 68）。当前，建筑典籍仍处于外译的初步阶段，译者应格外重视典籍书名的翻译，通过提出优秀的建筑典籍书名来激发外国友人对中国建筑文化的兴趣。然而，典籍书名虽有这样的重要性，却常被翻译实践者所忽视，多年来针对典籍书名的英译研究并不多见。建筑典籍书名用字凝练，意涵丰富，译者需了解其背后的含义，仔细辨别，不断思考与实践。

通过分析《园冶》书名采用的翻译方法，笔者发现音译可保留书名的文化承载，有利于外国人学习中国传统文化的精华，防止不准确译名的流行。但是建筑典籍普及度不广，普通读者很难通过音译名了解其所指，从而造成理解上的困难，不利于建筑典籍的传播。

直译法可以将书名中的修辞、俗语、文化典故最大限度地保留下来，使读者更直观地感受异域文化，起到文化交流和沟通的作用。但源语和译语缺乏完全的对应词，书名含义难免缺失。意译使译文接近原作，达到交际效果。但在某些情况下，单独使用意译法会牺牲文化承载，造成指代不明。故翻译建筑典籍书名时，不仅要理解典籍书名的深层含义，还应采取多种翻译方法相结合的方式，尽可能排除理解上的歧义。本文结合交际翻译理论，尝试提出以下四种适用于建筑典籍书名的翻译方法。

4.1. 音译加副标题

例 1:《木经》

英译: *Mujing: A Chinese Classic on Ancient Wooden Architecture*

《木经》由喻皓所著，是关于古代房屋建筑的一本著作，该书详细规定了建筑物各部分规格和部件间的比例，也是我国第一部木结构建筑手册。"木"字的本义是树木、木材。"经"在字典里有"传统的权威的著作的意思"。据《梦溪笔谈》记载，"营舍之法，谓之《木经》"，故在这里"木"引申为木结构建筑。根据交际翻译理论，译者有较多的自由度去解释原文。翻译时，笔者保留其音译名，通过添加副标题，将书名中"木"字的隐含信息译出，明确该书出处和含义，强化交际效果。

例 2:《考工记》

英译: *Kaogongji: The Earliest Encyclopedia of Chinese Technology*

《考工记》是我国最早的手工业技术文献。该书"攻木之工"章节的"匠人"篇，描述了西周时期王城、宫殿、道路的形式，并对当时的建筑规划、施工技术、建筑测量等做了具体的说明与解释，是一部非常重要的研究古代营造技术和建筑发展史的古籍文献。根据《军事大辞海》，"考工"是西汉官名，武帝太初元年（公元前 104 年）由少府属官更名而来，负责掌造兵器弓弩刀铠，兼主织绶诸杂工。针对其书名翻译，大多译者采取音译法，也有译者直译为 The Artificer's Record。"artificer"意思是技工，其直译名回译为中文即"技工的记录"，含义上达到了忠实，但局限于书名的表面。"技工"一词所指宽泛，对于译入语读者来说，他们无法通过书名了解该书的具体内容，交际效果不佳。笔者从交际翻译角度，通过添加副标题，用"earliest"体现《考工记》在中国的地位及重要性，又用"encyclopedia"展示该书广泛的覆盖面，突出《考工记》的特性，抓住读者的眼球。

例 3:《营造法式》

英译: *Yingzao Fashi: State Building Standards*

例 4:《营造法原》

英译: *Yingzao Fayuan: Building Traditions in South China*

中国古代建筑著作分为官书和私人著作两类，官书记录了古代王朝制定的建筑制度做法，私人著作则是匠师的个人著书，是实践经验的总结与积累。《营造法式》是宋代李诫创作的建筑学著作，亦是北宋官方颁布的一部设计、施工的规范书。《营造法原》是记述江南地区代表性传统建筑做法的私人专著，为姚承祖所著，书中的内容"系官书之未有"。两书名仅一字之差，但内容千差万别。在交际翻译理论的指导下，翻译这两部高度相似的建筑典籍书名时，尤其要注意官、私的概念，帮助读者辨识二者之差别，从而消除歧义。"法式"的意思是法度、制度、标准的格式，《营造法式》即标准的官式营造制度。翻译时，笔者保留了其音译名，便于读者识别原著，同时添加副标题"State Building Standards"，特别提到"state"是强调其官书的实质。不同于"法式"，"法原"指民间建造传统。根据《营造法原》的内容，在副标题中增译"Building Traditions in South China"，进一步强调是中国南方的营造传统，与《营造法式》形成对比，以免造成混淆。

4.2. 直译加文内注释

建筑典籍书名中承载了特有的文化信息，在西方文化中往往难以达成共识。在英译过程中，需要对这些文化负载词进行注释。文内注释属于书名主体的一部分，未将直译部分与注释分离，便于书名的识记和传播。此外，书名中的文内注释一般要求内容简洁达意，避免像文外注释一样在文字上的无限度阐释。

例 5:《鲁班经》

英译: *Manual of Luban (A Chinese Master Carpenter)*

《鲁班经》成书于明代，为午荣编，是一本民间工匠的业务用书。该书介绍了行帮规矩、制度、仪式，建造房舍的工序，选择吉日的方法，常用建筑的构架形式及名称等。据传说，鲁班把毕生所学都写进了这部书中，故得名《鲁班经》。"鲁班"是我国木匠鼻祖，在西方文化中存在空缺，若不做说明，西方普通读者无从知晓其文化内涵，交际效果会因此减损。笔者采取直译加文内注释的方式，将书名翻译为 *Manual of Luban (A Chinese Master Carpenter)*。在文内注释中阐明鲁班的身份，译出文化内涵，深化读者对书名的理解。

例 6:《清式营造则例》

英译: *Qing-style (Palaces in Qing Dynasty) Building Regulations*

《清式营造则例》成书于 1934 年，作者是梁思成。书中详述了清代宫式建筑的平面布局、斗拱形制、大木构架、台基墙壁、屋顶、装修、彩画等做法及构件名称和功用。"清式"指清代宫式，"则例"在清代指行政法典。有译者理所当然地将该书名直译为 *Qing-style Building Regulations*，这里的"Qing-style"指意模糊，忽略了"清式"承载的文化信息，未能译出其内涵。在英译时，笔者通过添加文内注释的方法，将"清式"承载的特有文化信息译出，消除交际障碍。

4.3. 借词对应

例 7:《洛阳伽蓝记》

英译: *Essays of Buddhist Temples in Luoyang*

《洛阳伽蓝记》为北魏文人杨衒之所撰，该书分为五卷，列举了七十多座寺院，分别讲述了北魏京师洛阳城各地佛寺的建筑状况，反映了佛教的兴衰史。该书还记载了当时崇尚私家园林与舍宅为寺的风气，为研究北魏建筑文化提供了珍贵的文献资料。"伽蓝"是梵语中"僧伽蓝摩"的简称，意为"众园"或"僧院"，是佛寺的统称。"寺庙"在英文中的对应词有"temple"和"monastery"，考虑到中西方认知差异，在借词对应时要谨慎。"monastery"还指"修道院"，是基督教组织机构的名称。而"伽蓝"所指寺庙，源自佛教，翻译时应选择"temple"并添加"Buddhist"作为限定词，进一步强调所指，加强交际效果。而在翻译"记"字时，许多译者根据其字面意思会联想到"record"。实则不然，文言文的体裁有神话、文、记、疏、志等，"记"从广义上指一种体裁，是古代用来记载事情的文体。通常情况下，在"记"中，叙事、写景、状物的成分居多，目的在于抒发作者的情感。《洛阳伽蓝记》以佛寺为题，融入了历史事迹、风俗习惯及种种传闻典故、灵异故事等，充满了文学趣味（成润淑，1999）。故笔者在翻译书名中的"记"字时，借用更具文学性的英文对应词"essay"，以唤起西方读者的文化共识。

例8：《长物志》

英译：*Records of Elegant Things*

《长物志》由明代文震亨所作，该书内容广泛，涉及园林、室庐、几榻、器具的部分等是我们了解这一时期建筑设计思想的重要资料。《园冶》注重园林的技术型问题，《长物志》更多地注重园林的玩赏，两书互为补充。"长物"为多余之物，典出南朝宋刘义庆的《世说新语·德行第一》："王恭从会稽还，王大看之。见其坐六尺簟，因语恭：'卿东来，故应有此物，可以一领及我。'恭无言。大去后，即举所坐者送之。既无余席，便坐荐上。后大闻之甚惊，曰：'吾本谓卿多，故求耳。'对曰：'丈人不悉恭，恭作人无长物'"。文震亨取"长物"一词，意指多余之物，实际上书中所指又并非多余之物，而是生活中的必需品，不过，这些物品非一般物品，而是投射了文人品格的意志之物。有译者将《长物志》书名译为 On Superfluous Things。"superfluous"意为"过多的""过剩的""多余的"，显然不符合书名想要传达的内涵。"长物"含"雅物"之意，根据交际翻译理论，笔者翻译时借用更贴近主题的对应词"elegant"，消除歧义。与例7中的"记"一样，"志"也是一种古代记录文体，但二者有所不同，"志"倾向于记载事物的发生、演变、发展过程，较为客观，故在这里用"record"来翻译"志"更为贴切。

4.4. 改写加图像副文本

笔者在前文中提出的三种翻译方法，限于书名的形式，表达平淡。然建筑典籍专业性强，受众群体小，流传度不高，要想唤起读者的好奇心，引起其阅读兴趣，译者应勇于创新，跳出寻常的翻译范式。所谓"改写"，指译者对原书名改头换面，甚至弃之不用，另外起名。译者之所以这样做，一部分是出于不得已为之，因为原文再现难度太大。另一部分是出于兴趣使然，尽管再现难度不大，但译者想要营造一种特殊的效果（周晔等，2009）。而"副文本"，是法国文学理论家热奈特（Gerard Genette）提出的概念，被定义为所有围绕在文本周围的边缘性、补充性材料。按照内容，副文本可以分为文本副文本和图像副文本，封面属于图像副文本研究的范畴。副文本对文本进行补充、阐释，延展了文本边界，确保文本的"在场、接受和消费"（Genette et al.，1991：261）。考虑到书名所处的特殊位置，可以与封面设计相结合，两者在内容上形成互补。

例 9：《闲情偶寄》

英译：*When we talk about life in ancient China, what we are talking about?*

《闲情偶寄》由明末清初李渔所撰，该书主要包括了李渔最为擅长的两个方面，一是填词改曲，二是建造屋舍。与《营造法式》和《园冶》等记载古建筑营造技术的建筑专书不同，《闲情偶寄》从多方面反映了明末清初古人生活的逸致与闲情，多了一丝趣味，少了一丝严谨。村上春树的散文书以《当我谈跑步时我谈什么》为书名，采取借代的修辞手法，看似是谈跑步，实则是谈一种生活方式和一种观念，让人学会面对生活，思考内心所要。在交际翻译理论的指导下，译者有较大的自由度去调整译文，故笔者模仿《当我谈跑步时我谈什么》书名的形式，采用改写的方法，将《闲情偶寄》翻译为 *When we talk about life in ancient China, what we are talking about?*。表面上是介绍古人的生活，其实谈论的是古人的处世哲学，符合作者李渔终生未仕，只能以《闲情偶寄》"稍舒蓄积"、归正风俗的著书目的。同时结合封面设计，配上画有古玩、建筑、家具、植物等涉及书中主题的图案作为封面，可以补偿书名中缺失的主题信息，进一步诠释该书的内涵，达到交际目的。

5. 结　语

　　本文通过对建筑典籍《园冶》的书名翻译进行考查，发现当前国内外学者对建筑典籍书名翻译缺乏重视、翻译理论和实践远远不足等问题。书名是作品的"钥匙"，亦是解读作品的"密码"。在建筑典籍外译的初步阶段，国内外学者应加强对建筑典籍书名的翻译研究。笔者从交际翻译角度出发，以部分建筑典籍书名为例，提出音译加副标题、直译加文内注释、借词对应、改写加图像副文本四种翻译方法，以期为建筑典籍书名翻译提供一点新思考，从而促进建筑典籍的外译工作，促进中国古代建筑文化的对外传播。

参考文献

[1] 陈福宇. 晚明工程技术典籍的传播与翻译：基于《园冶》与《天工开物》的共性考察 [J]. 重庆交通大学学报（社会科学版），2017，17（6）：130–133.

[2] 成润淑.《洛阳伽蓝记》的小说艺术研究 [J]. 文史哲，1999（4）：94–98.

[3] 金学智. 初探《园冶》书名及其"冶"义，兼论计成"大冶"理想的现代意义：为纪念计成诞辰 430 周年作 [J]. 中国园林，2012，28（12）：33–38.

[4] 李利，陈卫国. 侦探小说的图像副文本研究：《无人生还》的封面视觉呈现 [J]. 装饰，2022，（8）：98–103.

[5] 李孝英，邝旖雯. 从中医典籍外译乱象看中国传统文化翻译的策略重建：以《黄帝内经》书名翻译为例 [J]. 外语电化教学，2021（5）：26–33，4.

[6] 李砚祖. 长物之镜：文震亨《长物志》设计思想解读 [J]. 南京艺术学院学报（美术与设计版），2009（5）：1–12.

[7] 王绍增 .《园冶》书名英译之刍议 [J]. 中国园林，2013，29（2）: 38-39.

[8] 肖娴 . 建筑典籍术语英译摭议: 以《园冶》为例 [J]. 中国科技翻译，2018，31（2）: 51-54.

[9] 虞建华 . 文学作品标题的翻译: 特征与误区 [J]. 外国语（上海外国语大学学报），2008，173（1）: 68-74.

[10] 周晔，孙致礼 . 书名、篇名的翻译 [J]. 上海翻译，2009（4）: 30-33.

[11] Genette G, Maclean M. Introduction to the paratext[J]. New Literary History, 1991 (2): 261.

[12] Newmark P. approaches to translation[M]. Shanghai: Shanghai Foreign Language Education Press, 2001: 211-213.

English Translation of the Titles of Architectural Classics from the Perspective of Communicative Translation—A Case Study of the Translations of the Title of *Yuan Ye*

Abstract: As China pays increasing attention to the spread of Chinese culture to the outside world, foreign translations of ancient classics have achieved outstanding results in recent years. Architectural classics integrate the ancients' thinking on science, technology, literature, art and philosophy, and their translation is one of the effective ways to spread Chinese culture. Nowadays, researches on the translation of architectural classics have gained little effect due to many reasons. In order to promote the transmission of architectural culture, the translation of architectural classics needs to start from the title translation. This paper reviews the translation of the book name of *Yuan Ye*, and proposes four translation methods based on communicative translation theory: (1) transliteration plus subtitles; (2) literal translation plus in-text note; (3) borrowing correspondent words; (4) rewriting plus image para-text, aiming to provide reference for the future translation of architectural classics.

Keywords: architectural classics; *Yuan Ye*; titles; communicative translation

中国古典小说中概数词之日译研究
——以《补江总白猿传》为例

贵州大学　赵成昊[*]

摘　要:《补江总白猿传》(又称《白猿传》)是唐传奇的代表作品，其文本特征之一便是概数词的大量使用，而在中国文学作品外译的实践中，看似微不足道的概数词的翻译也成为译者时常遭遇的难点之一。然而，中日两国对《白猿传》的日译研究却暂付阙如。本文对《白猿传》中的数词及其日译进行了全面整理，继而聚焦于概数词的日译，发现将概数标记词及数词单用译为原文中本未出现的数词连用的情况较为普遍。究其原因，发现日本文学中的数词连用经历了古代、中世日本对古汉语书面语中数词连用的承袭，江户日本对中国白话文学中逐渐显现出口语化性质的数词连用的吸纳，明治日本的翻译文学以及言文一致体文学对数词连用的继承及发展，明治之后言文一致体的普及及翻译文体的口语化等一系列演变，最终在《白猿传》各译本中得以体现。由此可见，语言随历史不断变化发展，在向外译介中国古典文学时，亦要结合目标语的时代特征及文体特征，争取更好的译介效果。

关键词: 古典小说；概数词；日译;《补江总白猿传》

1.引　言

　　唐代传奇小说名篇《补江总白猿传》又称《白猿传》,《宋志》书名作《集补江总白猿传》,《太平广记》卷四四改题《欧阳纥》, 注云: 出《续江氏传》(李剑国，2017)。此传题名不甚统一, 本文以使用较多且现今常用的《补江总白猿传》为题, 以下略称为《白猿传》。日本对《白猿传》的接受最先开始于翻案等再创作, 如都贺庭钟所著《白菊挂猿于岸射怪骨》等, 对《白猿传》的翻译则始于近代, 其作为传奇小说的代表作被日本广为接受。因此,《白猿传》的日译特征, 在一定程度上也代表了近现代日本对中国古典白话小说的翻译特征, 具有一定的研究价值。《白猿传》的文本特征之一便是概数词的大量使用, 而在中国文学作品外译的实践中, 看似微不足道的概数词的翻译也成为译者时常遭遇

---

[*]　赵成昊, 贵州大学外国语学院硕士研究生, 研究方向为比较文学与比较文化, 国际传播。

的难点之一。有鉴于此，本论文以日本明治以来，曾先后出现的十余个日译本的《白猿传》为例，通过比较其中八个日译本中概数词翻译方式的不同，揭示中国古典小说中数词的日译特征及历时演进规律，为中国古典小说中频繁使用的数词特别是概数词之日译提供参考与借鉴。

中日两国对数量词的研究多集中于量词方面，且对数词的相关研究主要集中于语言学领域，对数词翻译，尤其是对数词日译的研究为数较少，仅有的一部分也并未针对数词进行分析，而是将其作为数量词的组成部分简要触及。仅李琼、孟庆荣（2009）以北京日本学研究中心制作的中日对译语料库为基础，探讨了"二三"的汉译策略，但未涉及数词日译层面，且众研究也未涉及数词本身在翻译时发生的诸如增改、省略等变化，仍需进一步充实此类研究。此外，中日两国对《白猿传》文本及其影响的研究成果较为丰硕，而对于《白猿传》的日译研究却暂付阙如，仅陈晓东（2013）从语法层面简要分析了《白猿传》英译本，对《白猿传》日译本翻译特色及其背后原因的挖掘仍需进一步补充及强化。

关于此传底本，现存最早的收录《白猿传》原文的文献有两种，分别为北宋李昉等人所编《太平广记》以及明顾元庆（1487—1565）所编《顾氏文房小说》。如今收录此传奇文的选译、校注本则多以《顾氏文房小说》为底本。汪辟疆（2019：20—21）先生在校录时曾言："此据《顾氏文房小说》家藏宋本校录，字句与《广记》小有异同，较《广记》为胜。"因此在分析译本时除特别留意存在差异之处外，不再额外施以篇幅——考证各译本底本出处。

目前日本至少有 18 种《白猿传》日译本，将再版等相同译者译本算作一类，则至少有 12 种之多。《白猿传》日译本在日本所翻译的唐代志怪小说中也称得上是名列前茅，其翻译及出版更是跨越了近百年的历史（1920—2014）。其中，存在其他版本或再版超过一次的有冈本绮堂译本（4 次）、吉川幸次郎本（2 种）、前野直彬本（2 种）、陈舜臣本（2 种）以及今村与志雄本（2 种），其中陈舜臣本和今村与志雄本均于 21 世纪再版，可见其译文较受欢迎。因此，基于对各译本出版时间、出版次数等要素的考量，以及笔者所能收集到的译本的限制，最终选取盐谷温（1920）、池田大伍（1924）、田村初（1925）、冈本绮堂（1935）、吉川幸次郎（1942）、前野直彬（1963）、陈舜臣（1983）、今村与志雄（1988）共 8 种译本，对比分析其中数词的翻译差异，以探讨其原因。

2.《白猿传》中数词的分类及日译总览

2.1.《白猿传》中数词的分类

由于《白猿传》是一部创作于唐代的文学作品，其所用古汉语不同于如今的白话文，那么当时对数词的界定是否会和如今产生偏差呢？究明此问题对文本中数词的筛选以及研究的开展而言至关重要。首先，在中国五千年的悠久历史进程中，汉语也在不同阶段呈现出不同的特征，而对于汉语语法的历史划分仍未形成定论。王力先生在《汉语史稿》（2013）中将汉语语法划分为四个阶段，《白猿传》用语当属中古期，即公元 4 世纪到 12世纪（南宋前半）。瑞典汉学家高本汉（1940）认为，六朝到唐为中古汉语。此外，藤堂明保等学者亦将汉语分为四个阶段，隋唐为中古汉语（藤堂明保等，1985）。再结合志村良治在《中国中世语法史研究》中以魏晋至唐末五代为"中古汉语"的观点（王云路，2001），在一定程度上可将《白猿传》归入中古汉语时期。

其次，由于数词有关概念混淆不清、数词定义不甚准确、分类标准不统一等问题（刘苹，2013），数词的分类在学界仍处于讨论和完善的过程中，而有关中古汉语或近代汉语中数词分类的针对性研究也相对较少。其中，张延成（2013）将中古汉语称数法分为基数、序数、倍数、分数、概数、问数6类。虽然张延成使用的中古汉语分期为东汉晚期至隋，但《白猿传》为初唐作品，其与中唐以后的成熟传奇文的文体差别较大，较多继承了魏晋至隋代的文体特征，因此此处分类亦可用于参考。田有成、曾鹿平（2000）将近代汉语数词表示法分为零数、整数、序数、虚数、约数、分数、倍数、问数8类。结合二者，本文将基数词、序数词、概数词、问数词等均纳入筛选范围，以求研究的全面性。《白猿传》全文共使用数词40次，按上述的分类方式，主要可分为整数等表示确切数字的基数词、表示约数或虚数的概数词以及原文并未使用数词但译文却频繁使用数词的其他词汇，共3类。其中，第三类仅有3例，分别为"日晡""前月哉生魄""周岁"，由于其数量较少，且译文不具备显著特征，便不在下文赘述，下文将重点集中于余下的37例数词上。

2.2. 《白猿传》数词日译总览

2.2.1. 基数词的翻译

文中使用的40次数词中，19次为基数词，约占总体的48%。各译本对基数词的翻译大致可分为3类，由于本文不涉及量词问题，因此量词的变化不归入其中。第一类为数词无变化，即数词直译，如"一踊"译为「一跳」，"三十辈"译为「三十人」等；第二类为数词添加或改动，即数词改译，如"一只"译为「片方」，"一睨"译为「ちらと見た」等。第三类为数词省略，以及因文本内容的改动或删节导致的数词缺失等，如"一山"省略为"一"，"一巖"省略为"一"等。

总体而言，"一"在数词中较为常用，《白猿传》中"一"的用法，便占据19例基数词中的8例。同时，与其他基数词相比，"一"的用法也颇为复杂，而严格来说，连词、助词义的数词"一"并不属于本文所考查的基数词范畴。因此，如果将"一"移除考查范畴，《白猿传》中的基数词则骤减至11个。按上述3类基数词的日译特征，将各译本中每类的出现次数统计为图1。可见，除对故事情节删节最多的《中国童话集》外，其余几个译本对数词的改译及省略大多在1处左右，保持了对原著数词的高度忠实。因此，可以推知，现代日本对中国古典小说中基数词数目义的翻译以直译为主，至少在《白猿传》中，暂未发现除"一"以外的值得深入研究的代表性特征，而"一"的许多用法早已脱离本文所研究的数词数目义的范畴，故不在此做深入探讨。

2.2.2. 概数词的翻译

文中使用的40次数词中，概数词占18次，即全体的45%，是全文数词的重要组成部分。同基数词的翻译类似，各译本对概数词的翻译大致可分为3类：第一类数词直译，如

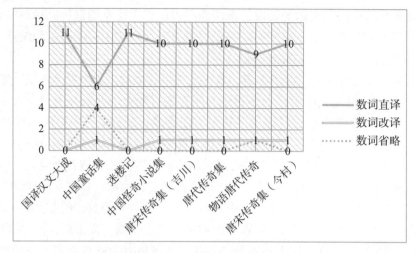

图1 《白猿传》各译本基数词翻译类型统计图

"十余"译为「十餘」「十人あまり」，"四遐"译为「四方」等；第二类为数词改译，如
"百里"译为「十五六里」，"旬余"译为「十日あまり」；第三类为数词省略，如"四壁"
译为「壁」等。

　　按此3类概数词的日译特征，将各译本中每类的出现次数统计为图2。整体而言，各
译本对概数词的翻译虽不似基数的日译那样显示出忠实化特征，但亦在波动中显示出忠
实化趋势。尤其是出版最晚的两个译本，均基本保留了概数词原貌，重视程度堪比训读本
的《国译汉文大成》。在翻译方法上，数词直译仍在占主导地位，数词省略亦与图1相似，
除《中国童话集》外均为1处上下，整体保持波动较小且数量较少的态势。然而，概数词
改译的波动较基数词而言甚为剧烈，其整体数量亦多于基数词，除训读本的《国译汉文大
成》外，少则2例，多则8例，占比近半。各译本对概数词的改译在具体译文中是何情
况？如何界定其改译程度？是无关紧要，还是会导致歧义？又为何呈现出上述特征？相比
于基数词的日译，笔者认为这些问题更值得在下文中深入探讨。

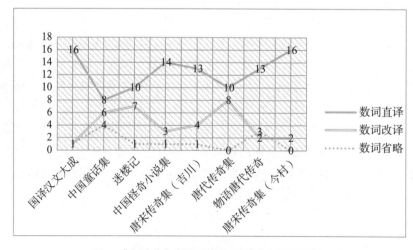

图2 《白猿传》各译本概数词翻译类型统计图

3.《白猿传》中概数词的日译及特征

关于概数词的分类，郭攀在杨伯峻、周法高、向熹等学者的基础上，将概数词的表示形式总结为3类：数目形式、不含数目的他语词形式、数目与他语词的结合形式。其中，数目形式分为单独的自然数形式（如"七十城"）、自然数的接续形式（又分小数接大数和大数冠小数，如"两三人""三二年"）、自然数的非接续性组合形式（如"五七岁""万亿年"）、数目的连缀形式（如"三男两女"）等。不含数目的他语词形式有"数世""几岁"等，数目与他语词的结合形式则包括"数百""万余""二丈多深"等。此外，郭攀亦探讨了解说特定数目形式时所用的极数、全数、成数等概念。其中，极数是指多数（表示"多"义的虚数）所表诸义中程度最高者，如"九死""三泉"等；全数是表示"全部、所有、一切"义的虚数，如"四面""八方""三十六行"等；成数则普遍指不带零头的整数，如"诗三百""身长七尺"等（郭攀，2004：169–183）。

此外，张延成将东汉晚期至隋代结束的概数的主要形式分为：概数标记词、数词单用、数词连用等。其中，概数标记词的使用最为普遍，分为不设定点（如"数""几""多少"）、定点左右（如"许""约""左右"）、不足或接近定点（如"几""不过"）、超过定点（如"余""数""强"）4种。其次为数词单用，主要有单用位数词（如"千秋""万死"）、用系数词或复合数词（如"八荒""三十六人""百万"）。数词连用则相对较少，主要有邻数相连（如"一二""三二十人""千万"）、隔数相连（如"三五""五三"）、二数相连重复名词或量词（如"半岁一岁""三日五日"）、二数嵌入四字格（如"百战百胜""七零八落"）等（张延成，2013：150–207）。

对比上述两种分类可知，数目形式包含了数词单用和数词连用，不含数目的他语词形式以及数目与他语词的结合形式，主要为数词标记词，而极数、全数、成数等均为数词单用的表现形式。而张延成的分类方式较为清晰，既囊括了几乎所有的概数词形式，又能凸显每类概数词的主要特征，亦能清楚划分《白猿传》及其日译本中的各类概数词。因此，本文选择张延成的分类法，将概数词分为概数标记词、数词单用、数词连用三类进行探讨。

3.1. 概数标记词的翻译

《白猿传》中的概数词包括概数标记词和数词单用两类，共18例。其中的"若堂者三"实为基数词，但由于原文"中宽辟若堂者三四壁设床"的断句原因，在各译本中常被理解为数词连用，此点会在后文详述。因此，为便于后文的统计及探讨，本文将"若堂者三"与"四壁"视为一例，归为"四壁"所属的数词单用类。如此，在17例概数词中，概数标记词为12例，数词单用为5例，未出现数词连用。在各译本中，3类概数词则均有使用。本节分别统计《白猿传》中各例概数标记词，被译为概数标记词、数词单用、数词连用、基数词，以及省略的日译本数量，试从中找出五种译法的代表性例子，做进一步探讨。

由表1可见，在12例概数标记词中，只有1例被一个译本译为数词单用，即冈本绮堂编译的《中国怪奇小说集》将原文的"约二百里"译为「二百里」，省略了概数标记词

"约"，变为数词单用。亦只有 1 例被一个译本译为基数词，即《迷楼记》将"既饮数斗"的"数斗"译为「二斛」，即田村初根据原著前文所述"美酒两斛"做出的改动。此 2 例不能反映《白猿传》中概数标记词日译的普遍特征，故不多加赘述。此外，概数标记词的省略也相对较少，且均为对数词本身的删节，由译者对故事内容的微调或删改造成，亦非概数标记词日译的普遍特征。与此相对，将概数标记词译为概数标记词是各译本主要的翻译方式，亦有 5 例概数标记词被 1 次或多次译为数词连用，体现了《白猿传》中概数标记词日译的主要特征。因此，本文将针对以上两种日译方法进行进一步分析。

表 1 《白猿传》中概数标记词的日译方法统计

次序	概数标记词	译为概数标记词的译本数	译为数词单用的译本数	译为数词连用的译本数	译为基数词	省略
1	十餘	8	0	0	0	0
2	逾月	7	0	0	0	1
3	旬餘	7	0	0	0	1
4	约二百里	6	1	0	0	1
5	數十	7	0	1	0	0
6	數十斤	6	0	2	0	0
7	數寸	3	0	4	0	1
8	六尺餘	8	0	0	0	0
9	數斗	5	0	2	1	0
10	數斛	7	0	0	0	1
11	數寸	6	0	2	0	0
12	數千里	8	0	0	0	0

3.1.1. 概数标记词译为概数标记词

虽然《白猿传》各译本对概数标记词的翻译大多保留了其形式，但这并不意味着没有对其具体数目进行改动。如翻译"逾月"时，除《迷楼记》省略外，有 6 个译本直接将其译为「月」，或补充了省略的"一"，译为「一月」「ひと月」，只有今村与志雄译为「数か月」。而"一"在表示数目时往往可以省略（吕叔湘，2014），因此今村的译法与原数词差距较大。又如翻译"旬余"时，除《国译汉文大成》保持直译《中国童话集》将其省略外，其余 6 个译本均解释性地译为「十日」，增加了译文的通俗性。

除此之外，各译本中也多次出现了对数目的改动，如田村初（1925：22）将"约二百里"译为「三十里餘り」，前野直彬（1963：132）译为「五十里ほど」。虽保留了其概数标记词的形式，将"约"译为「餘り」「ほど」，但具体数目却分别改为「三十里」「五十里」，与原文出入较大。此外，田村初与前野直彬在翻译数词单用时亦将"百里"分别译为「十五六里」「三十里」。这到底是何原因呢？实际上，在之前，中日两国度量衡的单位虽有相似，但具体规格却颇为不同，为区分二者，本文以下将中国古代的"里"称为"华里"，日制的"里"则保持不变。日本自古以来的度量衡法为"尺贯法"，一直使用到 1966 年左右。根据《大辞泉》关于日制单位与公制单位的记载内容整理如下（见表 2），可知，1 里约为 3926.7 米，即 3.93 公里左右。另外，如今的 1 华里默认为 500 米左右，但在中国唐代的度量衡制度中，"华里"又分"大里"和"小里"。1 大里 ≈531 米 ≈1.06 华里；1 小里≈ 442.5 米≈ 0.88 华里（胡戟，1980）。那么，若以当今的华里为标准计算，原文中的"二百里"约为 100 公里 ≈25.4 里；以大里为标准计算，则约为 106 公里 ≈27 里；以小里为标准计算，则约为 88.5 公里 ≈22.5 里。原文中的"百里"则分别为 12.7 里、13.5 里、11.3 里左右。可见，田村的译文接近唐制大里的标准，而前野的译文则约为唐制大里或当今华里标准的两倍。因此，可以推测二者在翻译时，均依据当时日本所使用的"尺贯法"进行了换算。田村的计算虽有一定误差，但已经十分接近原文；前野可能由于换算过程中的失误，如搞混公里与华里的单位等，导致所得结果为正确值的两倍。但无论如何，二者的译文并非随意得出，而是出于对原著的忠实，以及对读者接受难易度的考量，对归化性翻译进行的努力。

表 2　日制单位与公制单位换算表

类别	日制	公制
长度	1 丈 =10 尺 =100 寸 =1000 分 1 里 =36 町 =2160 间 =12960 尺	1 尺 ≈30.3 厘米 1 间 ≈1.8 米
面积	1 町 =10 段（反）=100 亩 =3000 坪（步）=30000 合 =300000 勺	1 坪 ≈3.3 平方米
容积	1 石 =10 斗 =100 升 =1000 合 =10000 勺	1 升 ≈1.8 升
重量	1 斤 =160 匁 1 贯 =1000 匁	1 贯 ≈3.75 千克

3.1.2.　概数标记词译为数词连用

在《白猿传》的 5 种译本中，均出现了将概数标记词译为数词连用的情况，共计 11 例。由表 3 可见，池田大伍占 4 例，分别为「二三十」「五六十」「五六斗」「五六寸」；前野直彬占 3 例，分别为「二、三寸」「二、三斗」「二、三寸」；田村初占 2 例，分别为「四五十」「四五寸」；冈本绮堂与吉川幸次郎各 1 例，分别为「五、六寸」「五六寸」。可以看出，虽然译者对数词连用中具体数目的选择各不相同，但每位译者亦有其偏好。如池田多用「五六」，前野多用「二三」，田村多用「四五」等。而以上数词连用中的数目，原文中均未有过暗示，说明这并非是译者根据故事内容做出的判断，而多是根据自身喜好进行的选择，在一定程度上体现出译者的主体性。

表 1 中有关标记词"数"的 5 例原文，均为"'数' + 数 + 名（量）"或"'数' + 名（量）"的形式。"数"直接用在名词量词前表示十以内的概数，但在东汉晚期至隋代，"数"表示的范围与如今稍有不同。在李善注《文选注》卷十一《鲁灵光殿赋》中，关于"周行数里，仰不见日"一句，李善引用张载注："或二或三为数，非正之辞也。《论语》孔子曰：'加我数年，可以学《易》'。"（转引自萧统，2002：347–354）这也可能是前野直彬将"数"译为「二三」的原因。总而言之，各译者在将概数标记词译为数词连用的形式时，体现出一定的主体性，但此类现象在各译本中的普遍性也是不争的事实。那么，除译者的主体性外，是何因素导致了这一普遍特征呢？这便是下文所集中探讨的问题。

表 3 《白猿传》各译本中概数词的翻译

	原文	国译汉文大成	中国童话集	迷楼记	中国怪奇小说集	唐宋传奇集（吉川）	唐代传奇集	物语唐代传奇	唐宋传奇集（今村）
1	数十	数十	二三十人	数十人	数十人	数十人	数十人	数十人	数十人
2	数十斤	数十斤	五六十斤	四五十斤	数十斤	何十斤	数十斤	数十斤	数十斤
3	数寸	数寸		四五寸	五、六寸	五六寸	二、三寸	数寸	数寸
4	数斗	数斗	五六斗	二斛	数斗	数斗	二、三斗	数斗	数斗
5	数寸	数寸	五六寸	数寸	幾寸	数寸	二、三寸	数寸	数寸

3.2. 数词单用的翻译

如上文所述，《白猿传》中的数词单用共 5 例，分别被译为概数标记词、数词单用、数词连用，以及省略。由表 4 可见，在 5 例数词单用中，只有 1 例被译为概数标记词，即田村初《迷楼记》将"百夫"译为「何百人」。此外，数词单用的省略只有"四遐"一词，不能代表数词单用日译的主要特征。因此，本文将主要针对数词单用译为数词单用、数词单用译为概数标记词这两种日译方法展开讨论。

表 4 《白猿传》中数词单用的日译方法统计

次序	数词单用	译为概数标记词的译本数	译为数词单用的译本数	译为数词连用的译本数	省略
1	四遐	0	6	0	2
2	百里	0	7	1	0
3	若堂者三四壁设床	0	5	3	0
4	百夫	1	7	0	0
5	千歳	0	8	0	0

3.2.1. 数词单用译为数词单用

与概数标记词的情况相仿，各译本在翻译数词单用时，虽大多保留了其形式，但亦有个别改动。比如前野直彬将"百里"换算为「三十里」，补充了"千岁"省略的"一"，译为「一千歳」等。此外，在翻译"四遐"时，盐谷温保持了其原貌，另有两位译者将其省略，四位译为「四方」，仅吉川幸次郎将其译为「八方」。这是因为"四""八"均属于数词单用中的全数，指"全部、所有、一切"，如"四面八方""四亭八当"等等。而日语中的「四方」「八方」「四方八方」亦有「あらゆる方面」之意，属于全数范畴，因此两种译法均合适。除上述几例外，其余译文均保持了对原文的忠实，便不再赘述。

3.2.2. 数词单用译为数词连用

在各译本将数词单用译为数词连用的 4 例中，除上文论述到的田村初将"百里"换算为「十五六里」外，其余 3 例均出自 "若堂者三四壁设床" 一句。盐谷温（1920：504）译为「三四壁」，池田大伍（1924：354）译为「五つ六つ」，冈本绮堂（1935：173）译为「三、四室」。

可见，上述译者所体现出的与其他译者的差异，均由断句位置不同导致。至于池田大伍为何将 "三四" 译为「五つ六つ」，则与上文所述的用词偏好有关，其译文中出现的 5 例数词连用中，有 4 例为「五六」。关于 "中宽辟若堂者三四壁设床悉施锦荐" 的断句，除上述鲁迅先生的例文外，汪辟疆（2019：19）先生亦为 "中宽辟若堂者三。四壁设床，悉施锦荐。" 王汝涛（1985）亦如此。在文体及用词方面，《白猿传》承袭了两晋六朝时期的骈文特征，四字格极多，辞藻颇为华丽，如 "扪萝引絙，而陟其上，则嘉树列植，间以名花，其下绿芜，丰软如毯。清迥岑寂，杳然殊境。"（鲁迅，1973：205）此外，从 "悉施锦荐" 的下一句 "其妻卧石榻上，重茵累席，珍食盈前"（鲁迅，1973：205）亦可看出，从二句的节奏及对仗方面考虑，从 "三" 处断句更为恰当。因此，鲁迅先生等人的断句方式较为准确。然而，盐谷温等学者的汉学功底甚为深厚，若加以留意，定能发现更为合适的断句位置。那么，他们将此句视为数词连用的惯性思维因何所致？这与各译本中常常出现数词连用的特征是否有关联？

总而言之，比较《白猿传》各译本中概数词的日译方法，可见将概数标记词及数词单用译为原文中本未出现的数词连用的情况较为普遍，且这一现象并非由故事内容、单位换算等因素导致。那么，除译者的主体性外，是什么导致了这一特征的产生呢？

4.《白猿传》概数词日译中数词连用的原因

4.1.《白猿传》中概数标记词的多用及数词连用的缺席

《白猿传》创作于盛唐初期，然而，数词连用表概数的形式在金文时期便有使用。在大盂鼎上有这样一段铭文："今我佳即型禀于文王正德，若文王令二三正。"（转引自郭攀，2004：89）其中，"二三正" 指周文王的几位执政大臣（刘桓，2005），也是概数的用法。因此，唐代时不可能没有数词连用的用法，那么，为何在《白猿传》中不见其身影呢？

从创作群体看，《白猿传》的创作目的或与时任要职的欧阳询及其子欧阳通相关，即出自朝中文人之手。从文体风格看，俗赋为最悠久的唐代俗文学作品，而早期唐代小说《游仙窟》恐也与俗赋有关（章培恒等，2007）。除俗赋外，史传对汉唐小说的文体及叙事方法等也有直接影响（何亮，2019）。而《白猿传》也正是偏重于历史叙事的纪传体，代表了唐传奇叙事的普遍模式（陈际斌，2013）。其骈散结合，兼具赋的文采以及史传的简洁，且大量运用四六字句，具有魏晋六朝时期喜作骈文以及追求藻饰的特点。无论如何，这些特征显示出《白猿传》很大可能亦是出自文人官僚之手，因此其亦非体现出明显的白话文趋向。此点亦在学界早有共识，吉川幸次郎先生认为："传奇是唐代文人的余兴之作。"（转引自鲁迅，1942：178）刘大杰（2015）先生也认为，王度的《古镜记》、无名氏的《白猿传》等初唐小说，文字亦较为华美，可见作者有很好的文采，绝非低级文人。

因此，基于上述背景，对于《白猿传》中未使用数词连用的原因，可做如下推论。第一，在文体方面，《白猿传》篇幅本身较为短小，又要兼具史传类散文的精炼以及骈文四六句的辞藻，使用概数标记词多可满足这些要求。正如"数人""十余里"之于"五六人""十三四里"，概数标记词更为简练，更易于满足骈文句式的要求。第二，在使用习惯方面，传奇小说中使用数词连用的现象较少。以上文所述的概数词分类方式为基础，以鲁迅先生所编《唐宋传奇集》的前两卷为例，将其中所收录的10篇小说中的数词连用统计为下表5。关于统计标准，标记词的"几许""若干"等虽然询问的内容是量度，但其本身不表示具体量度，而属于问数（郭攀，2004），后续不将其纳入统计范围。而数词连用中的第四类延伸出了许多成语，其表数值的含义逐渐淡化，但为保证数据完整性，后续仍暂且将其纳入统计范围。

由表5可见，10篇小说中仅5篇出现数词连用，相比之下，"数""余""许"等标记词则多用于每篇小说中。除《古镜记》外，其余4篇均为中唐作品，创作于古文运动前后，且使用频率有增多的趋势，在一定程度上反映出灵活的散文体对数词使用的影响。这一结果与初唐小说较少也不无关系，但在初唐《游仙窟》多达万字转引自的鸿篇中，亦仅有1处使用数词连用，原文为"行至二三里，回头看数人，犹在旧处立"（转引自汪辟疆，2019）。且此处用法体现为五言句式，则《白猿传》明显受到了《游仙窟》"多用骈文而杂以大量五言诗"（章培恒等，2007：101）特点的影响，由此亦可见文体对数词使用的影响。此外，据张延成的分类总结可知，东汉晚期至隋代结束，概数的主要形式中当属概数标记词最为普遍，其次为数词单用，数词连用则在三者中名列末位（张延成，2013）。可见，东汉晚期至隋代，数词连用表概数的用法远不及概数标记词普遍，唐初的《白猿传》则在很大程度上继承了这一特征，体现了前代概数词的使用习惯。

表 5　唐传奇中数词连用的使用情况一览表

篇名	创作年代	数词连用的使用频次	具体文本
古镜记	隋末唐初	2	一二尺、一尺三四寸
任氏传	750—800 年	1	二三子
柳毅传	约 766—820 年	2	六七里、又六七里
李章武传	804 年前后	3	八九年、二三年、五六步
霍小玉传	792—835 年	2	五六人、八九人

注：依据《唐宋传奇集》整理所得。

4.2.　数词连用的文体性质

4.2.1.　唐代白话文学中的数词连用

那么，如果说《白猿传》等唐代小说还是文人作品，且多用概数标记词，那么，这是否代表着概数标记词偏文语，而数词连用偏白话呢？说到唐代白话文学，则离不开敦煌变文。从汉到唐，文学分为韵文和散文两路，韵文为贵族与普通百姓共用，而散文则被贵族文人所霸占，这也使得韵文的白话化更早（胡适，2003）。变文是僧侣"讲唱"的，讲的部分用散文，唱的部分用韵文（郑振铎，2010）。因此，变文也具备了白话的条件。胡适

（2003）先生也认为，禅宗的大师讲学与说法都采用平常的白话，他们的"语录"遂成为白话散文的老祖宗。因此，可以用变文中的例子检验段首的猜想。

在具体篇目的选择方面，本文选用梅维恒（2011：19–29）先生划分变文的"最狭义定义"（标题中有"变"或"变文"）中的篇目，此类变文最具变文特征。然而，随着敦煌学的发展，有关敦煌文献的分类也愈加细化。柴剑虹先生说："凡此类以说唱故事为主要形式特征的文学作品，不妨以变文作为总称；而对《敦煌变文集》中所收的明显的纯散说类故事（如《韩擒虎话本》《唐太宗入冥记》等），则应与变文划清界限，进入白话小说之列，这样更有利于区别、研究。"（转引自王昊，2003：11）因此，在梅维恒先生的基础上，本文再加入更具口语体特征的《韩擒虎话本》《唐太宗入冥记》，共9篇。由表6可知，9篇中有6篇使用数词连用，且在几千甚至上万字的篇幅内仅零星出现2至5次，而概数标记词则多用于每篇中，此特征同书面语化的唐传奇较为一致。此外，由张延成的总结可知，东汉晚期至隋，"一二""二三"成为一般的概数词；"一两""两三"被更多地使用并具有口语色彩；隔数连用的"五三""三五"较为盛行，且其产生有书面语承袭的背景；自然数序列中两个连续数字表概数而大数在前的只有"三二"（张延成，2013：204）。结合表5、表6可知，除"一两""两三"等用法未出现外，统计数据中囊括了总结中提及的所有用法，显示出唐代对前代数词用法的承袭，也进一步证明了数词连用的书面语性质。由此可见，唐代小说及变文中的数词连用也并不是特别口语化的表达，《白猿传》中未使用数词连用但多用概数标记词，是由于文体所限以及使用习惯所致。

表6　变文中数词连用的使用情况一览表

篇名	全文字数	数词连用的使用频次	具体文本
大目乾连冥间救母变文	约12000字	5	三五下、八九个、五五三三、三五日、百千万倍
降魔变文	约13000字	1	言语二三无准的
汉将王陵变	约5000字	2	八九年、八九年
王昭君变文	约3000字	0	无
李陵变文	约5000字	2	三五十（千）人、三二百里
张义潮变文	约2000字	0	无
张淮深变文	约2000字	1	□□非一二
韩擒虎话本	约8000字	0	无
唐太宗入冥记	约3500字	2	三五日、三年五年

注：依据《敦煌变文集》整理所得。

4.2.2.　唐代以后白话文学中的数词连用

那么，是否可以说数词连用与口语体毫无关系呢？时至宋代，产生了真正具有国民文学意味的小说，即使用俗语体的诨词小说（盐谷温，2015）。其中，最具代表性的是成书于南宋的《宣和遗事》，又称《大宋宣和遗事》，其文体虽不是纯俗语，但也在文言叙述中插入了具有说话技艺风格的白话叙述，在一定程度上体现出口语体特征。此书由元集、亨集、利集、贞集四章构成，各章使用数词连用的次数分别为4次、3次、18次、8次。其中，利集篇幅最长，且数词连用的使用次数最多，能够反映出在数词连用使用较多的情况下，其在宋代的概数词使用中所占的比率，从而推出数词连用在这一时期的使用频率的极大值，并尽可能降低偶然性，有助于接下来的比较。因此，本文以利集为例，将其中的三大类概数词的使用情况统计如表 7 所示，可见概数标记词仍占据主流，但数词连用的使用频率也有较大提升，从寥寥几次，到占比近两成。

元末明初之际，则当属《水浒传》，其用词虽不如《三国演义》通俗，但有专家考证它传入日本甚早。荻生徂徕曾在致中野抵谦的书信中说道："应将《水浒传》作为学习汉语的教材之一。"（转引自李树果，1998：200–201）《水浒传》也与《今古奇观》等小说一同被选入唐通事学习中国民间白话文学的教材（安藤彦太郎，1988：68），足可瞥见其影响力之大。现以《水浒传》前两回为例，将其概数词的使用情况统计为表 7，可知其概数标记词仍以"数""余"为主，沿袭了宋代的特征，同时出现了"几""没""不到"等前代不常见的用法，显示出元末明初的口语风格。数词单用变化不大，而数词连用则呈现出增长趋势，在第二回中占比高达 38%，跃居三类数词之首。

此外，《今古奇观》则是明代话本小说之集大成，在一定程度上反映出明代的白话特征。程毅中（2022）先生在《明代小说的盗版与伪托》讲座中说道："《今古奇观》选的比较好，它不选宋元话本，大部分都是明代文人的拟话本著作。以前《今古奇观》最流行，明末清初的选本都不能超过《今古奇观》。"如前文所述，《今古奇观》在江户时期的日本被选入唐通事学习中国民间白话文学的教材，足以显示出其影响力。《今古奇观》收录小说 40 篇，每篇均有数词连用的现象，依据故事内容及篇幅长短，使用频次有 1 次至 29 次不等。依据前文的选择标准，本文选取数词连用使用次数最多的第七章"卖油郎独占花魁"（29 次）和第十五章"卢太学诗酒傲王侯"（23 次）为例，将其中的 3 大类概数词的使用情况统计如表 7。统计可知概数标记词中"几"的使用明显增多，远超"数""余"，显示出元末明初概数标记词用法的进一步发展；数词单用的使用频次则明显减少，且常出现在文中插入的诗词中；数词连用的使用频次缓中有升，超过数词单用跃居第二，整体显示出口语化的趋向。

本文选取清代白话小说《红楼梦》前两回，将其数词的使用情况统计如下。可知"几"承袭了前代的趋势，成为概数标记词的主流；数词单用的占比继续减少，持续居于末位；数词连用的使用频次虽仍不及标记词，但较明代保持在相对稳定的状态，且略有提升。

总体而言，数词连用在白话小说中的使用频次虽不及概数标记词，但随着时代的推进，逐步超过了数词单用，且总体占比在波动中稳步增长，至少在明代以后保持在一个相对稳定的范围内。可见数词连用在白话小说中的运用具备一定的稳定性，且相比于多用于诗词中的数词单用，数词连用与标记词多出现在小说的叙述与对话中，无论是在宋代的说话文学，还是在明清笔记小说、章回小说中均占有较大比重，远高于唐传奇等文人小说中数词连用的使用频次。此外，随着白话文学的发展，数词连用中"两"的使用也有所增加，顺应了口语中数词连用的使用习惯。因此，数词连用虽出自书面语，但在宋代以前的文学作品中，一般情况下也不如概数标记词和数词单用常用，但这并不能否定数词连用所具备的口语体特征，其更为灵活的表现形式以及更加精确的数量范围，最终使其成为白话小说中第二大概数词用法。

表 7　各作品中概数词的使用情况一览表

作品	章节	概数标记词 / 次	数词单用 / 次	数词连用 / 次	数词连用占比 / %
宣和遗事	利集	49	29	18	19
水浒传	第一回	15	27	14	25
	第二回	28	22	31	38
今古奇观	第七章	62	23	29	25
	第十五章	46	20	23	26
红楼梦	第一回	13	3	7	30
	第二回	11	5	6	27

注：依据《宣和遗事》《水浒传》《今古奇观》《红楼梦》整理所得。

4.3.　日本文学中的数词连用

4.3.1.　古代日本物语文学中的数词连用

在日本的小说类文学作品中，概数词的使用情况又如何呢？日本文学史一般将假名物语（包含有虚构性故事情节的故事文本）作为日本古代小说的最初形式，其形成于十世纪中期，文体接近于唐代的变文类说唱文学作品，但绝大部分亦出自文人之手，即类似于唐传奇。也就是说，物语的产生，在一定意义上便是把古汉文传奇假名化的成果（严绍璗，2020）。因此，本文试从物语文学入手，总结其中概数词的使用情况。

关于文本的选择，日本高中国语教科书相当于中国的语文课本，其中所收录的日本经典文学篇目具备一定的知名度与代表性。因此，本文试从日本高中国语教科书入手，从中筛选出代表性作品进行研究。日本现行的高中国语教科书出版社有 10 家，审定的国语教科书有 6 种（文部科学省，2022），根据出版社的不同，在『国語総合・古典編』、『古典Ａ』、『古典Ｂ』中均收录有古典物语文学作品。此处以作者收集到的 5 部教科书为例，即三省堂『高等学校国語総合・古典編』，桐原书店『新探求国語総合・古典編』，大修馆书店『国語総合・古典編』，筑摩书房『古典Ｂ・漢文編』，教育出版『精選国語総合・古典編』，总结其中重复出现的经典物语文学作品，探讨其概数词的使用特征。这 5 部教科书中，收录最为频繁的作品及其章节有：平安初期《竹取物语》的「なよ竹のかぐや姫」（大修馆书店、桐原书店）、「かぐや姫の昇天」（筑摩书房、教育出版），平安初期《伊势物语》的「芥川」「東下り」「筒井筒」（三省堂、教育出版、大修馆书店、桐原书店），镰仓中期军记物语《平家物语》的「祇園精社」「木曽の最期」（三省堂、教育出版、大修馆书店、桐原书店）。

现将以上篇目中的概数词用法总结如表 8 所示，可见在日本古代至中世物语文学中，概数词的用法同中国相似，也大致分为三类，即「ばかり」「余」等概数标记词、「千騎」等数词单用以及「一人二人」「二三百騎」等数词连用。在古代日本，其概数词的使用虽不如同时期的唐传奇频繁，但呈现出相同的特征，即数词连用只是零星出现，使用较少。中世时，虽一些篇目中的数词连用有所增加，但也和叙述内容有较大关系，相比于同时期的宋代，其用法并不丰富。此外，以上作品多为文人所作，文体虽较为平实，但也在一定程度上显示了数词连用的文语体性质，其呈现的特征也显示出与汉文学的联系，证明了数词连用在日本早有使用，并不断沿袭发展。

表 8　日本国语教科书篇目中数词连用的使用情况一览

作品	章节	数词连用	其他概数词	数词连用占比 / %
竹取物语	なよ竹のかぐや姫	なし	三寸ばかり、三月ばかり	0
	かぐや姫の昇天	なし	百人ばかり	0
伊势物语	芥川	なし	なし	0
	東下り	一人二人	二十ばかり	50
	筒井筒	なし	年ごろ、たびたび	0
平家物语	祇園精社	なし	なし	0
	木曽の最期	四五百騎、二三百騎、百四五十騎、矢七つ八つ	三百余騎、六千余騎、五十騎ばかり、二千余騎、百騎ばかり、三十騎ばかり、千騎、五十騎ばかり、五十騎ばかり、八相ばかり	29

注：依据日本高中国语教科书整理所得。

4.3.2. 近世日本町人文学中的数词连用

到了近世日本的江户时期，随着封建社会的瓦解以及商品经济的发展，町人阶级得以兴起，町人文化也逐渐成熟（家永三郎，1992）。与此同时，文学也逐渐摆脱了贵族、僧侣的垄断，渗透于民间，文体更为通俗的町人文学兴起。其中，江户前中期，以假名草子和浮世草子为代表，浮世草子更是在井原西鹤（1642—1693）时达到顶峰，奠定了后来人情小说的基础，其代表作便是《好色一代男》（1682）。在浮世草子因政策的打压而衰落后，18 世纪下半叶出现了新的文学样式"读本"，并很快取代了浮世草子的位置（冯雅，2017）。此类"读本"是江户时代文学诸形态发展中最完备的小说形态——它已经开始具备了"前近代"型小说的基本的特征（严绍璗等，2016：292）。其中，最具代表性的便是曲亭马琴模仿《水浒传》创作的长篇历史读本《南总里见八犬传》（1814—1842）（以下略称为《八犬传》）。因此，本文试以上述作品的前两回为例，梳理江户时期的通俗文学中概数词的使用情况，并统计如表 9 所示。

可见江户时期通俗文学中概数词的使用虽不比同期的中国丰富，但相比前代更加多样化，且使用更加频繁，多用于各个章节中。其中，数词连用的占比虽波动不大，但稳中有升，且总体占比较高。《八犬传》的所选篇幅短于《好色一代男》，但数词连用的使用频率反而更高，在一定程度上显示出随着时间推移，读本中更趋向于使用数词连用，且在《八犬传》中还出现了"两三人"等多用于中国白话文学中的口语体表达。在《八犬传》的概数标记词中，"数""余（あまり）"的使用频率也有增加的趋势，在一定程度上显示出《水浒传》的语言风格，可见江户时期的读本等通俗小说的文体及用语与中国白话小说的输入密不可分。

此外，从文学发展来看，读本不过是一种模仿，但作者在再创作的过程中，十分注意吸收本国的文学因素，使之与町人传统的历史感与文化观相吻合（冯雅，2017）。由此可见，江户中后期通俗文学的创作及其文体的形成，与其对中国白话小说的翻译与模仿有着千丝万缕的关系。因此，有必要直接从日本的翻译及翻案作品入手，对比考查其对中国白话小说文体的吸纳。

表 9　江户时期各作品中概数词的使用情况一览表

作品	章节	概数标记词	数词单用	数词连用	数词连用占比/%
好色一代男	卷一	数なく、日数程、程なく、宵の程	八丈、万に付て、百の餅船	二三日、五日六日、二三度	30
	小计	4	3	3	
	卷二	九寸にたらず、四度ばかり、四寸あまり、幾間、日数程、水無月の程	よろづに付て、万、八百、万、七面の明神、万	一人ふたり、四五度、五日七日、十五六なる少人、四五度	29
	小计	6	6	5	
南总里见八犬传	第一回	廿に満ざれ、十騎に足らぬ、十町あまり、二十騎あまり、長径尺	百里、四丈、七尺、百獣、百宦	十四五騎、二騎三騎、千変万化、年十四五、三停九似	33
	小计	5	5	5	
	第二回	十余世、いく程、数十人、数度、十町あまり、多少、数町、十余人、数十人、数代、数十人	万歳	八九人、八九人、一二を定め、七八人、両三人、年十八九	33
	小计	11	1	6	

注：依据《好色一代男》《南总里见八犬传》整理所得。

4.3.3. 翻译及翻案文学中的数词连用

（1）翻译文学中的数词连用

江户前中期，为了在小说中寻求空想的世界，在离奇的现象中满足好奇心的欲望，来自中国的白话小说便提供了现成的材料。前文提及的冈岛冠山教授、翻译和出版了中国的白话小说，除此之外，当时阅读中国小说的人也不在少数（加藤周一，1992）。吉川幸次郎在其著作《日本人的心情》中称："江户时期，大家阅读中国书籍的热情如潮水般汹涌，中国书籍也由此被引入、翻刻。有关中国的学问也因此居于当时的学问之首，广泛渗透到武士、町人阶级的文化之中。"（转引自安藤彦太郎，1988：65–66）由上述背景足可见中国白话文学在当时的影响。

较早的一批中国白话小说译本，即为标注训点的和刻本。后来，为了使译本更加通俗化，便使用汉文训读，将原文用「書き下し文」译出，并糅以日文文体「和文調」，形成汉文训读文体，即训读本。以《水浒传》为例，从最早的冈岛冠山的《忠义水浒传》（1728）《通俗忠义水浒传》（1757），到平冈龙城的《标注训译水浒传》（1914），以及幸田露半的《国译忠义水浒传全书》（1923），均为训读本，由此可见训读本长久的影响力。而训读本对原文的忠实度较高，极大保留了原文的文体及用词。因此，本文以湖南文山（天龙寺

僧人义辙、月堂的笔名）的《通俗三国志》（1689—1692）与冈岛冠山的《忠义水浒传》
（1728）等较早的翻译作品为例，对比其概数词的翻译。其中，由于《通俗三国志》是以
《李卓吾先生批评三国志》为底本所作（小川環樹，1968），因此，原文选择《李卓吾先生
批评三国志》进行比较。此外，《忠义水浒传》将一百回本《水浒传》拆为二百回，因此
原文选择一百回本《水浒传》进行比较。

　　以上述作品的第一回为例，将其中概数词的原文及译文对比如表 10 所示。可以发现，
《通俗三国志》的译文几乎一一对应，且极大保留了原文的数词用法，仅有个别翻译补充
了省略的部分，或改换了量词，如"万余人"译为「一万余人」，"五百余人"译为「五百
余骑」等。然而，值得注意的是，译文将"数人"译为「四五人」，即将概述标记词译为
数词连用，与《白猿传》众译本中出现的现象如出一辙，可见早在江户前期的翻译活动中
便出现了这一现象。在《忠义水浒传》中，冈岛冠山则做出了较大调整。如将"数人"译
为「供人許多」，将"数个山头"译为「一二の山」，省略了"数口气"等，尽可能避免使
用较为文语化的标记词"数"。此外，冈岛冠山还省略了"三二里多路"，将"三五十步"
译为「四五十步」「二三十步」等，将大数接小数、隔数连用等数词连用形式，调整为日
语中更常使用的邻数顺序连用。不仅如此，他还在译文中删去了穿插于原文间的诗词及散
文。可以看出，冈岛冠山贯彻了"通俗"的原则，将译文受众面向广大群众，并在之后译
成《通俗忠义水浒传》，用词亦通俗易懂。因此，冈岛在译文中使用的数词连用甚至超过
原著，这一现象本身亦能反映出数词连用在当时日本广大民众中接受度较高的特征，可见
数词连用的通俗化、口语化性质。

表 10　江户时期翻译作品中概数词的使用情况一览表

作品	概数标记词	数词单用	数词连用
三国志	二十余丈、数千余间、十余丈、五百余人、万余人、五丈余、数人、三百有余、十数人、五百余人	四方、三十六方、四方、八尺、五万	六七千、四五十万、五六年
通俗三国志	二十余丈、数千軒、十余丈、五百余人、一万余人、五丈あまり、四五人、三百余人、数十人、五百余骑	四方、三十六の方、四方、八尺、五万余骑	六七千人、四五十万、五六年
水浒传	数十人、不止一日、数个山头、数口气、半山里	百官、万民、百官、三千六百分、三千六百分、万民、三千六百分、四方、无	三二里多路、不到三五十步、三五十步、无
忠义水浒传	供人許多、旬日を経ず、一二の山、略、一二の山	百官、軍民、百官、三千六百分、三千六百分、万民、三千六百分、四方、四海	略、四五十步計、二三十步計、二三十步

注：依据《通俗三国志》《忠义水浒传》等整理所得。

（2）翻案文学中的数词连用

　　同时期以及之后的翻案作品体现出更多的原创性质，其用词相较翻译作品也更为灵

活，更能体现出日文中概数词使用的演化，以及其与中国文学作品中概数词用法的关系。因此，本文此处以与《白猿传》关系其密的明瞿佑《剪灯新话》（1378）卷三《申阳洞记》的翻案《栗栖野隐里》（「栗栖野隐里の事」）（假名草子，后略称为《隐里》），以及宋元话本《陈巡检梅岭失妻记》的翻案《白菊挂猿于岸射怪骨》（「白菊の方猿掛の岸に怪骨を射る话」）（话本小说，后略称为《白菊》）为例，统计其概数词使用情况如表 11 所示。

由于《隐里》的翻案时间较早，原创部分较少，因而较多保留了原著的用词。然而，即便是较为忠实的翻案，依旧使用了原著中未出现的数词连用「十四五計りの鼠」。这一特征在更加通俗的读本翻案小说《白菊》中更为显著，都贺庭钟使用了更多口语化的概述标记词，减少了较为书面语化的数词单用的使用，同时也使用了更多的数词连用。这不仅体现出数词连用较为通俗的性质，亦呈现出与中国白话小说同样的特征——数词单用的减少及数词连用的增加。这既是中日文学通俗化过程中的共同趋势，同时也不能忽视上述中国白话文学对日本近世翻译、翻案作品文体及用词的影响，以及这些翻译、翻案作品对后世翻译、原创作品的文体及用词的影响。

表 11　江户时期翻译作品中概数词的使用情况一览表

作品	概数标记词		数词单用		数词连用	
申阳洞记	十余辈、将及五里		四境、百步、三十六头、五百岁、八百岁			
	小计	2	小计	5	小计	0
栗栖野隐里	二十人計り、数十人、六十日計り、十余人		四辺、四辺、三十六匹、五百歳、八百歳		十四五計りの鼠	
	小计	4	小计	5	小计	1
陈巡检梅岭失妻记	不数日、旬日之间、不五里、八十余岁、斗无十合、十余日		千层、万叠、千日、千里、三年、千千丈、千方、千日、千日、一千人马、一千人马、五百小喽啰、万里、千年、千般、万古、千日、千年、百年		一官半职、五七百小喽啰	
	小计	6	小计	19	小计	2
白菊挂猿于岸射怪骨	数十年、八十余歳、一丈ばかり、幾度、三月計り、三月にあまれり、幾らの峯、数の言、余人、数多、一丈あまり		千年、百里四方、一人當千、千鈞、百年、千年、万事、万心、四海、二千年		三日六日、両三人、四五十年、七八尺	
	小计	11	小计	10	小计	4

注：依据《剪灯新话》《清平山堂话本》《怪异小说集》《雅文小说集》等整理所得。

4.4.　明治时期文学的翻译及创作

4.4.1.　明治时期的翻译文体

如上文所述，江户时期的翻译、翻案作品，在一定程度上继承了中国白话小说的文体及用词，并根据本国语言特征加以调整，显示出数词连用的通俗性以及使用的普遍性。不仅如此，当时的一些人在"译社"中学习了唐话后，便将中国的白话小说译介到日本，并对广受欢迎的讲谈、笑话等施以极大影响。这些出自儒学者之手的小说更影响了当时的日语文体，这种适当穿插白话表达的文体，从江户的剧作者直至明治的文学家等均有使用（安藤彦太郎，1988）。由此可见中国白话小说的翻译、翻案对明治文学的影响。

从明治时期的翻译文学中便可看到这种影响。例如，根据英国小说家利顿（Edward Bulwer Lytton）（1803—1873）的作品《欧内斯特·马尔特拉弗斯》（*Ernest Maltravers*）翻译的小说《花柳春话：欧洲奇事》（丹羽纯一郎译，1878：1）于明治 11 年出版，其开篇如下所示：

第一章　猟夫モ亦能ク憐ム窮鳥ヲ　世人休メ疑ヲ李下ノ冠

爰ニ説キ起ス話柄ハ市井ヲ距ル 凡ソ四里許ニシテ一ツノ荒原アリ　緑草繁茂、怪石突兀、満眼荒涼トシテ四顧人聲ナク恰モ砂漠ノ中ヲ行クカ如ク唯悲風ノ颼々トシ草蕪ニ戦クヲ聞クノミ寂寞ノ惨景云フヘカラス

显然，上述译文亦采用了江户时期翻译中国白话小说时所用的汉文训读体，甚至拟定了章节名称，体现出章回体小说的特征。对此，亦有学者称："说到这种翻译小说文体的根源，便必须上溯至近世的翻译小说。将中国小说的译文套用到西方小说的翻译当中，便形成了明治时期翻译小说的文体。"（阪仓笃义等，1960：42–44）此后，除汉文训读体外，虽然也出现了马琴调的和汉混淆体（馬琴調の和漢混淆体）（1879），以及周密文体（1885）等，然而，"这些文体到底还是在汉文训读体的基础上，揉入一些和文体而形成的"（阪仓笃义等，1960：50）而这一特征，亦是江户时期翻译文学的文体特征，可见江户时期中国白话小说，及其翻译、翻案文学影响的持续性。此外，这种以汉文训读体为基调的文章，不仅出现在翻译小说中，还广为 1877—1887 颇为盛行的政治小说（为传播自由民权思想，或宣传自由党等党派的政治思想所作的小说）所用（阪仓笃义等，1960）。由此可见，中国白话小说及其翻译、翻案文学亦影响了后世翻译文学外的文学创作，显示出其影响的广泛性。

4.4.2. 言文一致体小说中的数词连用

然而，和文体、汉文训读体、雅俗混淆体、候文体等在日本中世前后形成的书面语文体，均与当时的口语表达颇为不同（阪仓笃义等，1960）。因此，虽然从江户时期开始，町人文学已为文学通俗化做出巨大努力，但亦不能完全证明其文体的口语化。也就是说，概数词中的数词连用虽具备一定的通俗性和普及性，也在一定程度上继承了中国白话文学中数词连用的口语化特征，但亦不能完全证明数词连用在日语中的口语化。因此，亦须归纳真正意义上的口语化日语中的概数词用法。

在明治初期的改良风潮以及实用主义（実利主義）的影响下，出现了一系列的文章平易化运动，如前岛密《汉字废止之仪》（「漢字御廃止の儀」）的提出（1865）、国语国字的改良运动等，最终在日本掀起了"言文一致"，即「話すように書く」这一文学改良运动。例如，山田美妙《嘲戒小说天狗》（『嘲戒小説天狗』）（1886），以及被称为日本现代

小说之始的二叶亭四迷《浮云》(『浮雲』)(1887—1890)等，便是"言文一致"的早期尝试。然而，这些小说也只是在旧文体中插入「デス」，看似符合"言文一致"，实则多继承了旧文体的特征。在之后的明治中后期（1890—1912），具备自然主义倾向的文学作品陆续出现后，小说才普遍开始使用言文一致体（阪仓笃义等，1960）。比如岛崎藤村的《破戒》(1906)、田山花袋的《蒲团》(1907)。此处依据篇幅长短，以《浮云》第一回，以及《蒲团》前两节为例，对比"言文一致"运动不同时期的小说中概数词的使用情况。

如表 12 所示，在两篇作品中，有汉文特征及书面语特征的数词单用已然消失殆尽，转而代之的是数词连用一家独大，或是概述标记词与数词连用平分秋色。《浮云》第一回中的数词连用占比高达 78%，概数标记词也避免使用"数"等较为书面语的表达，体现出口语化特征。然而，如上文所述，《浮云》中依旧继承了许多旧文体的特征。如果说其数词连用的多用有书面语承袭的嫌疑，不能完全说明数词连用的口语化性质，那么在"言文一致"的后期作品《蒲团》中，数词连用占比虽有降低，但亦高于江户时期，达到了44%，这亦能显示出数词连用在白话文体中的普遍性。因此，在现代日语形成的过程中，数词连用虽源于书面语，但亦在白话文中确立其地位，呈现出口语化性质。

表 12　言文一致体小说中概数词的使用情况一览表

作品	章节	概数标记词	数词单用	数词连用	数词连用占比 / %
浮云	第一回	三時頃、四十有余名		年齢二十三四、二つ三つ、二三人、二三町、二足三足、年頃十八九、二本三本	78
	小计	2	0	7	
蒲团	一	数多		二三日、二三日来	44
	二	数尺に余る、十数里、一月ほど、一月ならず		三十四五、四五年来	
	小计	5	0	4	

注：依据《浮云》《蒲团》整理所得。

4.4.3.　言文一致体对《白猿传》翻译的影响

在后续的几十年间，言文一致体开始从小说渗透到新闻、信件等各种类型的文章中，逐渐成为使用最为广泛的文体。当时的小学课本，以及明治 37 年（1904）后国家修订的语文读本，也选录了更多的口语体文章。昭和 22 年（1947）10 月，日本成立了公文改善协会，颁布了《公文写作要领》(「公用文作成の要領」)，言文一致运动终于取得了较为全面的成果（阪仓笃义等，1960）。据水野叶舟的论述可知，在大正末期左右（1925 年前后），"言文一致"一词便几乎不再使用，被"口语体"一词所替代（水野葉舟，1944：31）。此外，藤堂明保亦称："在明治 37 年的国家修订的教科书中，口语体已经成为其核心，文语体逐渐在社会中消失。大正 10 年（1921）左右，除特殊场合外，口语体文章已经能够运用于几乎所有场合。"（藤堂明保，1969：341）由此可以推知，言文一致体在 1887 年左右实践于小说，在 1904 年运用于国家修订的教科书，在 1925 年左右已然成为大家的共识，在 1947 年时成为政府公文的书写文体，确立了其统治地位。因此，《白猿传》的各译本均出版于言文一致运动后期，对于起步较早的文学界而言，这一时期文学作品中言文一致体的运用已经较为成熟。比如，早在明治 41 年（1908）的时候，《文艺俱乐部》和《新小说》上"言文一致体"的小说已经达到了 100%（齐一民，2013）。

在言文一致体创作热潮的影响下，翻译文学亦多使用口语体。在《白猿传》日译本中，除《国译汉文大成》使用汉文训读体外，其余均为口语体，如《中国童话集》使用「です調」，之后各译本均为「だ調」与「である調」相结合。这在历时上亦符合口语体的发展特征，即山田美妙的「です調」，二叶亭四迷的「だ調」，尾崎红叶的「である調」（藤堂明保，1969）。因此，《白猿传》译文自然也继承了言文一致的文体及用词特征，整体显示出数词连用使用较多的特点。

5. 结　语

本文以唐初传奇《补江总白猿传》及其日译本为研究文本，比较了各译本中概数词的日译方法，继而以历时性视角追溯了日译本中多用数词连用的原因。研究发现早在古代日本的文学作品中便有使用的数词连用，古代的日本文学作品继承了古汉语中数词连用的书面语承袭的特征，但江户时期对中国白话文学的翻译、翻案过程亦承袭了中古、近世汉语中数词连用逐渐显现出的口语化性质。而江户时期的翻译、翻案文学亦影响了明治时期的翻译文体以及言文一致体文学的创作，使得数词连用成为当时文学作品中概数词的主要表现形式。随着言文一致体的普及，翻译文体亦使用口语体，继承了言文一致的文体特征，显示出多用数词连用的特点，而这也正是《白猿传》各译本的整体特点。然而，所选日译本中最新出版的两种并未使用数词连用，在一定程度上也印证了当代日语中数词连用减少的趋势。由此可见，语言在使用中不断变化发展，概数词用法的变化所体现出的时代特征，亦显示出日语的演化和变迁。为此，在向外译介中国古典文学时，不仅要考虑原著信息的完整性等要素，亦要结合目标语的时代特征及文体特征，争取更好的译介效果。

然而，若从杰维尔·佛朗哥·艾克西拉（Javier Franco Aixela）提出的超文本因素、文本间因素、文本内因素、跨文化因素的性质（中日两国数词的特征）等翻译方法的影响因素出发，考虑《白猿传》日译中多用数词连用的原因，那么本文仅完成了对超文本因素、文本内因素、中日两国数词的特征的分析，文本间因素是否影响了《白猿传》中概数词的日译，仍待后续发掘。

参考文献

[1] 陈际斌. 唐传奇与唐代文风 [D]. 武汉：武汉大学，2013.

[2] 陈晓东. 从功能对等理论来分析杨宪益、戴乃迭夫妇《补江总白猿传》翻译的语言特色 [J]. 黑河学刊，2013（4）：56–57.

[3] 程毅中. 明代小说的盗版与伪托 [EB/OL]. （2022–08–08）[2022–11–29]. https://mp.weixin.qq.com/s?__biz=MzI1MzAxNDQ5Mg==&mid=2658805957&idx=1&sn=d254a32c

b9f77439de990af51ffd9a73&chksm=f2547076c523f960fb7fed5aacae1376522b1910c9aa10
a88f7c5409a9195dcfeff284413b07&scene=27.

[4] 冯雅 .《水浒传》在日本的传播研究 [D]. 长春：东北师范大学，2017.

[5] 高本汉 . 中国音韵学研究 [M]. 赵元任，李方桂，译 . 北京：商务印书馆，1940.

[6] 郭攀 . 汉语涉数问题研究 [M]. 北京：中华书局，2004.

[7] 何亮 . 汉唐小说文体研究 [M]. 北京：中华书局，2019.

[8] 胡戟 . 唐代度量衡与亩里制度 [J]. 西北大学学报（哲学社会科学版），1980（4）：36–43.

[9] 胡适 . 胡适全集：第 11 卷：白话文学史 [M]. 合肥：安徽教育出版社，2003.

[10] 家永三郎 . 日本文化史 [M]. 刘绩生，译 . 北京：商务印书馆，1992.

[11] 李剑国 . 唐五代志怪传奇叙录：增订本 [M]. 北京：中华书局，2017.

[12] 李琼，孟庆荣 . 日语概数词「二三」的使用频率及汉译倾向分析：基于《中日对译语
料库》[J]. 长治学院学报，2009，26（6）：60–63.

[13] 李树果 . 日本读本小说与明清小说 [M]. 天津：天津人民出版社，1998.

[14] 刘大杰 . 中国文学发展史：全 2 卷 [M]. 北京：商务印书馆，2015.

[15] 刘桓 . 大盂鼎铭文释读及其他 [J]. 北方论丛，2005（4）：1–3.

[16] 刘苹 . 数词分类研究述论 [J]. 重庆邮电大学学报（社会科学版），2013，25（2）：122–127.

[17] 吕叔湘 . 中国文法要略 [M]. 北京：商务印书馆，2014.

[18] 鲁迅 . 鲁迅全集：第 10 卷 [M]. 北京：人民文学出版社，1973.

[19] 梅维恒 . 唐代变文 [M]. 杨继东，陈引驰，译 . 上海：中西书局，2011.

[20] 齐一民 . 日本近代言文一致问题初探 [D]. 北京：北京大学，2013.

[21] 田有成，曾鹿平 . 近代汉语数词表示法 [J]. 延安大学学报（社会科学版），2000（3）：
99–101.

[22] 汪辟疆 . 唐人小说 [M]. 北京：人民文学出版社，2019.

[23] 王昊 . 敦煌小说研究 [D]. 北京：中国社会科学院研究生院，2003.

[24] 王力 . 汉语史稿 [M]. 北京：中华书局，2013.

[25] 王汝涛 . 唐代志怪小说选译 [M]. 济南：齐鲁书社，1985.

[26] 王云路 . 百年中古汉语词汇研究述略 [J]. 浙江大学学报（人文社会科学版），2001（4）：
52–57.

[27] 萧统 . 文选 [M]. 李善，注 . 长沙：岳麓书社，2002.

[28] 严绍璗 . 日本古代文学发生学研究 [M]. 北京：北京大学出版社，2020.

[29] 严绍璗，刘渤 . 中国与东北亚文化交流志 [M]. 北京：北京大学出版社，2016.

[30] 盐谷温 . 中国文学概论讲话：下 [M]. 孙俍工，译 . 太原：山西人民出版社，2015.

[31] 张延成 . 中古汉语称数法研究 [M]. 武汉：武汉大学出版社，2013.

[32] 章培恒，骆玉明 . 中国文学史新著：中卷 [M]. 上海：复旦大学出版社，2007.

[33] 郑振铎 . 中国俗文学史 [M]. 北京：商务印书馆，2010.

[34] ロウド・リトン . 花柳春話：欧洲奇事 [M]. 丹羽純一郎，訳 . 東京：坂上半七，1878.

[35] 藤堂明保，相原茂 . 新訂中国語概論 [M]. 東京：大修館書店，1985.

[36] 安藤彦太郎 . 中国語と近代日本 [M]. 東京：岩波書店，1988.

[37] 阪倉篤義，寿岳章子，樺島忠夫 . 現代のことば [M]. 京都：三一書房，1960.

[38] 池田大伍 . 中国童話集 [M]. 東京：富山房，1924.

[39] 岡本綺堂 . 中国怪奇小説集 [M]. 東京：サイレン社，1935.

[40] 魯迅 . 唐宋伝奇集 [M]. 吉川幸次郎，訳 . 東京：弘文堂，1942.

[41] 前野直彬 . 唐代伝奇集 [M]. 東京：平凡社，1963.

[42] 水野葉舟 . 明治文学の潮流 [M]. 東京：紀元社，1944.

[43] 藤堂明保 . 漢語と日本語 [M]. 東京：秀英出版，1969.

[44] 田村初 . 迷楼記 [M]. 東京：中国文献刊行会，1925.

[45] 文部科学省 . 教科書目録（令和 2 年 4 月）[EB/OL]. [2022–11–30]. https://www.mext. go.jp/a_menu/shotou/kyoukasho/mext_00001.html.

[46] 小川環樹 . 中国小説史の研究 [M]. 東京：岩波書店，1968.

[47] 塩谷温 . 国訳漢文大成：第 12 巻 [M]. 東京：国民文庫刊行会，1920.

A Study on the Japanese Translation of Approximate Numbers in Chinese Classical Novels
—A Case Study of *The Supplement to Jiang Zong's Tale of the White Ape*

Abstract: *The Supplement to Jiang Zong's Tale of the White Ape* (also known as *The Tale of the White Ape*) is a representative work of Tang legends. One of its textual characteristics is the frequent use of approximate numbers. In the practice of translating Chinese literary works into foreign languages, the seemingly insignificant task of translating approximate numbers often presents a challenge for translators. However, research on the Japanese translations of *The Tale of the White Ape* remains largely unexplored in both China and Japan. This paper organizes the occurrences of numerals in *The Tale of the White Ape* and their Japanese translations comprehensively, focusing specifically on the translation of approximate numbers. It finds that it is common for approximate markers and standalone numerals in the original text to be translated into combined numeral expressions in Japanese, even when such combinations were absent in the source text. The analysis reveals that the use of combined numerals in Japanese literature underwent a series of historical developments: the adoption of combined numeral forms from Classical Chinese written texts in ancient and medieval Japan; the absorption of colloquial combined numeral expressions from Chinese vernacular literature during the Edo period; the inheritance and development of these forms in Meiji-era translation literature and unified literary styles; and the eventual proliferation of unified written and spoken styles as well as the colloquialization of translated texts after the Meiji period. These evolutionary processes are reflected in various Japanese translations of *The Tale of the White Ape*. This study highlights how language evolves over time and emphasizes the importance of considering the historical and stylistic features of the target language to achieve better translation outcomes when introducing Chinese classical literature to foreign audiences.

Keywords: classical novels; approximate numbers; Japanese translation; *The Supplement to Jiang Zong's Tale of the White Ape*

语言文化的区域国别研究

越南阮朝北使李文馥诗文中的中国元素越南化研究 *

广西大学　唐晨曦

摘　要： 李文馥祖籍中国福建，作为阮朝重要使臣活跃于中越邦交。他深受中国文化熏陶，曾数次出使中国并留下丰富的诗文记录。处于中越文化交汇处，李文馥于诗文中呈现出独特的文化糅合路径——"文学吸纳—思想思慕—思维应用"。对李文馥诗文中的中国元素越南化研究，揭示出中越交流的新路径：以审美浸染为基础、以文化交互为过程、以文明互鉴为成果，从而形成可资借鉴的中越文化交流范式。

关键词： 李文馥；中越文化；文明互鉴

1. 引　言

975 年，宋太祖封丁部领为检校太尉、交趾郡王，承认安南王朝的合法性，中越正式建立起长达近千年的宗藩关系。越南使臣不断前往中国求封、进贡等，中越两国关系获得了长足的发展。1802 年，阮福映在法国的帮助下，推翻西山王朝，建立了越南历史上最后一个封建王朝——阮朝，结束了越南南北分裂的局面。越南阮朝期间，中越两国封建王朝都正值鼎盛，政治邦交与文化交流蓬勃发展，越南著名使臣李文馥即活动于此时。李文馥（1785—1849），生于越南，祖籍中国福建漳州府龙溪县，明清之际，他的祖辈渡海移居越南。李文馥为第六代华裔，深受越南当局者器重，数年担任朝廷要职，并作为使臣周游列国，其中以出使中国为最，并留下了《粤行吟草》《镜海续吟》《使程志略草》《三之粤集草》《仙城侣话》等出使诗文记录。

学界中，李文馥相关研究成果颇丰。诸位学人多将李文馥邦交诗文纳为越南北使研究、越南文学研究的一部分，进行概述性研究，如王小盾的越南访书札记、何仟年的越中典籍中的两国诗人交往、刘玉珺的越南北使文献总说等。在上述研究中，李文馥被纳入越南使臣群体，其诗文被纳入越南文学中，进行整体研究。

---

* 基金项目：本文系广西大学文学与文化研究中心科研基金重点项目"明清易代之际越南儒士的'中国论述'与文化心态研究"（XDWX202204）、广西大学文学与文化研究中心课题"越南阮朝北使李文馥的中国论述与文化心态研究"（202106）阶段性成果

诸位学人也不乏对李文馥诗文的聚焦研究，多以燕行、入贡、文学交流、交游唱和、民族关系与民族文化等为切入点。如夏露的《李文馥广东、澳门之行与中越文学交流》、李惠玲与陈奕奕的《相逢笔墨便相亲：越南使臣李文馥在闽地的交游与唱和》、杨大卫的《越南使臣李文馥与19世纪初清越关系研究》等。在上述研究中，对李文馥诗文研究的切入点较单一，并未深入发掘中越文化交流路径。

本文拟关注李文馥作为明遗民后代与越南阮朝重臣的双重身份，从文化交流、文明互鉴的角度，把握并分析其在诗文写作中体现的中越文化糅合路径。李文馥对中国文化的追慕认同并未倒向不假思索地攫取与跟从。他以"文学吸纳—思想思慕—思维应用"的文化学习路径，在学习中国文化之余保持了越南文化的主体立场，体现了中越文化天然的地理亲缘。

2. 文学吸纳：由模仿学习到内化创作

李文馥的地理故乡在越南，精神文化与祖先宗族之故乡却在中国，是以拥有中越双乡。李文馥对中国具有祖宗、文化上的亲切之感，却又能深切感受到自己作为事实上的越南使臣，终是无法摆脱出使中国的去国怀乡之感。

李文馥（2020a：288–291）精通汉文，深受儒家文化熏陶，人格、道德、精神皆由中国文化塑造；且其先祖曾于闽地为明官："余祖籍漳之龟溪人也，累世为明显官，明末南徙，至余几六代"。使闽之时，李文馥（2020a：288–291）满怀期待地探访祖籍却未果，写下《拟祖籍不果感成》，抒发怅惘与豁达之情："五中交迫，不觉感成国思"，"朝代岂能无鼎华，储胥应自在山川；壮颜每为黄金叟，暗泪空凭流水传；陟降有知当见念，般般心事一帆边"。虽然探访祖籍不果，但李文馥在此次寻根之旅中却更感受到了时间流逝的无情，并将精神与心灵依托外化于广阔的中国山川风貌间。

中国山川是李文馥的诗文中重要的歌咏对象。李文馥对中国山川风物的欣赏与赞叹，跃然纸上。对于前往粤东的机会和经历，他于《三之粤集草·引》中抒发了自己的幸运之感与荣幸之情："粤东为中州繁华名胜地，亦声名文物地也。余何修而适粤三者矣"（李文馥，2020b：235）。在出使内陆的过程中，李文馥于《使臣志略草》中记录了沿途风景。如当时长沙的"洋湘八景"："按永州以徙，属长沙，号为洋湘，有八景。曰洋湘夜雨，曰洞庭秋月，曰山市晴岚，曰江天暮雪，曰平沙落雁，曰远浦归帆，曰烟寺晴钟，曰渔村晚照"（李文馥，2020c：166）。除此之外，另有广西五险滩——李文馥（2020c：52）于《过五险滩》中写道："滩石上横竖散乱，水声如吼。舟行至此，东斜西转，毛骨凛然"。其描写水流之凶险，言简意赅，喷涌咆哮，如跃纸上，颇有郦道元《三峡》之风。名楼黄鹤楼亦于其诗文中存有记载："在湖北省，城西南门外，楼三层，规制壮丽"（李文馥，2020d：199）。在与来子庚交往唱和时，李文馥亦以记景散文《途石山岩留题并记》与七律《赠来子庚参军》盛赞山川风物。《赠来子庚参军》中更是有"岩妆积雨生花气，帘卷晴烟到水风"的佳句（李文馥，2020a：224）。

然李文馥在实现精神文化、祖先宗族的返乡之余，亦生地理风物上的离乡愁思。李文馥（2020c：13；2020b：339）使中之时恰逢中秋，颇有怀思故园之感：如《中秋》"风雨孤舟滞澳门，寒潮天未落黄昏。溯来七十番秋月，是夜何曾赏故园"；亦有《中秋夜将楼坐月》："兴到浓处两不厌，久之始觉非吾州"。无论如何熟稔中国文化，如何热爱中国山川，李文馥始终清醒地认识到"此处非吾乡"，他最终的故乡指向仍是越南。

李文馥于其诗文中呈现了清晰的中国文化越南化脉络。就文学诗词而言，其作品化用中国诗句，把握原诗句的意象，又有对诗歌意境、诗歌母题的潜移默化，最终把握中国诗歌形式，进行自由创作。

李文馥在与中国文人的酬唱中，多次在相似情境下，借用古典诗歌名句。《赠来子庚用研溪水三章韵》中"多少宾朋如见问，眼中谁者是崔邢"（李文馥，2020a：170）是对王昌龄《芙蓉楼送辛渐》"洛阳亲友如相问"的化用。《病中自喜用研溪四章韵》中"窗前问字容当席，月下谈经僧叩门"（李文馥，2020a：271）则是对贾岛《题李凝居》"僧敲月下门"诗句的化用。《留别许少鄂司马》中"归帆无恙辰观海，送我情于千尺深"（李文馥，2020a：304），则化用了李白《赠汪伦》"桃花潭水深千尺，不及汪伦送我情"。如上诗歌是李文馥在诗歌中对相似情境下中国古典诗歌的借用，保留了原诗句的基本结构与内容。

李文馥把握原诗词意象，亦多佳句。李文馥诗作《谢书扇者》"愧我无题为君赠，感君尺素重双鱼"（2020a：237）与《有所思》中"忽然有诗者，欲题尺素书。惊涛远床席，不见双鲤鱼"（李文馥，2020a：236）都化用了汉乐府诗《饮马长城窟行》："客从远方来，遗我双鲤鱼。呼儿烹鲤鱼，中有尺素书"。在此二首诗中，李文馥把握与使用了原诗句中"双鲤鱼"与"尺素书"的核心意象，对诗句结构进行了创新。

李文馥亦在诗文中对原诗词意境加以拓展。《途中感依》"堂镜梦中惊雪白，秋槐陌上感花黄"（李文馥，2020a：251）对李白《将进酒》"高堂明镜悲白发，朝如青丝暮成雪"进行了创造性转化。李文馥保留了原诗中对时光流逝之迅速的感叹，仍以倏忽间镜中青丝尽白作为时光流逝之载体，然又加以陌上秋槐花黄与镜中青丝成雪对举，从而形成人与物的互文，亦是移情于草木，实现了对原诗意境的改造与升华。李文馥（2020a：7）与黄心斋话别时，吟道"两叶浮萍归大海，人生何处不相逢"，对杜牧《送人》中"明镜半边钗一股，此生何处不相逢"进行了再造。原诗以"半边明镜"与"一股钗"作为有情人祈愿再相逢的信物，表达了再见的希望与自我宽慰。李文馥则增添了"浮萍归海"的意象，自己与友人正如浮萍般身不由己，投身苍茫大海，由此深化了与友人告别的悲苦，增添了异于原诗句的情感。在《以无记兼题一律》中，前半部分重在直接描写景色的澄净动人、涤人心扉，末句"幽致有谁能领略，僧雏遥指巅云深"（李文馥，2020a：226）则以幽致唯有隐士方可领略，从侧面对景色进行了补充描写。且该句化用了杜牧《清明》"牧童遥指杏花村"，更糅合了贾岛《寻隐者不遇》"松下问童子，言师采药去。只在此山中，云深不知处"的渺茫意境。李文馥对原诗句意境的把握与拓展，在某种意义上实现了"点铁成金"。

李文馥的诗文创作亦多采用中国诗文母题。以《行路难》母题为例，《舟簇南澳》中"自昔多嗟行路难"（李文馥，2020a：222）与《雨中与夫失跌口占慰之》中"莫愁中路跌，举目有前程"（李文馥，2020a：280）是对鲍照《拟行路难》、李白《行路难》组诗等的回应。"莫愁中路跌，举目有前程"更化用了高适《别董大》"莫愁前路无知己，天下谁人不识君"，宽慰之情跃然纸上。

在模仿、拓展之余，李文馥对中国诗歌形式的内化吸纳更是成果颇丰。李文馥不仅写作了大量中国化组诗，甚至还吸纳了地域文学形式，创作了一首颇具粤地风情的竹枝词。《四民咏》组诗（李文馥，2020c）对士农工商的四大社会分工进行歌咏；《咏史》（李文馥，2020c）系列组诗对中国古今著名人物进行歌咏，遍涉毛遂、荆轲、赵括、秦始皇、范增、陆贾、吴王阖闾、项羽、曹操等中国著名历史人物；《拟题》（李文馥，2020c）组诗则仿照中国拟题诗，以诸葛公祠、张桓侯祠、孙枭姬祠、江州义门祠起兴，发出历史感慨；《四友咏》（李文馥，2020c）组诗则以笔墨纸砚为歌咏对象。上述组诗所咏，范畴广而涉猎远，包含多而内容全。李文馥（2020c：25–26）更以粤地诗歌《老妇竹枝词》表现了他对中国地域性诗歌形式的关注与学习：

> 少牵母袂怕人来，小畹枝花学母栽；蝴蝶尽从花外过，芳心自信待春开。花朝顾影俏含情，杨柳池塘每听吟；天谴南桥消息到，阿侬讵敢拟云英。荆布劳劳事女工，强妆铅粉习春风；终嫌野菜无颜色，不似桃花雨后红。叶经风雨终辞枝，却美高秋菊一篱；长感东君遮护意，当年春态七分衰。

李文馥在以汉文写作之余，亦不乏对自身语言的自豪感。李文馥在出使途中亦写作了喃字诗，如《时程便览曲》，通过喃字诗作表现出作者的自我文化意识（阮公理，2019）。而李文馥以中国《千字文》为基础完成的《摘字解音歌》，减少了重复的《千字文》用字，结合汉字与喃字，并对四言体例加以改换。《摘字解音歌》由"3 + 4"的七言汉字歌谣与对应的喃字组成，二者结合即成为六八体。李文馥所编《摘字解音歌》改变了体例，减少了《千字文》中的重复用字，并附以喃字对汉字音义"解音"，作为识字蒙书而言，《摘字解音歌》足以取代中国《千字文》在越南的地位（刘怡青，2020a）。此歌谣结合汉字与喃字，助越南孩童以喃字识得汉字，呈现出学习中国文化与保护本国语言的姿态。

此外，李文馥更基于越南文化的主体性对中国文化进行了创造性改编以化为己用。李文馥使粤时，接触到广东木鱼书，他注意到了依托于才子佳人小说和戏曲改编的《玉娇梨》《西厢记》木鱼书。回国后，他将之改编成了同名的越南喃传《西厢传》、《二度梅》与《玉娇梨》等。《西厢传》使用越南六八体诗歌形式，使用喃文，长达 1744 句，可谓体量颇大。李氏《西厢记》的主要人物及故事情节基本因袭中国文学，除去形式上的改编之外，其写法受到木鱼书和阮辉嗣、阮攸等越南士大夫喃传的影响；而李文馥作为士大夫，身居高位，深受儒家忠孝节义等传统思想，因此改编之作亦重笔墨于才子佳人的悲欢离合及其风流雅趣，撤去中国戏剧中那些逾越礼教的描写（夏露，2014）。

李文馥立足中越双乡，对中国文学的学习呈现出由模仿学习到内化创作的深化路径。李文馥从单纯化用中国诗句，到把握诗中意象、拓展诗句意境、运用诗歌母题，并通过熟悉中国各色文学形式，实现自主创作。在此过程中，李文馥充分利用越南喃文与越南六八体诗歌形式，保留了越南文化特色。

3. 思想思慕：由朝圣古今贤人到深耕儒家经典

在对中国文学进行学习并进行自我创作之余，李文馥对中国思想的思慕亦由浅入深。其在诗文中既表达了对中国古今先贤的认同，又对中国思想加以论述，还对中国儒家经典进行了越南化改造。

在李文馥眼中，好友缪良可谓今世之贤、士人表率。《三之粤集草》记载了缪良过世后，李文馥在中抒发深切缅怀之情的大量诗文。李文馥以《挽缪莲仙三首》（2020b）、《诣莲仙榇师所泣成一律》（2020b）、《吊莲仙文》（2020b），抒发了自己不复再得见先生的悲痛。在《仙城侣话》中，亦载有李文馥所作《挽缪莲仙三首之一》（2020b）、《诣缪莲仙榇所奠吊感成》（2020b），与其他文人共同再次深切缅怀缪良。《吊莲仙文》中，李文馥（2020b：259–261）写道："呜呼！莲仙先生已矣，我辈不复见得先生矣，中州士夫并不复有望于先生矣"；"怜先生之穷，痛先生之死，虽屠贩妇孺，靡不泫然涕零，况同是斯文中人，其能北相视而不为之惘惘然、懵懵然也哉？"

在李文馥心中，贤人缪良的逝世是自己乃至于屠贩妇孺、中州士夫都为之悲恸的痛事。

李文馥亦多以诗文表达对先贤的敬重之情，且多神话形而上色彩。《万安桥瞻蔡公君谟遗像拜题并记公名衮》（李文馥，2020a）记载了贤人蔡公君谟修建万安桥的传奇经历。蔡公君谟于母腹中即有天谕，此为状元，即救一船人于水鬼环伺。蔡公君谟修万安桥时有观音菩萨现身。李文馥（2020a：244）于文中载其敬仰之情："履公之桥而瞻公之像，徘徊移步，不能自已，爰沐笔记之，兼题一律"。《使程志略草》中记载了李文馥（2020d：198）途经洞庭湖听闻的柳宗元过洞庭湖成神的传说："初唐柳宗元曾任柳州经历，后升柳城知县，复升柳城知府，逮满回任，过洞庭成神"。有先贤显灵之能的马援伏波祠亦被李文馥（2020c：8）记载于案："属谅省支陵社，岚瘴最恶，谚云：'次此一辰瓢支陵郎'。此有祠最灵，使部过者，必祷。北使南来，以过此关为戒。有句云：'鬼门关，鬼门关，十人过，一人还。'祠之神像相传是马援伏波"。

作为深受中国儒家文化影响的越南士人，李文馥最为敬重的是儒家先贤朱熹。《闽行集咏序》中，李文馥（2020a：251）有诗"紫阳院拜朱夫子，洛上桥瞻蔡状元"。出使至福建时，李文馥（2020a：233–234）参访紫阳书院，撰写《展谒紫阳书院恭纪》，以"以诗书礼义化其民，以忠信廉耻属其俗"表现了朱熹化人、风民的伟大功绩，并且进一步表达了自己对朱子的敬重和仰慕："夫子神像博带峨冠，垂绅缙笏，俨然如生人。徘徊瞻拜，心头为鹿"；"小生馥生平诵其诗，读其书，而今得履其庭，区区钦仰之思，曷有穷已。极知才学谫裂，不足以模拟其万一"。《过干子山拜咏》中亦有诗言："千古崇寺南海在，逢人争颂我文公"（李文馥，2020a：218）。李文馥对朱熹的崇敬之情真挚深沉，无异于中国士人。

李文馥的写作思想、知交思想，受到中国思想的深刻影响，而他亦多践行。《闽行集咏序》中，李文馥（2020a：213）有言："余闻之，言为心声，所以发乎情，形诸咏歌者，无非本乎心之所之已"，此即受到中国古典诗歌"诗言情"抒情传统的影响，早可追溯至《尚书·尧典》："诗言志，歌永言，声依永，律和声。""言为心声"这一论题，扬雄也早于《法言·问神》中以"故言，心声也；书，心画也。声画形，君子小人见矣"论及。而另一写作目的，"为吾子弟孙侄开阔其耳目""韵事掬来语子孙"（李文馥，2020a：214–217），则是中国古典文学史上数见不鲜的庭训传统。中国文人多著书立传，以示后人的著名文作，如宋濂《送东阳马生序》、韩愈《师说》等。

在《留别王香雪》（李文馥，2020a：299–300）中，李文馥谈及"知交一道"，有言："知交一道，自古有心契者，有神交者"，"每阅其文其诗，而其人之性情丰骨，自觉缭绕于杵墨间"。这是对苏轼于《答张文潜书》中"文如其人"思想的继承："子由之文实胜仆，而世俗不知，乃以为不如；其为人深不愿人知之，其文如其为人"。一言以蔽之，李文馥继承"文如其人"的知交思想，以心契、神交为方式，以诗文笔墨为手段，践行知交一道。

中国传统儒家思想更是中国思想最核心的组成成分。李文馥多将儒家经典进行越南本土转化。在越南国家图书馆汉喃典籍文献资料库，馆藏编号 R.1671，总计 37 叶的抄本中，收有李文馥《明伦撮要歌》（第 1—5 叶）、《摘字解音歌》（第 6—15 叶）、《对句歌》（第 16—18 叶）、《四传正文集对》（第 19—24 叶）（刘怡青，2020）。除却《对句歌》、《四传正文集对》未有引外，《明伦撮要歌》是李文馥以《小学·明伦》为本，将其改编为越南六八体诗歌；《摘字解音歌》则是李文馥将《千字文》改编为越南六八体诗歌；《四传正文集对》则以四字、五字、六字、七字、八字、十二字、十六字的韵文形式，将四书内容串联。

李文馥将二十四孝歌改编为越南本土化的《二十四孝演歌》，至今仍影响深远。1835年，李文馥第三次使粤归来后，将这些"古之圣人贤人"的故事"演之土音"，以便"易于成诵"。《二十四孝演歌》由李文馥以越南"六八体"诗歌形式，兼以越南国语字，改写二十四孝歌而成，是二十四孝故事"越南化"最成功的样本。在佐藤瑞渊的《ベトナムにおける「二十四孝」の研究》中，作者提到，在调查披露的 29 种藏本中，属于李文馥"二十四孝"系统的有 17 种，李文馥系统以外的有 12 种。且李文馥的《二十四孝演歌》已被翻译成现代越南语于今仍受重视（王明兵，2017）。《越南汉文燕行文献集成》第十三册摘录了李文馥"二十四孝"系列的《阅二十四孝故事感作》《二十四孝演歌引》《咏二十四孝诗序》等。

然越南尽管认同中国文化，奉儒家学说为正统思想，仿照中国科举制以儒家经典为选拔人才的标准，但这样的认同仅出于取其长而为我所用的层面；在实践中，越南精英阶层都更重视中华典律服务于现实的功用（刘玉珺，2022）。李文馥对于中国儒家思想的学习，自然亦非生搬硬套。李文馥将儒家经典改编为《明伦撮要歌》《摘字解音歌》《二十四孝演歌》等越南六八体诗歌，不仅出于"易于成诵"的目的，更是以喃文与越南六八体实现中国文化越南化的转录过程。

综上，虽然李文馥系统性、整体性地学习中国文化思想，却坚持越南文化主体性，将中国文化加以越南化改造，实现中越文化思想的交融与互鉴。经李文馥转录后的中国思想传入越南，成为越南文化不可分割的一部分。

4. 思维应用：深度利用文化逻辑

随着李文馥加深对中国文化与思想的认识，他逐步接触并谙熟中国思维与文化逻辑。因此他在出使过程得以与中国当权者、中国文人实现对话，以中国方式提出诉求，平等交涉，实现了良好的文化交流与文明互鉴。

李文馥出使至福建时，见省城公馆门原题"粤南夷使公馆"，李以越南之祖乃炎帝神农之后、衣冠文物等皆与中国同源而拒入，称"我非夷，不入此夷馆"，最终迫使中方将其改为"南粤国使官公馆"（李文馥，2020a：210）。在此过程中，李文馥（2020a：257）作有《抵公馆见门题"夷"字作》，诗云："自古冠裳别介鳞，兼以天地判偏纯。尼山大笔严人楚，东海高风耻帝秦。斗次辉华文献国，星槎忝窃诵诗人。不怜一字无情笔，衔命南来愧此身"；并愤作《夷辨》，直切华夷之辨。

《夷辨》中说道："自古有中华，有夷狄，乃天地自然之限也，而华自为华，夷自为夷，亦圣贤辨别之严也"，他认为华夷之分不在自然之限，而在圣贤之辨，因此以地域分华夷是不可取的；接着，李文馥提出了真正该用以论"华夷"的标准——"以言乎治法，则本之二帝三王；以言乎道统，则本之六经四子，家孔孟而户朱程也；其学也，源左国而溯班马；其文也，诗赋则昭明文选，而以李杜为归依，字画则周礼六书，而以钟王为楷式；宾贤取士，汉唐之科目也；博带峨冠，宋明之衣服也。推而举之其大也，如是而谓之夷，则正不知其何如为华也"（李文馥，2020a：257–264）。

张京华（2012：41–47）将之总结为："第一，不以地域分夷夏；第二，不以种族分夷夏；第三，不以古今分夷夏；第四，不以强弱分夷夏；第五，当以礼乐文教分夷夏；第六，满清非夷；第七，越南为文教之国，故越南不为夷；第八，夷狄之国自有人在"。李文馥从"治法、道统、学文字画之渊源、宾贤取士之科目、衣服"的角度，自政治、文化、民俗等多个方面，对华夷之辨下了判断标准。由李文馥之标准观之，越南非夷，因此他非夷人，不入夷馆自然顺理成章。

李文馥写毕，即上呈中方官员，在翔实严谨的论述下，闽浙总督孙尔准为此折服，当堂宣示："贵使来此，本省自以侯臣之礼待之，不敢以外夷祝也"（李文馥，2020a：262）。李文馥凭借一己之力、文章之功，厘清华夷标准，维护了自己身为一国外使的尊严。李文馥践行了中国传统士人标准：士人面对强权，宁折不弯；士人以文说理，以文立功。因此，李文馥获得了中国文人的认同与中国政府官员的妥协。

在本国君父的尊严遭受威胁时，李文馥亦据理力争，实见风骨，令当时的行政官员颇为汗颜。《闽行杂咏》记载了闽地政府官员要求李文馥告知越南皇帝名讳以书之公文的事件始末。李文馥（2020a：311–312；2020a：314）从惯例和道义两个角度出发，详表不愿为之的理由："本国差官护送生到粤，经粤宪，据情八奏，亦只据公文情辞明叙，不曾闻有此问；况臣等分为臣子，君父名字同者写之且不敢，今乃当奉录出，殆非亦之所安也""臣子必以君父之心为心，然名字之称，自君父称之则可，自臣子称之，恐无此义"。李文馥（2020a：312）以实际行动严厉拒绝："遂将原札交纳，不肯领受"。虽然最后迫于宗主国施压，"促至三五次"，不得不退让，但仍不愿亲口说出名讳，甚至不愿指出："手指之与口说之、笔宣之则何以异，终令臣子之心何安乎？"（李文馥，2020a：315）最后问名之事乃以政府官员手捧《康熙字典》，遇见对字，李文馥（2020a：315）则微微点头解决："逐字自指，有恰中者微微点头而已"。然李文馥（2020a：315）心中仍有怨气未发，乃最后向锡蕃发难道："昔人有当子而字父者，彼童子犹不肯下拜；况当臣子而问君父之名，令人安肯回答乎"，锡蕃无言以对，只得"默然而去"。

李文馥依据的正是中国传统的"君臣父子"等级秩序与"重名"思想。李文馥对中国礼教逻辑加以利用，指出强行问名之不合理，闽地官员则替之于字典指出，实现了互相妥协。这恰是李文馥在对中国文化深度理解的基础上，熟练运用中国文化逻辑，成功实现了外交目的。闽地官员心服口服，心生愧感。这正是中越文明互鉴的实践成果。

在与中国文人相交方面，李文馥亦深谙以文会友之道，以"同文""礼义同"作为认知基础，与中国文人建立了良好关系。如《见南澳地方官》："烟云八望皆新眼，况复文章礼义同"（李文馥，2020a：220）以及《夜话示陈榮》："同调何妨说礼诗"（李文馥，2020a：221）等。在彼此的唱和之中，"礼义同""同调"等认同话语反复出现，成为唱和的重要写作主题，更甚为交往的先决条件之一。

在《闽行杂咏》中，李文馥以文会友，以文载情，记载了与厦门巡检来子庚、厦门文人王香雪、兴化府同知孙盛诏、福州府同知黄心斋、台湾县尹陈炳极、厦门海防同知许少谔、兴泉永道周芸皋等中国文人的交游与唱和。李文馥与好友王香雪在闽地之时，香雪诗有"天然两地一家同，同在圣贤炉冶中"（转引自李文馥，2020a：287）；香雪席上所作《香雪元韵》一诗写道："使星朗朗聚珠光，照彻鲸波海不扬。已喜良缘通笔墨，况从初度乐壶觞。名留岛屿新诗卷，香袭衣冠古越裳。莫道云山隔千里，有神端信在文章"（转引自李文馥，2020a：228），表示中越之间虽距离遥远，你我二人却能以文章心意相通。李文馥（2020a：237）在《将进省诒书香雪》中亦以"知交未有分南北，同调何需问旧新"回应。在《留别王香雪》中，李文馥（2020a：299–300）特别提出其与香雪为"心契"："余和汝情在不言，所谓心契者非欤？""世间惟有情无尽，爱记之于言；又知听有不能尽，因寄之以情。"与王香雪的款款深情、恋恋不舍，跃然纸上。

在《与黄心斋话别记》中，李文馥（2020a：277）以"汪伦多一送，秋水一般心"表现了自己与心斋之间的款款深情。在与来子庚的交往中，李文馥（2020a：224）以《赠来子庚参军》赠来子庚，诗中有"见说榕城饶胜致，且留余兴赏音同"；而来子庚亦于钱行诗《来子庚钱别行价二首》中，回赠"华国应称用世才"与"古制衣裳耀眼临"（转引自李文馥，2020a：318）。

关于李文馥与许少鄂的交往，许少鄂有诗《少鄂钱行二首》："同居一统车书内，酣醉依然洽此邻"（转引自李文馥，2020a：304）。在《留别许少鄂司马》中，李文馥（2020a：303）甚至提及了好友幼子："少鄂有幼子仲威，年十二，能书尺大字，楷正可爱"。"香雪最嗜酒"（李文馥，2020a：231）、"子庚不嗜酒，惟爱苟茶"（李文馥，2020a：281）二句更是以生活细节表现出了李文馥与王香雪、来子庚之间的深情厚谊。

而他与中国文人黄宅中的交往，则更是以文会友、追求"同文"的最佳例证。李黄之交，始于"夷辨争鸣，争锋相识"的戏剧性，深化于黄宅中认可越南与中国为同文之国，尽其所能调停李文馥与闽地官员因越南皇帝名讳产生的矛盾。

令李文馥不满的"粤南夷使公馆"正是当时的县令黄宅中所题。而在李文馥作《夷辨》，公馆改名为"南粤国使官公馆"后,李文馥与黄宅中反而私交渐密:黄宅中以"使吏来瀛海,官风看一家。衣冠存古制,文字本中华"(转引自李文馥,2020a:267)相赠,强调中越衣冠、文字同源;而李文馥(2020a:266)以《次韵酬黄心斋见赠》回赠,并于题记中写下"自《夷辨》既出,遂成契洽"。在《赠黄心斋司马用研溪首章韵》中,李文馥(2020a:266–269)更以"相逢馆驿正凶凶,气谊翻从笔墨通""错受莫同南海祝,须知不是马牛风",表达了二人由省城公馆之名而"不打不相识",最终因文章笔墨相通而发展出了真挚情谊,并且认为中越文化礼教相通,虽相隔山海,却绝非风马牛不相及。李文馥(2020a:316)于《和黄心斋》中亦有言:"文章同是道,机杼各成家",认为中越两国的文章虽然各有风格,却出自同道。

在李文馥遭遇闽地官员强求越南皇帝之姓名时,此时的黄宅中已然认可了中越之同文关系,因此一反前态,对李文馥之难表示理解:"诸公如此,确执令人大难";并在中越双方之间斡旋,思考两全的方法:"惟有不必出诸公之口,亦不必出诸公之笔,但于书籍文字中暗为指出","则于诸君不失敬君之礼,而督宪奏本亦有下笔出矣"(转引自李文馥,2020a:314–315)。黄宅中之法"似此两得",解李文馥之难,中越双方妥协,不贻公务。

李文馥对于中国文学、中国文化的充分学习与借鉴,最终使其得以理解中国思维与中国逻辑。在与中国当权者交涉时,李文馥以锦绣文章厘清华夷,充分利用"重名思想""君臣父子"秩序拒绝不合理请求,并以"同文""礼义同"为基础与中国文人建立了深厚的友谊。

5. 结 语

李文馥身负中越双乡背景,作为越南重要北使,不仅是外交之使,更是文化与文明之使。李文馥实现了将个体生命融入中越文明交互的浪潮中,以文化熏陶、美学浸染、体性认同,构建起中越文化交流的桥梁与"文学吸纳—思想思慕—思维应用"的文化交流范式。在李文馥交友赠答、养性怡情、内治外交的过程之中,他彰显了重视人文、美学感染的文明侧重与同道同源、互相尊重、协同发展的文化交互逻辑。李文馥在其出使中国的外交过程中,充分实践了此文化逻辑与美学精神,是中国文化、中国思维成功越南化的优质实践成果。李文馥的个体书写,是发掘中越悠久文化源流、反思中越文化羁绊、深入理解中越汉文化共同体的重要文化资源。从中越文化逻辑、中越文明互鉴切入,亦是研究李文馥的全新视角。聚焦个体人生经验与体性书写,把握文化交流与文明互鉴的细微脉络,是在当今汉语文化圈共同体视域下,实现再认识、再发展中越关系的可能路径。

参考文献

[1] 李惠玲,陈奕奕. 相逢笔墨便相亲:越南使臣李文馥在闽地的交游与唱和 [J]. 百色学院学报,2017(2):122–127.

[2] 李文馥. 越南汉文燕行文献集成：第 12 册：闽行杂咏 [M]. 上海：复旦大学出版社，2010a.

[3] 李文馥. 越南汉文燕行文献集成：第 13 册：三之粤集草 [M]. 上海：复旦大学出版社，2010b.

[4] 李文馥. 越南汉文燕行文献集成：第 14 册：周原杂咏草 [M]. 上海：复旦大学出版社，2010c.

[5] 李文馥. 越南汉文燕行文献集成：第 15 册：使臣志略草 [M]. 上海：复旦大学出版社，2010d.

[6] 阮公理. 越南古典文学中的邦交诗：面貌与价值 [J]. 越南研究，2019（2）：3–20.

[7] 刘怡青. 从汉字、喃字到国语字：越南阮朝《千字文》类蒙书之发展 [J]. 形象史学，2020（2）：159–170.

[8] 夏露. 李文馥广东、澳门之行与中越文学交流 [J]. 海洋史研究，2014（1）：148–165.

[9] 刘怡青. 朱熹《小学·明伦》对越南李文馥《明伦撮要歌》之影响 [J]. 童蒙文化研究（第五卷）专题资料汇编，2020（6）：229–243.

[10] 王明兵. 理解越南的"孝"：评介《ベトナムにおける「二十四孝」の研究》[J]. 外国问题研究，2017（3）：108–112.

[11] 刘玉珺. "国中有人"：越朝诗文中的冯克宽形象 [J]. 外国文学评论，2022（1）：85–104.

[12] 杨大卫. 越南使臣李文馥与 19 世纪初清越关系研究 [D]. 广州：暨南大学，2015.

[13] 王小盾. 越南访书札记 [J]. 新国学，2001，3（0）：1–53.

[14] 何仟年. 越中典籍中的两国诗人交往 [J]. 扬州大学学报（人文社会科学版），2006（1）：49–53.

[15] 刘玉珺. 越南使臣与中越文学交流 [J]. 学术研究，2007（1）：141–146，160.

[16] 张京华. 三"夷"相会：以越南汉文燕行文献为中心 [J]. 外国文学评论，2012（1）：5–44.

A Study on the Vietnamization of Chinese Elements in the Poetry and Prose of Lý Văn Phức, the Northern Envoy of the Nguyen Dynasty in Vietnam

Abstract: Lý Văn Phức, originally from Fujian, China, was active in Sino–Vietnamese diplomatic relations as an important envoy of the Nguyen Dynasty. He was deeply influenced by Chinese culture and has made several diplomatic missions to China, leaving behind rich records of poetry and prose. Located at the intersection of Chinese and Vietnamese cultures, Lý Văn Phức presents a unique path of cultural fusion in his poetry and prose: "literary absorption—intellectual admiration—thinking application". The study of the Vietnamization of Chinese elements in Lý Văn Phức's poetry and prose reveals a new path of cultural exchange between China and Vietnam: based on aesthetic immersion, cultural interaction as the process, and cultural mutual learning as the result, thus forming a model of cultural exchange between China and Vietnam that can be referenced.

Keywords: Lý Văn Phức; Sino–Vietnamese culture; mutual learning

"东盟方式"在应对缅甸政变中的作用和局限

广西大学　韦翠花

摘　要："东盟方式"是东盟独特的安全外交文化，在早期维护地区安全和稳定中发挥了重要作用。然而，随着东盟的发展和地区环境的变化，"东盟方式"在管理地区冲突，应对突发情况时逐渐表现得无能为力。本文从"东盟方式"的三个核心原则：非正式性和弱机制性、协商一致原则和不干涉原则出发，探索"东盟方式"的局限性，并结合之前备受关注的缅甸政变问题，检验"东盟方式"在缅甸问题中的作用和效果。本文发现"东盟方式"在当前复杂多变的区域和全球挑战中显现出了种种局限性和不适用性。东盟在当前缅甸政变问题上禁锢于"东盟方式"的局限，难以采取有效的措施帮助缅甸和平解决内乱问题，也无法落实"五点共识"。虽然东盟禁止了缅甸军政领导人参加东盟会议，但没有剥夺缅甸的东盟成员身份，也没有更进一步的批评和惩罚。这是东盟历史上第一次触碰不干涉和协商一致的原则，但从本质上来说，这只是对"东盟方式"的一次修正，并没有真正突破"东盟方式"，它的作用也是有限的。

关键词：东盟方式；非正式性和弱机制性；协商一致；不干涉原则；缅甸政变

1. 引　言

东盟的成功建立是一个现代奇迹，因为基于过往的经验，它在建立时就被认为是一个注定要失败的组织（马凯硕等，2017：12），因为东盟形成于一个极其复杂的背景之下。首先，它诞生于内忧外患的地区环境中。从地区环境来说，东盟成员间存在许多历史问题和争端。例如马菲沙巴争端、印尼实施的对抗马来西亚的政策等。从外部威胁而言，当时的东南亚地区是美苏竞技的前沿地带。其次，大部分东南亚国家都遭受过西方国家的殖民统治，它们对主权问题异常敏感，任何可能超越国际主权的行为都是不可接受的。因此，虽然东盟在一定程度上借鉴了欧盟的合作经验，但是在东南亚地区建立一个像欧盟一样具有超国家机构的组织是不可能的。在东南亚建立一个地区组织是一个全新的尝试。此外，东南亚是世界上文化多样性最丰富的地区之一，中西方文明在此汇聚碰撞，要使这些文明和谐共生是一个巨大的挑战。然而，东盟不但没有如预想般地以失败告终，反而成为发展中国家建立地区组织的典范。东盟成立以来给东南亚地区带来了长久的和平与稳定，促进了东南亚地区的合作发展，现下，东盟在亚太和印太地区框架中扮演着不可或缺的角色。

许多学者认为东盟的独特与东盟的成功在很大程度上归功于"东盟方式"。

"东盟方式"是东盟国家根据自身独特的社会文化背景形成的互动交往和合作模式，早期时期在维护地区内和平、安全和稳定，进行政治合作中发挥了重要作用。在 21 世纪初，一批国内外学者对"东盟方式"的优势和局限进行了讨论。国内学者张振江（2005）讨论了"东盟方式"内涵以及"东盟方式"在过去的地区合作中的作用和局限，他认为"东盟方式"既有"神话"性也有现实性，应该以一种历史和动态的眼光看待"东盟方式"。陈寒溪（2002）对"东盟方式"在东盟一体化中发挥的重要作用和"东盟方式"在经济和安全合作上的制约进行了讨论，并考察了东盟在改革"东盟方式"上进行的一系列尝试，他指出"东盟方式"改革是一个长期的过程，在当下，"东盟方式"在政治合作上的优势和特点仍然发挥着不可替代的作用。谢碧霞和张祖兴（2008）从《东盟宪章》考察了"东盟方式"的变革与延续。国外学者阿查亚（2004）从东盟规范和"东盟方式"的角度分析东盟共同体的构建。哈克（Haak，2003）探讨了东盟在 1998—2001 年东盟成员国对"东盟方式"的认知和支持。以东盟启动东盟外长务虚会、东盟成员国参加联合国特派团活动、东盟成员国参与联合国在东帝汶的军事任务和东盟提出三驾马车概念这四件事为例，哈克探讨了东盟成员对于"不干涉"原则的坚持是否产生了变化。国内外对"东盟方式"的研究热度在 2009 年后开始变冷，2021 年，缅甸政变后，"东盟方式"被认为是检验东盟能否有效防止成员国内部危机外溢、发挥东盟在地区框架中的中心作用的关键因素，因此，"东盟方式"再次成为东盟学者关注的对象。国内学者马银福（2022）探讨了"东盟方式"在缅甸政治危机中突破及其限度。廖春勇（2021）探讨了东盟在缅甸政变中进行建设性参与的效果和影响。国外学者哈什·马哈赛斯（Mahaseth，2022）探讨了"东盟方式"对缅甸政变的影响以及东盟在其中可能发挥的作用。本文重新梳理了"东盟方式"的内涵，分析"东盟方式"普遍的局限性以及东盟在处理缅甸政变问题上的实践及作用，并预测东盟是否会完全突破"东盟方式"。

2. "东盟方式"的内涵

"东盟方式"是一个松散的概念，没有明确的官方定义（阿查亚，2004）。学者们从不同角度对"东盟方式"有不同的理解。国内外的一些学者都将"东盟方式"视为一种独属于东盟的外交和安全文化。

国外著名东盟学家阿米塔·阿查亚（1997：328）提出："'东盟方式'是用来描述一种由东盟成员国开创的，旨在维护地区和平与稳定的独特的争端处理和区域合作方式。"阿查亚（2004：81-98）对东盟规范和东盟方式做了区分，他将松散的、非正式性的组织安排和以协商一致为原则的决策风格定义为"东盟方式"，而将"不使用武力、不干涉、地区自治和避免军事结盟"等法理性规范归纳为东盟规范，他认为这些规范并非东盟独有，它们同时也被书写于《联合国宪章》和其他区域组织的法律文件中。

其他的一些学者则从东盟外交合作的规则或规范阐释"东盟方式"。海克（Haacke，2003）将"东盟方式"归纳为六个外交核心原则：主权平等；不干涉内政；不诉诸威胁或武力；静默外交；东盟不干涉双边争端的解决；相互尊重。希罗·卡苏马达（2004）认为"东盟方式"的核心原则包括：不干涉成员国内部事务；非正式外交；不使用武力；协商一致决策。

国内学者赵银亮（2006）认为"东盟方式"是东盟国家长期坚持的通过对话和磋商等非正式方式发展外交合作的方式。陈寒溪（2002）认为"东盟方式"是东盟特有的组织和决策方式，其核心是不干涉内政，协商一致决策，松散、灵活的组织机制。王子昌（2004）将东盟方式定义为一种关于外交和安全的文化。"不干预内政"是"东盟方式"的核心。

国内外的大部分学者都同意东盟方式是一种反映东盟国家历史、文化和社会特点的安全和外交文化。总体而言，虽然学者们对"东盟方式"的具体内涵意见不一，但是非正式性、不干涉原则和协商一致的决策程序是公认的"东盟方式"的重要特征。

3. "东盟方式"的局限

东盟非正式性和弱机制性的组织模式、协商一致决策和不干涉原则都旨在为东盟创设一种相对舒适的协商和合作环境，消除他们对主权或政权受到威胁的担忧，使他们相信决策不是邻国和超国家机制等强加给它们的（塞贝里斯等，2007）。这是在面对冲突时，东盟成员国愿意通过协商和平解决冲突的重要保障，也是将东南亚国家留在东盟，使东盟不会轻易解体的关键。"东盟方式"在东盟发展的早期发挥着极其重要的作用，但是随着东盟组织的扩大以及地区内外环境变化带来的新挑战，"东盟方式"的不适用性和局限性愈发凸显。

首先，非正式性使得东盟的决策缺乏强制力的保障实施，使得东盟的很多决议形同虚设，使东盟被诟病为一个"清谈馆"，这一问题在20世纪90年代进行东盟自由贸易区建设时就已经凸显。此外，弱机制性导致东盟在面对紧急危机时难以做出及时有效的反应，从而使危险外溢，威胁地区内外的安全。1997年的印尼森林火灾和亚洲金融危机就是典型的例子。东盟在危机面前的无能不仅使东盟的国际信誉受损，也极大打击了成员国对东盟的信任和信心。

其次，协商一致原则本质上是为了确保各成员国不论国之大小，都享有平等的主权和决策权。但协商一致的决策程序存在两个问题，一是由于东盟存在一种回避冲突的倾向，对于敏感的，可能引起内部冲突的议题，轮值国主席往往倾向于将其排除在会议议程之外。因此，一些重要但可能引起成员国争端的案件在东盟峰会中被有意地隐去。二是由于东盟各国在政治、经济、文化、宗教、社会和历史上的差异很大，成员国之间的关系错综复杂，很多议题因为不能平等兼顾所有成员国利益而被搁置。因此，一旦东盟之间不能达成共识，东盟就不能做任何的事情。有些决议即使达成了一致，也难以实施，因为东盟领导人为了顺利达成一致，不得不采用较为模糊的语言，带来的结果是各个成员对所谓的共同标准都有各自不同的解释（张振江，2005）。协商一致的这两个局限是东盟在缅甸问题上难以采取行动的重要原因之一。

最后，东盟的"不干涉"原则是近年来受到批评最多的原则。东盟的"不干涉"原则规定东盟成员国不应批评成员国政府对本国人民的行为，包括对人权的侵犯，不把成员国内部的政治制度和政治风格作为决定是否允许其加入东盟的依据。因此，东盟对成员国内部的政治动乱往往选择不干涉的态度，即便是成员国内部动乱的外溢给地区甚至是国际社会的安全和稳定带来威胁。此外，东盟对成员国内部违反人权不进行干涉的原则也违背联合国规定的保护责任。东盟的"不干涉"原则和国际对人道主义的要求是相背的。东盟在缅甸军政府侵犯人权上的沉默，使东盟承受着巨大的国际压力。

4. 缅甸政变

《缅甸联邦共和国宪法》（2008）规定："始终坚持军队能参与和担负对国家政治生活的领导"（李晨阳，2014：2），这使得缅甸国内一直存在严重的结构性军政矛盾。2019 年，执政党民盟党提交议案，建议削减军方在各重要部门的固定议席数量，军政关系骤然紧张。在 2020 年的缅甸大选中，民盟党的目标是连任，大选成为军政双方博弈的一大战场，双方矛盾不可调和。民盟党派在最后的竞选中胜出。2021 年 2 月，军方以选举存在舞弊现象、选举不公为由，拒绝承认民盟政府的合法性，并成立国家管理委员会，筹备新选举委员会，并逮捕民盟党派领导人昂山素季，强力接管政权。缅甸各地发生游街罢工、武装冲突，缅甸内部陷入水深火热之中。缅甸问题不只是单纯的一国内乱问题，它给地区安全稳定和发展带来巨大挑战。东盟一直强调自身在地区框架中的中心性，同时缅甸也是东盟成员国之一，缅甸问题也被国际社会认为是东盟的"内部问题"。如何妥善处理缅甸危机严重影响着东盟的国际信誉、形象和地位。

5. 东盟的实践及作用

为了维护地区的安全和稳定，防止域外势力介入地区事务，破坏东盟的中心性，同时，也为了维护东盟的团结和东盟的信誉与国际形象，东盟启动了一系列程序，希望能帮助缅甸恢复民主与和平。东盟在缅甸问题上的实践可以分成两个阶段：建设性接触阶段和干预阶段。

（1）建设性接触阶段

为了维护"东盟方式"中的"不干涉"原则，在缅甸问题发展的早期阶段，东盟采取建设性接触的方式，通过召开非正式的外长会议、东盟特别峰会以及派遣特使访问缅甸与缅甸领导人就当时形势进行对话。

2021 年 3 月 2 日，在缅甸发生政变一个月后，东盟召开了非正式外长会议，就缅甸局势进行讨论，但出于对"不干涉"原则的考虑，东盟在应对缅甸动乱上没有达成共识，因此，这一次会议在缅甸问题上没有取得任何进展。

2021 年 4 月 24 日，东盟再次召开东盟特别峰会讨论东盟局势。这是东盟历史上第一次因为某一成员国内部问题召开特别峰会（马银福，2022）。在峰会上，各方就缅甸问题达成了五点共识：1）缅甸应停止暴力，各方保持最大限度的克制；2）相关各方应从人民利益出发，展开建设性对话，和平解决问题；3）设立东盟特使，并在东盟秘书长协助下，为调解各方对话进程提供便利；4）东盟将通过人道主义援助和灾害管理协调中心向缅甸提供人道主义援助；5）东盟主席特使和代表访问缅甸，与各方会晤（ASEAN Secretary，2021）。达成"五点共识"是东盟在缅甸问题上的一大进步。2021年6月东盟秘书长林玉辉和文莱外交部部长艾瑞万访问缅甸，与缅甸军方领导人就缅甸动乱进行对话。2021年8月，东盟任命文莱外交部部长艾瑞万为东盟缅甸问题特使。

虽然东盟为了促进缅甸问题的和平解决采取了一系列积极的行动，但东盟建设性接触的效果并不理想，"五点共识"中只有任命东盟缅甸问题特使这一点得到了落实。其中一个很重要的原因在于"东盟方式"的局限性。

首先，东盟没有明确"五点共识"落实的时间，没有监督共识落实的机制，对不遵守东盟决议的成员国也没有惩罚的规定。缅甸军政府对东盟"五点共识"采取消极和不配合的态度。缅甸军政府不仅没有采取克制的行动，释放民盟党领导人，而且禁止东盟特使访问被拘留的领导人昂山素季及其党派成员。缅甸军政府对东盟的无所顾忌很大一部分原因在于它深知作为软性组织的东盟难以对其采取强硬的态度或制裁措施，东盟对于成员国政变和独裁行为早已司空见惯，并不会加以干涉，例如在2014年泰国军方领导人罢免民选政府时，东盟国家元首只是在官方声明中呼吁泰国保持"政治稳定"，没有对其政变表现出关切。

其次，协商一致的原则既阻碍东盟对缅甸政变采取及时、有效的应对举措和落实"五点共识"，也妨碍东盟对缅甸难民实行人道主义救助。东盟内部在缅甸问题上分歧较大，印尼、马来西亚、新加坡和菲律宾四国认为东盟应强烈要求缅甸军政府停止暴力并释放民盟政府领导人，而泰国、越南、老挝和柬埔寨强调东盟应坚守"不干涉"原则，除了发表谨慎的主席声明表示关切外，不应谴责缅甸。因此，缅甸发生政变后不久，东盟举行的非正式外长会议就缅甸局势进行的会谈没有取得有效的进展。而即使在之后的东盟特别峰会中达成了"五点共识"，也因为缺乏统一坚定的立场，使好不容易达成的共识效果大打折扣。

最后，"不干涉"原则是阻碍东盟干预缅甸问题的最重要因素之一。联合国和部分西方国家认为东盟应该对缅甸采取有针对性的制裁，包括实行经济制裁，在缅甸恢复民主之前，将天然气收入托管的制裁，通过武器禁运以剥夺军方的武器，或剥夺缅甸的东盟成员身份，给缅甸施压。但是东盟的"不干涉"原则明确"禁止对成员国政府对待其人民的行动进行批评，包括违反人权的行动在内"（阿查亚，2004：79-81）。因此，不管东盟是以集体身份对缅甸军政府施压或是批评、指责缅甸军政府还是对缅甸采取制裁手段，都将违背"不干涉"原则。东盟国家在缅甸问题的立场上最大的分歧也在于是否要突破这一原则。为了回避"不干涉"原则，东盟选择了建设性接触的方法，通过外交斡旋与缅甸接触，避免批评缅甸军政府，以期和缅方达成共识，以和平方式解决危机。然而，从"五点共识"的落实情况以及缅甸危机不断发酵来看，东盟的建设性接触收效甚微。

（2）干预阶段

随着缅甸问题的持续发酵，东盟承受着越来越多的地区和国际压力，东盟不得不采取一定的"干预"措施。2021年10月15日，东盟召开紧急会议决定邀请缅甸"非政治"代表代替缅甸军方领导人参加10月26—28日的东盟峰会。但缅方拒绝了这一邀请，缺席了此次会议。这是历史上第一次有成员国缺席的东盟峰会，也是东盟第一次因成员国国内问题而采取行动。东盟希望以此向缅甸表示，不尊重东盟的共识，会受到东盟的孤立。因为成员国内政问题而拒绝其参加东盟峰会显然是对"不干涉"原则的试探，但实际上东盟仍然不敢轻易突破这一原则。首先，东盟只是以一种侧敲旁击的方式敲打缅甸，并没有对缅甸进行正面的谴责和惩罚；其次，东盟轮值主席国文莱在第39届峰会上明确表示虽然缅甸缺席了此次峰会，但其成员国的身份不应受到质疑（范晓琪，2021）。因此，东盟试图采取修正"东盟方式"的方法维护"东盟方式"，对缅甸采取有限的"干涉"，也取得了有限的成效。迫于东盟和国际社会的压力，缅甸做出了一定的妥协，释放了5636名人员。

实际上，截至本文写作之时，东盟对缅甸采取的最严厉的举措也只有禁止缅甸军政领导人参加东盟会议，而这一惩戒效果有限，缅甸军政府仍然以暴力统治着这一国家。2022年7月，缅甸军方对4名反对派人士执行死刑。这一行动表明东盟呼吁停止死刑的对话对缅甸几乎无效。2022年8月，东盟在第55届东盟外长会议公报上谴责缅甸军方"重启死刑"，指出军方没有有效落实"五点共识"。从当前情况来看，如果东盟继续禁锢于"东盟方式"的局限，对缅甸继续采取温和的态度，那东盟在促进和平解决缅甸问题中很难真正发挥作用。而随着缅甸问题的继续发酵，尤其是选举的到来，缅甸内部极大可能会发生大规模的冲突、暴力事件，东盟在地区危机管理中的缺位不仅会破坏东盟在地区框架中的中心性，也会影响东盟与重要合作伙伴，如美国和欧盟的合作关系，对东盟共同体的建设带来极大阻碍。

6. 结 论

东盟方式是东盟基于自身的历史文化特性，探索出来的适合本地区发展合作的安全外交文化，其核心原则包括非正式性、协商一致原则和不干涉原则。在早期发展阶段，东盟方式为东盟各国的交往合作创设了和谐舒适的外交环境，成功化解了一系列地区争端和危机，东盟方式也因此广受赞誉。然而，随着东盟组织的扩大、合作领域的拓展以及地区内外环境的变化，尤其是全球化的挑战，东盟方式的弱机制性和非正式性、协商一致原则和不干涉原则在有效推进东盟合作发展、处理地区危机和挑战、治理地区秩序中显现出种种乏力迹象。当前的缅甸问题是对"东盟方式"的一大检验，"东盟方式"在其中显示出了种种无力。在承受来自区域内和国际社会的双重压力下，虽然东盟第一次触碰了不干涉的底线，针对缅甸内部问题做出了孤立缅甸的行动，但东盟并没有正面谴责或惩罚缅甸，没有质疑缅甸的成员国身份，因此，东盟对帮助缅甸和平解决政乱问题的作用有限。从当前来看，东盟仍然处于两难之中，一方面，如果东盟对缅甸军政府采取温和的态度，坚持"不干涉"原则，则缅甸危机会继续扩大和外溢，东盟在地区管理中的失职也将会使东盟付出巨大的政治和经济代价；另一方面，要完全突破"东盟方式"对东盟成员国来说也是不可想象的。从东盟的历史实践来看，东盟或许会继续调整"不干涉"原则，对缅甸军方施加更大的压力，以敦促"五点共识"的落实。

参考文献

[1] 阿查亚 . 建构安全共同体：东盟与地区秩序 [M]. 王正毅，冯怀信，译 . 上海：上海人民出版社，2004.

[2] 陈寒溪 . "东盟方式"与东盟地区一体化 [J]. 当代亚太，2002（12）：47–51.

[3] 范晓琪 . 文莱苏丹：缅甸是亚细安不可或缺成员 身份不因缺席峰会受质疑 [EB/OL].（2021–10–29）[2022–10–6]. https://www.zaobao.com/news/sea/story20211029-1207998.

[4] 何强，郭倩 .《东盟宪章》：东盟一体化进程的里程碑 [J]. 东南亚纵横，2008（7）：39–42.

[5] 卡苏马达 . 东南亚外交准则的重新修订：严格遵循"东盟方式"的理由 [J]. 南洋资料译丛，2004（1）：18–27.

[6] 廖春勇 . 缅甸政局变动的影响及东盟建设性参与 [J]. 和平与发展，2021（4）：117–134，138.

[7] 李伯军 . 论东盟对不干涉原则的突破与发展 [J]. 求索，2007（12）：96–98.

[8] 李晨阳 . 缅甸法律法规汇编（2008—2013 年）[M]. 北京：经济管理出版社，2014.

[9] 陆晓红 . 试析《东盟宪章》中的"不干涉原则"[J]. 外交评论（外交学院学报），2009，26（2）：80–93.

[10] 塞贝里诺，隆德新 . 制定《东盟宪章》：新加坡东南亚研究所的观点 [J]. 东南亚研究，2007（4）：5–11.

[11] 马凯悦，孙合记 . 东盟奇迹 [M]. 北京：北京大学出版社，2017.

[12] 马银福 ."东盟方式"在缅甸政治危机中的突破及其限度 [J]. 印度洋经济体研究，2022（5）：107–129，155–156.

[13] 王正毅 . 东盟 50 年：走出边缘地带发展的困境了吗 ?：对"东盟方式"和"东盟为中心"的反思 [J]. 世界政治研究，2018（1）：20–53，187.

[14] 王子昌 . 文化认同与东盟合作 [J]. 东南亚研究，2004（5）：27–31.

[15] 谢碧霞，张祖兴 . 从《东盟宪章》看"东盟方式"的变革与延续 [J]. 外交评论（外交学院学报），2008（4）：37–44，4.

[16] 赵银亮 . 东南亚的安全和外交文化："东盟方式"的转型 [J]. 南洋问题研究，2006（3）：21–28，35.

[17] 张振江 ."东盟方式"：现实与神话 [J]. 东南亚研究，2005（3）：22–27.

[18] Acharya A. Ideas, identity, and institution—building: from the 'ASEAN way' to the 'Asia - Pacific way'? [J]. Pacific Review, 1997, 10(3): 319–346.

[19] ASEAN Secretary. Chairman's Statement on the ASEAN Leaders' Meeting and Five-Point Consensus [EB/OL]. (2021–4–24) [2022–10–6]. https://asean.org/wp-content/uploads/Chairmans-Statement-on-ALM-Five-Point-Consensus-24-April-2021-FINAL-a-1.pdf

[20] Chua D, Li E. ASEAN 50: Regional security cooperation through selected documents[M]. Singapore: World Scientific Publishing Co. Pte. Ltd., 2017.

[21] Haacke J. ASEAN's diplomatic and security culture: a constructivist assessment[J].

International Relations of the Asia-Pacific, 2003,3(1): 57–87.

[22] Mahaseth H, Tulsyan A. The Myanmar Coup and the role of Asean[EB/OL]. (2022–3–24) [2022–11–2]. https://papers.ssrn.com/sol3/papers.cfm?abstract_id=4021075.

The Role and Limitation of ASEAN Way in Dealing with Myanmar Political Crisis

Abstract: ASEAN Way is a kind of special security and diplomatic culture of ASEAN, which plays a significant role in maintaining the security and stability in Southeast Asian Region. However, as ASEAN expands, develops and the regional and international environment changes, ASEAN Way shows its shortcomings and inability in managing regional conflicts and dealing with emergencies. This study explores the limitation of ASEAN Way by examining the three core principles of ASEAN Way: the informality and weak mechanism, Consensus and Non-interference. Besides, this study is also going to examine the effects of ASEAN Way on Myanmar Coup. The study finds that ASEAN Way shows many limitations and inapplicability. ASEAN cannot put forward effective approaches to help Myanmar to return to peace and democracy, or implement the Five-Point Consensus. Though ASEAN has banned leaders of Myanmar military to attend ASEAN meetings, it has not deprived Myanmar's membership, and didn't take more actions to criticize or punish it. It is the first time in ASEAN's history that the principle of Non-interference and Consensus, but in nature, it is just a meaningful adjustment of ASEAN Way rather than a breakthrough. Therefore, ASEAN's role to Myanmar Coup is limited.

Keywords: ASEAN Way; the informality and weak mechanism; Consensus; Non-interference; Myanmar's political crisis

图书在版编目（CIP）数据

西部外研之声：理论与实践 / 罗选民，白佳芳主编.

北京：中国人民大学出版社，2025. 5 –– ISBN 978–7
–300–33496–7

Ⅰ. H3-53

中国国家版本馆 CIP 数据核字第 20258VA910 号

西部外研之声：理论与实践

主　编　罗选民　白佳芳

Xibu Wai–yan zhi Sheng: Lilun yu Shijian

出版发行	中国人民大学出版社			
社　　址	北京中关村大街31号		**邮政编码**	100080
电　　话	010 - 62511242（总编室）		010 - 62511770（质管部）	
	010 - 82501766（邮购部）		010 - 62514148（门市部）	
	010 - 62511173（发行公司）		010 - 62515275（盗版举报）	
网　　址	http:// www. crup. com. cn			
经　　销	新华书店			
印　　刷	天津鑫丰华印务有限公司			
开　　本	787 mm×1092 mm　1/16		**版　　次**	2025 年 5 月第 1 版
印　　张	16		**印　　次**	2025 年 5 月第 1 次印刷
字　　数	367 000		**定　　价**	68.00 元

中国人民大学出版社读者信息反馈表

尊敬的读者：

感谢您购买和使用中国人民大学出版社的 ＿＿＿＿＿＿＿＿＿＿＿＿＿＿＿＿ 一书，我们希望通过这张小小的反馈表来获得您更多的建议和意见，以改进我们的工作，加强我们双方的沟通和联系。我们期待着能为更多的读者提供更多的好书。

请您填妥下表后，寄回或传真回复我们，对您的支持我们不胜感激！

1. 您是从何种途径得知本书的：
　□书店　　　　□网上　　　　□报纸杂志　　　　　□朋友推荐

2. 您为什么决定购买本书：
　□工作需要　　□学习参考　　□对本书主题感兴趣　　□随便翻翻

3. 您对本书内容的评价是：
　□很好　　　□好　　　　□一般　　　　□差　　　　□很差

4. 您在阅读本书的过程中有没有发现明显的专业及编校错误，如果有，它们是：

＿＿＿＿＿＿＿＿＿＿＿＿＿＿＿＿＿＿＿＿＿＿＿＿＿＿＿＿＿＿＿＿＿

＿＿＿＿＿＿＿＿＿＿＿＿＿＿＿＿＿＿＿＿＿＿＿＿＿＿＿＿＿＿＿＿＿

＿＿＿＿＿＿＿＿＿＿＿＿＿＿＿＿＿＿＿＿＿＿＿＿＿＿＿＿＿＿＿＿＿

5. 您对哪些专业的图书信息比较感兴趣：

＿＿＿＿＿＿＿＿＿＿＿＿＿＿＿＿＿＿＿＿＿＿＿＿＿＿＿＿＿＿＿＿＿

＿＿＿＿＿＿＿＿＿＿＿＿＿＿＿＿＿＿＿＿＿＿＿＿＿＿＿＿＿＿＿＿＿

＿＿＿＿＿＿＿＿＿＿＿＿＿＿＿＿＿＿＿＿＿＿＿＿＿＿＿＿＿＿＿＿＿

6. 如果方便，请提供您的个人信息，以便于我们和您联系（您的个人资料我们将严格保密）：

您供职的单位：＿＿＿＿＿＿＿＿＿＿＿＿＿＿＿＿＿＿＿＿＿＿＿＿

您教授的课程（教师填写）：＿＿＿＿＿＿＿＿＿＿＿＿＿＿＿＿＿＿

您的通信地址：＿＿＿＿＿＿＿＿＿＿＿＿＿＿＿＿＿＿＿＿＿＿＿＿

您的电子邮箱：＿＿＿＿＿＿＿＿＿＿＿＿＿＿＿＿＿＿＿＿＿＿＿＿

请联系我们：黄婷　程子殊　王新文　王琼

电话：010-62512737，62513265，62515580，62515573

传真：010-62514961

E-mail：huangt@crup.com.cn　　　chengzsh@crup.com.cn　　　wangxw@crup.com.cn
　　　　crup_wy@163.com

通信地址：北京市海淀区中关村大街甲59号文化大厦15层　　　邮编：100872

中国人民大学出版社